# BERLIN

## Kiez für Kiez

Spaziergänge durch die ganze Hauptstadt

via reise verlag

# Inhalt

Mitte

Pankow

Bergmannstr. U6, U7 Mehringdamm
U6 Platz der Luftbrücke

Friedrichshain-Kreuzberg

Charlottenburg-Wilmersdorf

Tempelhof-Schöneberg

Neukölln

Steglitz-Zehlendorf

Spandau

Reinickendorf

Lichtenberg

Marzahn-Hellersdorf

Treptow-Köpenick

Tucher
BIER
VOM FASS

Einleitung

# Ein Sträußchen am Hute, den Stab in der Hand

Berlin zu Fuß – keine geringe Aufgabe! Dem Spaziergänger, dem Flaneur und dem Stadtwanderer sei hiermit ein Buch zur Hand gegeben, dass ihn leicht und dennoch fundiert durch die Stadt in all ihren Facetten begleitet. Wo der Weg zu weit wurde, sind die Autoren ab und an auf das Fahrrad umgestiegen oder haben Teilstrecken mit öffentlichen Verkehrsmitteln zurückgelegt. Die Wege der Routen sind unterschiedlich lang. Zwischen ausgedehnten Wanderungen am Stadtrand und kleineren, konzentrierten Gängen in zentraler gelegenen Gegenden sind Spazierwege für jede Art von Ausdauer im Buch enthalten.

Dieser Stadtführer präsentiert die Bezirke nach der historischen Gliederung von Groß-Berlin 1920. Drei Stadtteile kamen erst später dazu: Marzahn (1979), Hohenschönhausen (1985) und Hellersdorf (1986). Bei der Bezirksreform im Jahr 2001 wurden aus den 23 Bezirken mit mittlerweile 3,4 Mio. Einwohnern zwölf Großbezirke. Doch in den Köpfen und Herzen der Berliner und ihrer Besucher leben die „Alt"-Bezirke fort. Die Entscheidung, Berlin anhand dieser, von der Verwaltung überholten Aufteilung zu präsentieren, folgt deshalb der Absicht, die Stadtteile in einem möglichst authentischen und gleichzeitig überschaubaren Zusammenhang zu präsentieren.

Spazieren zu gehen, das bedeutet natürlich, die berühmten Sehenswürdigkeiten der Hauptstadt anzusteuern. Spazieren gehen bedeutet aber genauso, sie zu passieren, und im Weitergehen auch dem Beiläufigen und Alltäglichen zu begegnen. Denn das Leben und Wohnen macht Berlin mindestens so sehr aus wie das Prunkvolle oder Dramatische.

Die Ursprünge Berlins liegen rund um die Spreeinsel. Hier befanden sich die Dörfer Alt-Berlin und Cölln. Im Jahr 1307 schlossen sich beide zur Stadt Berlin zusammen und übernahmen die Vorherrschaft im Berliner Raum. Bezogen auf die heutige Stadtausdehnung ist jedoch Spandau an der Havel die älteste Siedlung (1197 erstmals erwähnt). Auch in Köpenick schrieb man bereits 1209 erstmals Urkunden.

Seit Anfang des 15. Jahrhunderts regierten ununterbrochen die Hohenzollern die Stadt, sie waren erst Kurfürsten der Mark Brandenburg, dann preußische Könige und schließlich Kaiser.

1709 fügte Friedrich I., König in Preußen, die Städte Berlin, Cölln, Friedrichswerder, Dorotheenstadt und Friedrichstadt zur Königlichen Haupt- und Residenzstadt Berlin zusammen. Damals hatte Berlin 55 000 Einwohner, 1755 waren es schon 100 000, davon 26 000 Soldaten. Mit der Industriellen Revolution im 19. Jahrhundert explodierte die Einwohnerzahl Berlins. 1850 lebten hier 400 000 Menschen. Berlin wurde viertgrößte Stadt Europas. 1861 wurden Wedding, Moabit sowie die Tempelhofer und Schöneberger Vorstadt eingemeindet. Ab 1862 entstanden nach dem Hobrecht-Plan die großen Gründerzeitviertel.

Als Berlin 1871 Hauptstadt des neu gegründeten Deutschen Kaiserreichs wurde, zählte man 800 000 Einwohner. Kurz darauf zur Millionenstadt angewachsen, baute man 1873–93 endlich die Kanalisation, 1896 die erste U-Bahn und Vorortzüge. Um das Stadtzentrum herum entstanden die großen Mietskasernenstädte, im Südwesten Villenkolonien. 1920 regelte das Groß-Berlin-Gesetz Eingemeindungen und den Zusammenschluss zu den Bezirken, die wir heute noch kennen. Die Bezirksstruktur blieb trotz der Zerstörung der Stadt im Zweiten Weltkrieg und über 40 Jahre deutsch-deutsche Teilung erhalten.

Berlin, das sind Monumente und Dorfanger, Gründerzeitvillen und Wohnblöcke, Narben und Neuanfänge. All dies (und noch viel mehr) beschreibt dieses Buch aus den unterschiedlichen Perspektiven der schreibenden Stadtspaziergänger, die auf Seite 258 vorgestellt werden. Sie beschreiben ihre wohlbekannten Bezirke, haben aber auch persönliches Neuland erobert.

Berlin ist ständig in Bewegung. Das ist an großen Bauprojekten und an vielen kleinen, alltäglichen Veränderungen (z. B. Telefonnummern, Öffnungszeiten, Internetadressen) zu spüren. Um da mithalten zu können, wurde dieses Buch 2012 umfassend überarbeitet und um einige Kapitel ergänzt. *JULIA BRODAUF*

**Herzlichen Dank!**
Die Herausgeberin bedankt sich bei den Mit-Autoren sowie Tanja Onken, Stefanie Pott, Jessika Haack und Klaus Scheddel im via reise verlag für die schöne Zusammenarbeit. Lieben Dank an Felix Müller für die bereits vielfach bewährte und stets vergnügliche Begleitung bei der Stadterkundung und an Martin Brodauf, der sich um dieses Buch durch seine akribischen Recherchen verdient machte.

*Die Weisestraße im Neuköllner Schillerkiez*

straße
SCHILLERBAR

## Bezirk: Mitte

# Mitte

Mitte. Unendliche Weiten. Breite Straßen und große, weitläufige Plätze bestimmen das repräsentative Herz Berlins. Gleich dahinter liegen aber schmale Gassen und verwinkelte Höfe. Zwischen Alexanderplatz und Brandenburger Tor, Rosenthaler Platz und Leipziger Straße befinden sich die Ursprünge der Stadt seit ihren Anfängen im 13. Jahrhundert. Auch wenn das alte Berlin heute eher als Idee existiert – es befand sich dort, wo nun das Nikolaiviertel steht (▶ Seite 19). Gleich gegenüber, auf der anderen Seite der Spree, lag die Schwesterstadt Cölln.

In Mitte stand das kurfürstliche, später kaiserliche Schloss, hier befinden sich die repräsentativen Bauten der Museumsinsel, der Boulevard Unter den Linden und die Friedrichstadt. Auch die Regierungsgebäude waren hier: im Königreich Preußen, im Kaiserreich, in der Weimarer Republik, im Nationalsozialismus. In Mitte war Berlin durchgehend Hauptstadt, auch zu DDR-Zeiten. Daran erinnert nicht zuletzt das unübersehbare Wahrzeichen der Stadt, der Fernsehturm. Der steht auf einer großzügigen Platzanlage nahe Rotem Rathaus und Marienkirche. Ehemals war an dieser Stelle ein dicht besiedeltes Altstadtviertel. Es fiel dem Bombenkrieg und den Umstrukturierungen der Nachkriegszeit zum Opfer. Auch heute wird rings um Rathaus, Kirche und Alex gewohnt, allerdings in sechs-, sieben-, acht- und mehrstöckigen Wohnblöcken aus der Plattenbau-Ära.

Im Gegensatz dazu beginnt nordwestlich des Alexanderplatzes das Scheunenviertel. Als im 17. Jahrhundert der spätere Alex ein Viehmarkt war, wurden hier, noch außerhalb der Stadtmauer, Scheunen für das Tierfutter errichtet. Später wurde das Viertel ein jüdisches Ghetto. Auch die gesamte Spandauer Vorstadt, die sich bis zur Friedrichstraße hinzog, war stark jüdisch geprägt. Im II. Weltkrieg nur wenig zerstört, fristete diese Gegend in den DDR-Jahren ein stilles Dasein, zwar zentral gelegen, doch heruntergekommen.

### Steckbrief

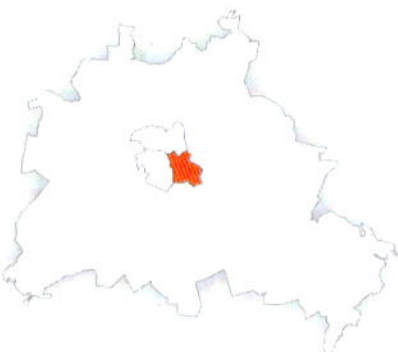

**Bezirk**
Mitte

**Einwohner**
81 927

**27–45 Jahre**
38 %

**Über 65 Jahre**
15 %

**Baudenkmale**
613

*Flaneure lieben den Boulevard. Hier: Unter den Linden, vor der Neuen Wache*

Nach der Wende 1989 blühte hier die legendäre Kunst-, Musik- und Subkulturszene, die Berlin weltweit zum Magneten für Kreative und Querdenker gemacht hat. Was in besetzten Häusern, selbst organisierten Clubs und kleinen Bars begann, etablierte sich im Laufe von zwei Jahrzehnten zu höchst erwachsenen Gastronomiebetrieben. Auf die Künstler folgten die Investoren, die aus dem Gammelcharme schmucke, energieoptimierte und dem Denkmalschutz entsprechende Gründerzeithäuser heraussanierten. Die Jugend denkt und feiert längst weiter nördlich oder östlich, die experimentelle Kunstszene nutzt bezahlbare Räume im Wedding oder gar Neukölln. Die Galerien, die heute so zahlreich zu finden sind, sind feste Größen am Kunstmarkt. Die Berliner Mitte ist wieder bürgerlich geworden. *Julia Brodauf*

**Karte Seite 13**
Karte Seite 13

**Start**
Haltestelle Lustgarten,
Bus 100, 200

**Ziel**
S Unter den Linden

**Länge**
2 km

**Humboldt-Box**
Schloßplatz 5
Tägl. 10–20 Uhr
(01805) 030 707
www.humboldt-box.de

*Reiterstandbild Friedrichs II. Unter den Linden*

## Unter den Linden

# Die Pracht des historischen Berlins

Start am **Lustgarten** ❶ zu einem Gang entlang der wichtigsten touristischen Achse der Hauptstadt: **Unter den Linden.** Der zentrale, mehrspurig befahrene Prachtboulevard war ursprünglich ein Reitweg und verband das Stadtschloss mit dem Tiergarten. Das **Stadtschloss?** Es gehört auf die leere Fläche gegenüber, auch **Schlossplatz** genannt. Der italienische Architekt Francesco Stella wird bis 2019 den Schlüterhof, die Kuppel und drei Barockfassaden rekonstruieren. Vom Lustgarten aus soll dann alles fast wie früher aussehen. Im Innern des Schlosskomplexes mit seinen Höfen wird es moderner. Hier wird unter anderem das Humboldt-Forum mit hochkarätigen Museen und die Landesbibliothek einziehen. Nach Osten, Richtung Fernsehturm, wird es eine moderne Fassade geben. Eine Musterfassade, an der das Architekturbüro den Bau erprobt und plant, lässt bereits erahnen, wie alles einmal werden wird. Ferner bietet die Humboldt-Box, ein futuristischer Ausstellungspavillon auf dem Schlossplatz nebst Aussichtsplattform und Gastronomie, alle Informationen zum Vorwärtsgang der Schloss-Baustelle.

Das historische Stadtschloss hatte Andreas Schlüter um 1700 zu einer barocken Residenz ausgebaut. Den Grundstein legte bereits 1441 der Kurfürst Friedrich II., und zwar genau in die Mitte zwischen Alt-Berlin und Cölln. Es war eher eine Burg, von erbosten Bürgern gar als „Zwingburg" betrachtet. Empört trugen sie Steine von der Baustelle und blockierten die Bauarbeiten. Der darob erboste Kurfürst drohte der Stadt schließlich gar mit Krieg.

Auch der spätere Schlüterbau machte seinen Bewohnern nicht nur Freude. Victoria, die Mutter des letzten deutschen Kaisers Wilhelm II., fand es zugig und kalt und vermisste die Bäder und Wasserklosetts ihres englischen Heimatschlosses. Beides wird es im Neubau gewiss geben. Das Berliner Schloss war im Zweiten Weltkrieg schwer beschädigt und 1950 von der DDR-Regierung abgerissen worden. An seiner Stelle erbaute man hier den **Palast der Republik,** prunkvolles zentrales Kulturhaus der DDR. Auch das machtlose Parlament, die Volkskammer, tagte hier. Der Palast wurde nach der Wende asbestsaniert und von 2006 bis 2008 schließlich abgetragen (und teilweise in ein Hochhaus in Dubai verbaut).

Im Hintergrund des Schlossplatzes erkennt man das ehemalige **Staatsratsgebäude** ❷ der DDR, darin eingebaut ein Portal des Stadtschlosses. Rechts über die Spreebrücke kommt man zum Werderschen Markt. Davor fällt eine Hausattrappe auf: Die **Schinkelsche Bauakademie** existiert derzeit nur als lebensgroßes Modell und harrt ihrer bevorstehenden Rekonstruktion. Gegenüber steht der Neubau des **Auswärtigen Amtes** ❸, der an das historische Haus am Werderschen Markt anschließt, das 1913 für die Reichsbank gebaut wurde. In der DDR-Zeit residierte hier das Zentralkomitee der SED. Auch am Platz befindet sich die **Friedrichswerdersche Kirche** ❹, die erste neugotische Kirche der Stadt, erbaut von Karl Friedrich Schinkel. Im Kirchenschiff sind Werke klassizistischer Bildhauer der Berliner Schule aufgestellt, auf der Empore informiert eine Ausstellung über den Architekten Schinkel. Doch zunächst zurück zur Karl-Liebknecht-Straße am Schlossplatz.

**Friedrichswerdersche Kirche**
Werderscher Markt
Tägl. 10–18 Uhr

Rechter Hand ist die Rekonstruktion so gut wie abgeschlossen: Der Lustgarten macht den Auftakt zur **Museumsinsel.** Nach dem Willen Friedrich Wilhelms III. und seinem Architekten Karl Friedrich

**Information Museumsinsel**
www.smb.museum
(030) 266 42 42 42

**Altes Museum**
Am Lustgarten
Tägl. außer Mo 10–18 Uhr,
Do bis 22 Uhr

**Alte Nationalgalerie**
Bodestraße 1–3
Tägl. außer Mo 10–18 Uhr,
Do bis 22 Uhr

**Pergamonmuseum**
Am Kupfergraben 5
Tägl. 10–18 Uhr,
Do bis 21 Uhr

**Bode-Museum**
Monbijoubrücke
Tägl. außer Mo 10–18,
Do bis 22 Uhr

Schinkel wurde die Inselbebauung zu einer an die Akropolis angelehnte Gruppierung von tempelartigen Bauten. Das Ensemble mit der antikisierenden Kulisse rund um Berliner Dom, Altes Museum, das Pergamonmuseum, die Alte Nationalgalerie und das Bodemuseum ist reich an Kunstschätzen von der Antike bis zum 19. Jh. und in der Lage, kunsthistorisch Interessierte sogar viele Tage lang zu beschäftigen.

In den 1820er Jahren begann Friedrich Schinkel mit der Planung und dem Bau der Museumsinsel, Peter Joseph Lenné entwarf den zur klassizistischen Strenge ringsumher passenden Rasenplatz. Der ursprüngliche Lustgarten geht noch auf die Gartenanlagen der ersten, kurfürstlichen Burg zurück. An seiner Ostseite thront der **Berliner Dom** 5. Seine Geschichte ist ebenso alt wie die des Schlosses, die Vorgängerbauten wurden zunächst von Schinkel ersetzt. Aber der Dom sollte noch prächtiger werden und wurde von Schinkel-Schüler August Stüler überarbeitet – die Bauarbeiten kamen zwischendurch zum Erliegen und wurden noch barocker und prunkvoller 1904 von Julius Raschdorff vollendet. In der Gruft des Doms können die Särge zahlreicher Mitglieder

des Hauses Hohenzollern besucht werden.

Gegenüber beeindruckt die mächtige Säulenreihe des **Alten Museums** ❻. Die Granitschale vor dem Museum mit fast sieben Metern Durchmesser ist aus einem riesigen, brandenburgischen Findling gefertigt und sollte eigentlich im Alten Museum stehen. Leider passte sie nicht durchs Portal. Das Alte Museum beherbergt seit 1904 die Antikensammlung. Die dem Pantheon nachempfundene Rotunde im Innern ist frei zugänglich.

Schräg hinter dem Alten Museum befindet sich die **Alte Nationalgalerie** ❽, die einem römischen Tempel nachempfunden ist und die Kunst des 19. Jahrhunderts ausstellt: Meisterwerke von Caspar David Friedrich, Adolph Menzel oder Max Liebermann belegen den Übergang von Klassizismus und Romantik bis zur beginnenden Moderne.

Einen besonders beeindruckenden musealen Ort gibt es nebenan: Der 36 Meter breite und 34 Meter tiefe, begehbare Pergamonaltar kam im 19. Jahrhundert nach Berlin. Für ihn wurde eigens das ursprünglich jüngste Gebäude der Museumsinsel, das **Pergamonmuseum** ❼ gebaut. Auch diesen Bau schmücken

*Hinter den antikisierenden Kulissen der Museumsinsel verbergen sich immense Kunstschätze*

*Wilhelm von Humboldt, Gründer der Humboldt-Universität vor ebendieser*

antike Formen, doch nicht mehr in klassizistischer Imitation, sondern moderner Interpretation von 1930.

Das **Bode-Museum** 9 wurde 1904 als Kunstmuseum eröffnet. Verglichen mit seinen klassizistischen Nachbarn ist es ein quirliger, neobarocker Stilmix. Es ragt wie ein Schiff in die Spree und präsentiert die Skulpturensammlung und das Museum für Byzantinische Kunst. Das **Neue Museum** 10, architektonisch durch David Chipperfield ergänzt, komplettiert die Museumsinsel mit dem Ägyptischen Museum und Antikensammlungen. Im Neuen Museum befindet sich seit der Wiedereröffnung 2009 die berühmte Nofretete, die zuvor im Alten Museum untergebracht war.

Historisch Interessierte finden ihr Glück nach Überqueren der Schlossbrücke im rosafarbenen **Zeughaus,** in dem sich das **Deutsche Historische Museum** 11 befindet. Es wurde um 1700 errichtet und ist damit das älteste Gebäude des Boulevards Unter den Linden. Seine ursprüngliche Funktion war die eines Waffenlagers, daran erinnert sein Fassadenschmuck: Legionärshelme auf der Südseite, maskenartige Gesichter gemarterter Krieger im Innenhof.

Gegenüber des Zeughauses liegt das **Kommandantenhaus.** Die historisierende Fassade täuscht hier: Das Gebäude wurde von der Bertelsmann-AG erst im letzten Jahrzehnt in Anlehnung an vage Erkenntnisse über die ursprüngliche Bebauung neu errichtet und ist von innen ein modernes Bürohaus. Wir bleiben auf der Straßenseite des Zeughauses und betrachten von hier aus das **Kronprinzenpalais** und das **Prinzessinnenpalais.** Daran anschließend die **Staatsoper Unter den Linden** 12, die von Georg Wenzeslaus von Knobelsdorff für Friedrich II. erbaut wurde – hier hebt sich der Vorhang wegen Renovierungen erst wieder in der Spielzeit 2014/15.

Wir gehen weiter die Nordseite der Linden entlang. Das kleine, tempelartige Gebäude neben dem Zeughaus ist die **Neue Wache** 13. Sie wurde von Karl Friedrich Schinkel 1816 als Königswache entworfen und ist heute Zentrale Gedenkstätte der Bundesrepublik. Dahinter befindet sich das **Maxim Gorki Theater** und, daran angebaut, das **Palais am Festungsgraben.** Letzteres war ein Geschenk Fried-

**Deutsches Historisches Museum**
Unter den Linden 2
(030) 203 04-0
Tägl. 10–18 Uhr
www.dhm.de

**Maxim Gorki Theater**
Am Festungsgraben 2
(030) 20 22 11 15
www.gorki.de

**Theater im Palais**
Am Festungsgraben 1
(030) 201 06 93
www.theater-im-palais.de

richs II. an seinen Kammerdiener, überstand als einziger Bau in der Umgebung den Zweiten Weltkrieg und kann mit einer ganzen Reihe unterschiedlicher, prachtvoller Original-Säle aufwarten – ein Ort für Festivitäten, aber auch für Theater und Kunst: Das **Theater im Palais** spielt seit 1990 mit literarischem Schwerpunkt, und die **Saarländische Galerie** zeigt Ausstellungen deutscher, französischer, luxemburgischer und tschechischer Künstler.

Nun überqueren wir doch die Straße: Um einen Blick in das Fenster auf dem Boden des **Bebelplatzes** ⓮ zu werfen. Es ist das **Mahnmal** des israelischen Künstlers Micha Ullmann, das an die Bücherverbrennung erinnert – an dieser Stelle warfen 1933 auf Anweisung von Goebbels Studenten 20000 „undeutsche" Bücher ins Feuer.

Am Bebelplatz steht die **Sankt-Hedwigs-Kathedrale,** Kathedrale des Bistums Berlin, sowie die ehemalige **Königliche Bibliothek,** heute juristische Fakultät der **Humboldt-Universität** ⓯. Deren Hauptgebäude befindet sich gegenüber auf der Nordseite der Linden. Dort säumen die Statuen der Brüder Alexander und Wilhelm von Humboldt den Boulevard, letzterer Gründer der altehrwürdigen Uni.

Am **Reiterstandbild** ⓰, das Friedrich II. zeigt, beginnt endlich der baumbestandene Mittelstreifen, der der Straße ihren Namen gibt: Wir gehen nun unter Linden. Links liegt das Gebäude der deutschen Bank mit dem Ausstellungsraum der Deutschen Guggenheim, rechts die **Staatsbibliothek** ⓱ (mit lauschigem Innenhof).

Es kreuzt die Friedrichstraße. Weiter spaziert liegt auf der linken Straßenseite der trutzige Bau der Russischen Botschaft, noch zwei Häuser weiter residieren in der Wilhelmstraße die Briten. Am Ende der Straße öffnet sich der Pariser Platz

**Saarländische Galerie – Europäisches Kulturforum**
Am Festungsgraben 1
(030) 20 07 72 58
www.saarlaendische-galerie.eu

**Berlin Story**
Unter den Linden 40
(030) 20 45 38 42
Tägl. 10–19, So bis 18 Uhr
Buchhandlung, Ausstellung und Café mit riesiger Auswahl an Berlin-Büchern
www.berlinstory.de

**Café Einstein**
Unter den Linden 42
Tägl. 7–24 Uhr
(030) 204 36 32
Renommiertes Caféhaus und Promitreff auf der Sonnenseite des Boulevards

*Seit 1990 ist das Brandenburger Tor ein Symbol der Deutschen Einheit*

**Akademie der Künste**
Pariser Platz 4
(030) 200 57 10 00
Tägl. 10–22 Uhr
Ausstellungen:
Di–So 11–20 Uhr
www.adk.de

**Max-Liebermann-Haus**
Pariser Platz 7
(030) 22 63 30 30
Mo, Mi, Do, Fr 10–18 Uhr
Sa, So 11–18 Uhr
Führungen: So 15 Uhr

mit dem Wahrzeichen Berlins: Dem **Brandenburger Tor.** Ursprünglich stand hier ein Stadttor, das die Stadt zum Tiergarten und dem dahinter beginnenden Brandenburg abgrenzte. Der heutige, neoklassizistische Bau aus Elbsandstein wurde 1788–91 von Carl Gotthard Langhans errichtet. Die sechs dorischen Säulen, jede 15 Meter hoch, haben am Fuß einen Durchmesser von 1,75 Metern. Die Skulpturen von Mars und Minerva in den Torhäusern hat Johann Gottfried Schadow entworfen, ebenso die Quadriga auf dem Dach. Die Wagenlenkerin, die Siegesgöttin Viktoria, wurde 1806 von Napoleon als Kriegsbeute nach Paris entführt. Acht Jahre später brachte sie Feldmarschall Blücher wieder zurück.

Der Pariser Platz wurde im Krieg zerstört und war im geteilten Deutschland Grenzgebiet. Bis zur Wende stand hier nichts, nur die Mauer führte direkt am Brandenburger Tor vorbei. Inzwischen wurde der Platz auf den alten Grundrissen neu bebaut. Zu finden sind hier das Adlon, Luxushotel Berlins schlechthin, daneben der Neubau der **Akademie der Künste** (18), dann die DG-Bank und die Botschaft der Vereinigten Staaten von Amerika.

Der Maler Max Liebermann beschrieb den Weg zu seinem Haus am Pariser Platz einst so: „wenn man nach Berlin reinkommt, gleich links" – das muss man sich vom Tiergarten kommend vorstellen. Und hier steht das Haus auch heute wieder, der ursprüngliche Bau von Stüler wurde von Josef Paul Kleihues rekonstruiert, und beherbergt die Stiftung Brandenburger Tor. Nachbarn sind die Dresdner Bank und die Französische Botschaft.

*Das Holocaust-Denkmal erinnert an die ermordeten Juden Europas*

Hinter dem Brandenburger Tor ist dieser historische Teil Berlins schlagartig zu Ende. Die ehemaligen fürstlichen Jagdgebiete sind ein riesiger Park, der Tiergarten. Im Norden liegt das Regierungsviertel, im Süden sieht man schon die bunt leuchtende Kuppel des Sony Centers am Potsdamer Platz. Wir machen einen letzten Abstecher auf die Rückseite von Adlon und Akademie der Künste, zum **Holocaust-Denkmal.**

Dieses architektonisch einzigartige **Denkmal für die ermordeten Juden Europas** 19 wurde 2005 nach einem Entwurf von Peter Eisenman fertiggestellt. 2711 leicht geneigte Betonquader unterschiedlicher Höhe bilden ein steinernes Meer, in dem jeder Besucher Isolation empfindet. Den sinnlichen Eindruck des Verlassenseins ergänzt ein Dokumentationszentrum um die historischen Details. Auch das **Denkmal für die im Nationalsozialismus verfolgten Homosexuellen** gegenüber im Tiergarten und das **Denkmal für die im Nationalsozialismus ermordeten Sinti und Roma,** das an der Scheidemannstraße zwischen Brandenburger Tor und Reichstag noch im Bau ist, erinnern an die Verbrechen jener Epoche. *JULIA BRODAUF*

**Denkmal für die ermordeten Juden Europas**
Ort der Information
unter dem Stelenfeld
(030) 200 57 10 00
Apr.–Sept. Di–So 10–20 Uhr, Okt.–März 10–19 Uhr
Stelenfeld tägl. 24h geöffnet
www.stiftung-denkmal.de

## Alexanderplatz & Nikolaiviertel
# Zwischen Disneyland und Bärenzwinger

**Zum Ursprung Berlins** Der Ort, an dem Berlin gegründet wurde, ist heute eine städtebauliche Skurrilität: Das Nikolaiviertel ist eine künstliche Altstadt, neu erbaut in den 80er Jahren. Es liegt in Laufweite der zentralen Berliner Sehenswürdigkeiten. Die ursprüngliche Mitte der Stadt ist ein merkwürdig rauer Ort. Ein beeindruckender allerdings – Spuren und Narben von Altem und Neuem sind fest ineinander verwachsen.

**Karte Seite 20**

**Start**
S/U Alexanderplatz

**Ziel**
U Märkisches Museum

**Länge**
2 km

Dieser Spaziergang führt vom Alexanderplatz vorbei an Fernsehturm, Marienkirche und Rotem Rathaus zu besagtem Nikolaiviertel. Und dann finden wir an der Franziskaner-Klosterkirche doch noch romantisch-historische Spuren. Ein interessanter Abstecher führt zum Märkischen Ufer.

Start am **Alexanderplatz,** der heute 80 000 m² groß ist und täglich 300 000 Passanten verzeichnet.

*Ohne ihn wären manche Berliner orientierungslos*

Ursprünglich war er schlicht der Platz vor dem nördlichen Stadttor, dem Georgentor, und diente dem Viehhandel. Außen herum wurden Wollmanufakturen errichtet. Der südliche Teil des Platzes jedoch wurde im 18. Jh. zum Exerzierplatz und kam so zu seinem Namen: Zar Alexander I. zu Ehren, der 1805 von Friedrich Wilhelm III. auf dem Paradeplatz empfangen wurde.

Mit dem Bau der Stadtbahn entstand 1870 auch der Bahnhof Alexanderplatz. Anfang des 20. Jahrhunderts wurden elegante Kaufhäuser und auch eine erste U-Bahnlinie gebaut. Der Platz pulsierte im Schein von Leuchtreklamen und war lebhafter Verkehrsknotenpunkt. Im II. Weltkrieg stark zerstört, entstand in den 60er Jahren die heute sichtbare Anlage mit Fernsehturm, Haus des Lehrers, Haus des Reisens, Warenhaus, **Weltzeituhr** und Brunnen der Völkerfreundschaft. Aus den frühen 30er Jahren stammen die zentral auf dem Platz stehenden, eleganten Bauten **Alexanderhaus** und **Berolinahaus** von Peter Behrens. Zwei neuere Kaufhäuser gehen auf die Architektur ein, doch weder das Einkaufszentrum Alexa noch eine Handvoll Imbissbuden unterstützen die ursprüngliche Eleganz der Planung.

Es hilft die Flucht nach oben, in das sich drehende Turmrestaurant im **Fernsehturm** ❶, dem Wahrzeichen (Ost-)Berlins und mit 368,03 Metern höchsten Gebäudes Deutschlands. Von hier oben lässt sich auch die weitläufige Platzanlage westlich der Stadtbahn überblicken, die eigentlich keinen eigenen Namen trägt. Ursprünglich lag hier der Neue Markt, umringt von einem nicht mehr vorhandenem Altstadtviertel. Auf der Freifläche steht heute auch der **Neptunbrunnen** ❷, mit dem 1891 der Bildhauer Reinhold Begas berühmt wurde. Neptun, dessen Dreizack in 10 Meter Höhe aufragt, wird von Frauengestalten flankiert, die allegorisch die Flüsse Rhein, Weichsel, Oder und Elbe darstellen. Ursprünglich stand der Brunnen vor dem Stadtschloss – und zwar so, dass Neptuns Blick direkt ins kaiserliche Schlafgemach fiel. Auguste Victoria, Gattin Wilhelms II., fühlte sich gestört und ließ den Brunnen drehen.

In Sichtweite des Brunnens ragt der Turm der **St. Marien-Kirche** 3 auf, sie ist die zweitälteste Kirche des innerstädtischen Berlins und wurde erstmals 1292 als „Pfarrkirche am Neuen Markt“ beurkundet. Den neugotischen Turm gestaltete Carl Gotthard Langhans, weitere architekturhistorische Sehenswürdigkeit ist die Alabasterkanzel von Schlossbaumeister und Bildhauer Andreas Schlüter. Im Vorraum der Kirche bebildert ein Totentanz-Fries nebst dazugehöriger Dichtung das Pestjahr 1484, das Fresco ist einer der bedeutendsten mittelalterlichen Kunstschätze Berlins.

*Im Roten Rathaus wird Berlin regiert*

Der andere hohe Turm am Platze gehört unverkennbar zum Berliner Rathaus. Das wird wegen seiner Backsteinfassade **Rotes Rathaus** 4 genannt und ist Sitz des Regierenden Bürgermeisters und des Senats von Berlin. Vor seiner Erbauung in den 1870er Jahren stand hier noch die mittelalterliche Gerichtslaube. Der Architekt, Waesmann, zitierte mit dem Bau sowohl ein westpreußisches Rathaus als auch eine französische Kathedrale. Auf Höhe des ersten Stocks bebildert ein Fries die Geschichte Berlins und Brandenburgs.

**Berliner Fernsehturm**
Panoramastr. 1A
März–Okt. tägl.
von 9–24 Uhr
Nov.–Feb. tägl.
von 10–24 Uhr
www.tv-turm.de

Auf der anderen Seite der Spandauer Straße liegt das **Marx-Engels-Forum** – eine Grünanlage, deren Erhalt ähnlich erhitzt diskutiert wird wie einst der des Palasts der Republik. Herzstück ist eine Doppelskulptur der kommunistischen Ikonen Karl Marx und Friedrich Engels. Durch den kleinen Park gelangen wir zur **Spree.** Rechter Hand erhebt sich imposant der **Berliner Dom** (▸ Seite 14), wir aber wenden uns nach links und spazieren in Richtung **Nikolaiviertel** 5. Um es zu erreichen, überqueren wir noch die Rathausstraße und setzen den Weg fort bis zu einem kleinen Platz, auf dem die Bronzeskulptur „St. Georg im Kampf mit dem Drachen“ von 1853 thront. Sie stand ursprünglich auf dem Hof des Berliner Stadtschlosses. Um sie herum kann man in verschiedenen gutbürgerlichen Gaststätten speisen und dabei über den Fluss auf die schmucke Rückseite des Marstalls blicken.

*Essen und trinken wie einst Zille – im historischen Gasthaus Zum Nußbaum*

Wir sind nun mitten im Nikolaiviertel, das sich in annähernd malerischen kopfsteingepflasterten Gassen um die **Nikolaikirche** gruppiert. Doch die Altstadt ist artifiziell. Das kleine Stadtviertel funktioniert wie eine Art Freilichtmuseum: Historische Berliner Gebäude wurden hier wieder auf- oder nachgebaut und zwar in friedlicher Nachbarschaft zu schmucklosen Neubauten. Man ist hier eigentlich weder in der Stadt, noch in Berlin, und doch am ältesten Punkt der Stadt, dort, wo Alt-Berlin mit Cölln zu Berlin zusammenwuchs.

Kirche und Viertel haben ihre Ursprünge im 13. Jahrhundert und sollten erstmals anlässlich der 700-Jahrfeier Berlins 1937 in ein repräsentables „Altstadtforum" umgebaut werden. Vor den Kriegszerstörungen wurde damit aber nur begonnen. Doch als 1987 die 750-Jahrfeier Berlins anstand, wurde die Idee wieder aufgegriffen und umgesetzt – die sichtbare Mischung aus Plattenbau und Ornament ist das Ergebnis.

Ein Streifzug durch das überschaubare Gebiet: Die Kirche ist neu aufgebaut, um sie herum eine Reihe kleinerer Bürgerhäuser. Das 1936 am Mühlendamm abgetragene **Ephraim-Palais** wurde 12 Meter versetzt wieder aufgestellt – das Rokoko-Gebäude steht nun an der Ecke zur Poststraße und beherbergt die Stiftung Stadtmuseum Berlin, die historische und Kunstausstellungen zeigt. Das **Gasthaus Zum Nußbaum**, das im Original von 1571 auf der benachbarten Fischerinsel stand und von Heinrich Zille, Otto Nagel und Claire Waldoff besucht wurde, wurde samt dazugehörigem Baum ins Nikolaiviertel kopiert. Ein Besuch des nahe gelegenen **Zille-Museums** illustriert den Geist der Stadt, der in diesem Viertel aufleben soll. Ebenfalls eine Kopie ist die **Gerichtslaube** des alten Berliner Rathauses, in der sich ein Restaurant befindet.

**Ephraim-Palais**
Poststr. 16
(030) 24 00 21 62
Di–So 10–18, Mi 12–20 Uhr
www.stadtmuseum.de

**Heinrich-Zille-Museum**
Propststr. 11
(030) 24 63 25 00
Tägl. 11–18 Uhr
Apr.–Okt. bis 19 Uhr
www.heinrich-zille-museum.de

Der Weg zurück zum Alexanderplatz kann schlicht über den **Molkenmarkt** 6 (ehemals einer der ältesten Marktplätze Berlins, heute große Kreuzung mit dem Verwaltungsgebäude Altes Stadthaus) und die Spandauer Straße erfolgen. In jeden Fall lohnt sich aber ein Abstecher auf die andere Seite der vielspurigen Grunerstraße zu einem unvermuteten Kleinod, dem Viertel an der Klosterstraße. Die **Franziskaner-Klosterkirche** 7, heute eine eindrucksvolle Ruine, war Berlins älteste gotische Kirche. Hier stand 1250 eine erste Feldsteinkirche, der noch sichtbare Bau stammt aus dem 15. Jahrhundert. Bereits ab dem 16. Jahrhundert logierten hier statt den Franziskaner-Mönchen die Schüler des Berlinischen Gymnasiums zum Grauen Kloster. Zu dessen Absolventen gehörten K. F. Schinkel und Otto von Bismarck.

Ein respektvoller Blick auf das **Gerichtsgebäude** an der Littenstraße nebenan, das um 1900 das größte Gebäude Berlins nach dem Stadtschloss war. Im Verlauf dieser Straße stehen tatsächlich einige niedrige Reste der Berliner Stadtmauer. Ihnen folgend führt die Waisenstraße in eine anheimelnde Ecke mit vier erhaltenen Bürgerhäusern aus dem 16. Jh. Eines davon ist das Gasthaus „Zur letzten Instanz", das seinen Namen dem nahen Gericht verdankt. Am Kachelofen soll bereits Napoleon gesessen haben. Schmuck, bezaubernd und gutbürgerlich, doch auch von Reisebussen frequentiert.

Gegenüber steht die **Parochialkirche** 8. Auch sie ist weltkriegsbedingt nicht mehr intakt und wird vor allem für Veranstaltungen und nur vereinzelt für Gottesdienste genutzt. Die Kirche wurde Ende des 17. Jahrhunderts von Johann Arnold Nering entworfen, der auch das Herzstück des Schlosses Charlottenburg gebaut hatte, und hier den italienischen mit dem niederländischen Barock verknüpfte.

Noch mehr Spuren des alten Berlins finden sich auf der gegenüberliegenden Spreeseite. Wer sich den Umweg über die nächste Brücke sparen will, fährt eine Station mit der U-Bahn bis Märkisches Museum. Am **Märkischen Ufer** leuchtet die blitzsaubere, weiße Fassade des **Ermelerhauses** 9. Sie stammt aus dem 16. Jahrhundert, wurde aber im 18. Jahrhundert mit Rokoko aufpoliert. Erst vor 40 Jahren wurde das Haus

**Zur letzten Instanz**
Waisenstr. 14–16,
(030) 242 55 28
www.zurletzteninstanz.de
Mo–Sa 12–1 Uhr
Traditionslokal im Klosterviertel

**Märkisches Museum**
Am Köllnischen Park 5
(030) 24 00 21 62
Di–So 10–18 Uhr
www.stadtmuseum.de

**Historischer Hafen Berlin**
Am Märkischen Ufer
Fr–So 14–18 Uhr, n. V. unter
(03342) 30 14 72
www.historischer-hafen-berlin.de

*Am Historischen Hafen*

von der Breiten Straße hierher verlegt. Nun steht es elegant an der Friedrichsgracht, und die Gäste des hauseigenen Restaurants werden in romantischer Atmosphäre zu Wasser auf einem Boot bewirtet. Mehr Schiffe und Schleppkähne liegen nach der Roßstraßenbrücke am Ufer: Sie gehören zur Sammlung des **Historischen Hafens** ⑩, an Bord werden auch Ausstellungen zur Binnenschiffahrt gezeigt. Am Ufer entlang gelangt man zum **Märkischen Museum** ⑪, das Ausstellungen zur Kultur und Geschichte Berlins präsentiert. Um die Ecke, im Köllnischen Park, ist das Berliner Wappentier zuhause. Ein kleiner **Bärenzwinger** beherbergt seit 1939 stets mehrere Tiere.
*Julia Brodauf*

## Friedrichstraße

# Friedrich runter, Wilhelm rauf

Karte Seite 27

**Start**
S/U Friedrichstraße
**Ziel**
S Unter den Linden
**Länge**
4 km

Friedrichstraße „Die Friedrichsstraße, welche vom Oranienburger bis zum Hallischen Tore reicht, zeichnet sich nicht sowohl durch ihre Schönheit als durch ihre Länge aus, denn ein mittelmäßiger Fußgänger hat wohl eine gute Stunde nötig, um von einem Ende bis zum andern zu kommen." Der Publizist Georg Friedrich Rebmann (1768–1824) in seinen „Kosmopolitischen Wanderungen durch einen Teil Deutschlands".

Unter all den Friedrichs und Friedrich-Wilhelms des historischen Berlin war es Kurfürst Friedrich III. von Brandenburg, der der Straße den Namen gab. Friedrich krönte sich 1701 selbst zum König, und nannte sich seitdem Friedrich I., König in Preußen. Damit legte er den Grundstein für den preußischen Einheitsstaat und den späteren Aufstieg zur Großmacht. Auch das Stadtviertel rundherum wurde nach ihm Friedrichstadt genannt.

Die **Friedrichstraße** ist heute eine lebhafte Geschäftsstraße, und auch links und rechts von ihr gibt es viel zu sehen. Mit einem Einkaufsbummel beginne man am **U/S-Bahnhof Friedrichstraße** ① (mehr zum Bahnhof ▸ Seite 31). Sofern es gelingt, sich im am Wegesrand liegenden Kulturkaufhaus nicht festzule-

**Dussmann**
Das KulturKaufhaus
Friedrichstr. 90
Mo–Fr 10–24,
Sa 10–23.30 Uhr
www.kulturkaufhaus.de

**Galeries Lafayette**
Friedrichstr. 76–78
Mo–Sa 10–20 Uhr
www.galerieslafayette.de

*Winterliche Stille auf dem Gendarmenmarkt mit Blick auf den Französischen Dom*

sen, kreuzt man im Straßenverlauf bald den Boulevard Unter den Linden und hat eine lange Reihe von Bekleidungsgeschäften sämtlicher, doch vorwiegend gehobener Preisklassen vor sich. Hervorzuheben sind die Edel-Einkaufs-Quartiere der **Galeries Lafayette** in Hausnummer 76–78 sowie die **Quartiers 205** ❷ und **206** (in Friedrichstraße Nr. 70 und 71). Die drei Gebäudekomplexe sind durch eine unterirdische Passage miteinander verbunden.

Ein Abstecher nach Osten, beispielsweise in die Französische Straße oder die Jägerstraße, führt zum prächtigen **Gendarmenmarkt** ❸ mit dem Deutschen und dem Französischen Dom, ein großzügig-elegantes Ambiente der neobarocken Art. Seinen Namen bekam der Platz vom Soldatenkönig, Friedrich Wilhelm I., der hier die Stallungen für das Kürassierregiment 10 der preußischen Reiterei aufstellen ließ, die „Gens d'armes". Später war an dieser Stelle sein Sohn Friedrich II. am Werk, ließ die Stallungen abreißen und an die beiden fast identischen Kirchen

**Historische Ausstellung des Deutschen Bundestages**
Gendarmenmarkt, Deutscher Dom
Di–So 10–18 Uhr
(Mai–Sept. bis 19 Uhr)
www.bundestag.de

**Hugenottenmuseum Berlin**
Gendarmenmarkt, Französischer Dom
(030) 229 17 60
Di–Sa 12–17, So 11–17 Uhr
www.franzoesischer-dom.de

*Hier reist man mit Limousine an: Das Quartier 206*

Türme anbauen. So wurden aus ihnen, zumindest dem Namen nach, der Französische und der Deutsche Dom – von der Funktion her schlichte Kirchen, der Begriff bezieht sich auf die beiden Kuppeln. In beiden Kirchen befinden sich heute historische Museen: Im Deutschen Dom zeigt der Bundestag auf fünf Etagen die Entwicklung der parlamentarischen Demokratie in Deutschland. Im Französischen Dom ist eine Ausstellung zur Geschichte der Hugenotten u. a. im Brandenburger und Berliner Raum zu sehen. Durch die Taubenstraße gelangt man von hier aus auch noch zum **Hausvogteiplatz** ❹, auf dem ein Springbrunnen sprudelt. Im 19. Jahrhundert erblühte hier die Berliner Konfektion – über 40 Unternehmen stellten modische Bekleidung her. Viele waren in jüdischer Hand – daher auch das Denkzeichen Modezentrum Hausvogteiplatz, das an 4000 ermordete Juden aus der Bekleidungsbranche erinnert. Rund um den zentralen und doch ruhigen Platz sind in den letzten Jahren hochmoderne Stadthäuser entstanden.

Satt gesehen? Eine Kaffeepause gemacht? Die Taubenstraße (zum Beispiel) führt zur Friedrichstraße zurück. Im Süden der Friedrichstadt tobt touristischer Rummel rund um den ehemaligen Grenzübergang **Checkpoint Charlie** ❺. In Zeiten der geteilten Stadt war dies der Grenzübergang für Ausländer und Diplomaten zwischen West- und Ostberlin. Heute steht hier ein Nachbau des ehemaligen US-amerikanischen Kontrollhäuschens. Das benachbarte Museum informiert über die Berliner Mauer.

Die hier kreuzende **Zimmerstraße** führt zu einem weiteren touristischen Rummelplatz: An der Ecke zur Wilhelmstraße befindet sich die „Trabi-World".

**Fassbender und Rausch**
Charlottenstr. 60
Mo–Sa 10–20, So 11–20 Uhr
www.fassbender-rausch.de
Pralinenparadies der Edel-Schokomarke, mit Café

**Museum am Checkpoint Charlie**
Friedrichstr. 43–45
(030) 25 37 25-0
Tägl. 9–22 Uhr
www.mauer-museum.de

**Mauer-Panorama**
am Checkpoint Charlie
Tägl. 10–20 Uhr
(03 41) 355 53 40
www.asisi.de
Das 360°-Panorama von Yadegar Asisi zeigt den Blick von Kreuzberg nach Mitte an einem fiktiven Herbsttag in den 1980er Jahren

Hier sind die herausgeputzten Trabis geparkt, mit denen man auch per „Trabi-Safari" zur Stadtrundfahrt aufbrechen kann. Auch diverse Roller-Vermietungen sowie der angeleinte Heliumballon **Hi-Flyer** warten auf diejenigen, die Schusters Rappen nicht mehr tragen. Auf der anderen Seite der Kreuzung wird es wieder ernst: Auf dem Gelände befindet sich die Freilichtausstellung **Topographie des Terrors** 6. An diesem Ort befand sich das Hauptquartier der Gestapo samt seiner Folterkeller. In der Nachbarschaft lagen auch die Zentralen von SD und SS im Prinz-Albrecht-Palais in der Wilhelmstraße 102.

Die **Wilhelmstraße** war der Sitz wichtiger Regierungsbehörden Preußens und des Deutschen Reiches. Sie wurde im II. Weltkrieg stark zerstört. Ein monumentaler Regierungsbau der Nazis hat den Krieg überstanden: Im ehemaligen **Reichsluftfahrtministerium** 7 ist das **Bundesministerium für Finanzen** eingezogen (Wilhelmstraße 97). Um die Ecke, in der Leipziger Straße 3–4, tagt der **Bundesrat** 8 in einer spätbarocken Palastanlage von 1899.

Etwas weiter nördlich in der Wilhelmstraße, hinter der Kreuzung mit der Voßstraße, befand sich die **Neue Reichskanzlei** 9 Adolf Hitlers. Im „Führerbunker" hinter der Reichskanzlei beging Hitler im April 1945 Selbstmord. Hier steht heute eine Nobel-Plattenbausiedlung aus den 1980er Jahren. An die historischen Orte erinnern nur noch Schautafeln (Ecke Voßstraße sowie Gertrud-Kolmar-Straße/In den Ministergärten). Ganz in der Nähe, an der Kreuzung Wilhelmstraße/An der Kolonnade erinnert seit 2011 eine etwa 17 Meter hohe Stahlskulptur an den Hitler-Attentäter Georg Elser. *JULIA BRODAUF*

**Topographie des Terrors**
Niederkirchnerstr. 8
Tägl. 10–20 Uhr
Eintritt frei
www.topographie.de

**Hi-Flyer**
Zimmerstraße/Ecke Wilhelmstraße
Tägl. 10–20 Uhr
(Nov.–März bis 18 Uhr)
Wind-Hotline:
(030) 226 67 88 11
www.air-service-berlin.de

Karte Seite 29

**Start**
S/U Friedrichstraße

**Ziel**
S/U Friedrichstraße

**Länge**
4 km

**Berliner Ensemble**
Theater am Schiffbauerdamm
Bertolt-Brecht-Platz 1
(030) 28 40 81 55
www.berliner-ensemble.de

**Ständige Vertretung**
Schiffbauerdamm 8
10117 Berlin-Mitte
(030) 282 39 65
Tägl. 10–2 Uhr
www.staev.de
Berlinerisch und rheinisch speisen

## Durch die Friedrich-Wilhelm-Stadt

# Drama, Drama, Drama!

Man kann den Bahnhof Friedrichstraße auch über den Hinterausgang verlassen. Über die **Fußgängerbrücke** ❶, die unter den S-Bahngleisen über die Spree führt, gelangt man direkt zum Schiffbauerdamm. Von der Treppe aus lässt es sich direkt in die „Ständige Vertretung" hineinstolpern, um sich für den Stadtspaziergang ganz unberlinisch mit Kölsch und rheinischer Küche zu Stärken – die Kneipe folgte ihren Stammgästen beim Hauptstadt-Umzug vom Rhein an die Spree. Von hier aus führt ein schöner Rundgang durch die Friedrich-Wilhelm-Stadt, vorbei an diversen geschichtsträchtigen Theatern, der Charité und immer auf den Spuren Bertolt Brechts. Die Wirkungsstätte des epochalen Dramatikers befindet sich im Theater am Schiffbauerdamm, dem Sitz des **Berliner Ensembles** ❷. Dieses wurde von Bertolt Brecht und Helene Weigel 1949 gegründet und nach Brechts Tod 1956 von Weigel weitergeführt, bis sie selbst 1971 verstarb. Bis heute bilden Brechts Stücke einen Schwerpunkt des Spielplans.

Wir überqueren den Vorplatz mit der Brecht-Skulptur und folgen der Straße Am Zirkus bis zur Reinhardtstraße. Diese ist nach dem Regisseur Max Reinhardt (1873–1943) benannt, der das Theater am Schiffbauerdamm leitete, als es noch „Neues Theater" hieß. Auch im Friedrichstadtpalast und im Deutschen Theater hielt Reinhardt zeitweilig die Zügel in der Hand. Zu letzterem kommen wir gleich, zunächst liegt aber noch der große **Bunker** ❸ am Weg, erbaut 1942. Während der Kriegsnächte suchten hier bis zu 3000 Menschen Schutz vor den alliierten Bomben. Das quadratische Gebäude war nach

*Eines der bekanntesten Theater Berlins: Das Deutsche Theater mit den Kammerspielen*

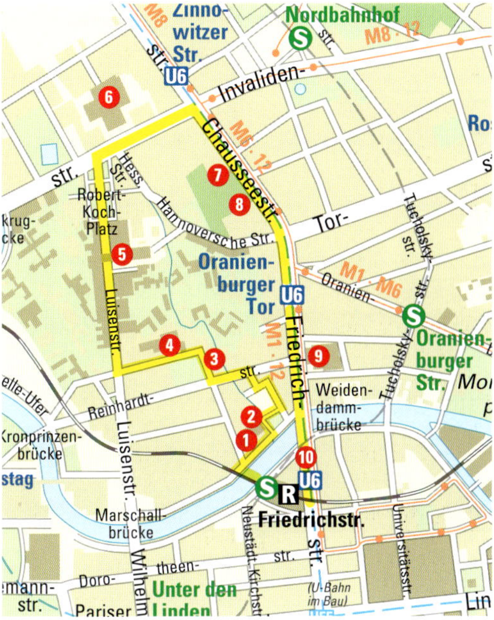


dem Krieg zunächst ein Gefängnis der Roten Armee, später Lagerraum der VEB Südfrüchte (im Volksmund Vorweihnachtsbunker). Nach der Wende gab es hier Techno- und auch Fetischpartys, Theater und Kunst. Heute ist er raffiniert und preisgekrönt umgebaut und Sitz der Kunstsammlung Boros und kann nach Voranmeldung besichtigt werden – empfehlenswert!

Um die Ecke, in der Schumannstraße, erkennt man den Schriftzug „Verweile doch“, der als Skulptur vor dem **Deutschen Theater** ❹ steht. Dieses begann seine Geschichte ab 1850 mit volkstümlichem Spielplan und ist heute eines der vier wichtigsten Theater Berlins. Wir folgen der Schumannstraße bis zur Luisenstraße. Hier machen wir noch einmal einen Abstecher linker Hand bis zur Hausnummer 18: In diesem Haus, genannt das **Palais Bülow** ❺, wohnten Bertolt Brecht und Helene Weigel nach ihrer Rückkehr aus den USA in die DDR, denn hier residierte der Künstlerclub „Die Möwe“, in dem auch Hans Albers, Hanns Eisler, Gustav Gründgens, Erich Kästner, Klaus Kinski, Sophia Loren, Yves Montand oder Carl Zuckmayer Gäste gewesen sein sollen. Heute ist das Haus die Landesvertretung Sachsen-Anhalt, Künstlern bzw. ihren Arbeiten begegnet man eher nebenan im Künstlerhotel Luise. Nun aber wird kehrtgemacht und der Luisenstraße nach Norden gefolgt. Diese führt rechter Hand am Campus der **Charité** ❻ vorbei und unterquert das Klinikgebäude an einer Stelle. Zu Beginn des 18. Jhs. waren es „Pesthäuser“, die vor der Stadt gebaut wurden und bald zu Lazaretten erweitert wurden. Schon 1729 wurde ein bürgerliches Krankenhaus daraus, über die Jahrhun-

**Deutsches Theater**
Schumannstraße 13a
(030) 28 44 12 25
www.deutschestheater.de

**Sammlung Boros**
Reinhardtstraße 20
Führungen Fr–So ab 10 Uhr
nach Voranmeldung auf der
www.sammlung-boros.de

**Emerson Gallery Berlin**
Schiffbauerdamm 19
Di–Fr 14–19, Sa 12–16 Uhr
(030) 24 04 72 95
www.emerson-gallery.de
Galerie für zeitgenössische
Kunst

*Der Friedrichstadtpalast ist das große Revuetheater Berlins*

**Brecht-Weigel-Haus**
Chausseestraße 125
(030) 200 57-18 44
Führungen zu jeder halben Stunde:
Di + Sa 10–15.30 Uhr,
Mi–Fr 10–11.30, Do auch 17–18.30, So 11–18 Uhr
www.adk.de

**Restaurant Brecht-Keller**
(030) 282 18 43
Tägl. ab 18 Uhr
www.brechtkeller.de

**Museum für Naturkunde**
Invalidenstraße 43
(030) 2 093-85 91
Mo–Fr 9.30–18 Uhr
Sa/So 10–18 Uhr
www.naturkundemuseum-berlin.de

derte war es Wirkungs- und Forschungsstätte vieler berühmter Ärzte, darunter Rudolf Virchow, Robert Koch und Ferdinand Sauerbruch.

An der Invalidenstraße werfen wir einen Blick nach links zur großzügig **Invalidenpark** benannten Grünfläche mit einem Mauerdenkmal und stoßen rechts auf das Gebäude des **Naturkundemuseums** 7 – schon in der Vorhalle kann man den riesigen Brachiosaurus bewundern. Es ist das weltweit größte aufgebaute Dinosaurier-Skelett. Danach geht es in Richtung Chausseestraße, um dort rechts abzubiegen und in Hausnummer 125 das **Wohnhaus von Brecht und Weigel** 8 zu besuchen (Führungen alle halbe Stunde). Im Keller wird aus dem Kochbuch der Helene Weigel gutbürgerlich gekocht.

Das Dramatikerpaar ist nebenan auf dem **Dorotheenstädtischen Friedhof** 9 beigesetzt. Der ist wegen seiner kunstvollen Grabmale denkmalgeschützt. Berühmte Begrabene sind beispielsweise die Professoren Fichte und Hegel, die Schriftsteller Heinrich Mann und Anna Seghers, Komponist Hanns Eisler, die Widerstandskämpfer Dietrich und Klaus Bonhoeffer, Bundespräsident Johannes Rau und der

Dramatiker Heiner Müller. Das Grab des Letzteren erkennt man an den Zigarren, die meist auf der Grabumrandung liegen. Ein Lageplan am Eingang des Friedhofs gibt Orientierung.

Auf dem Rückweg zur Friedrichstraße werfen wir einen Blick rechts in die Hannoversche Straße, wo sich in Hausnummer 28–30 die ständige Vertretung der BRD in der DDR befand. Heute ist hier Dienstsitz des **Bundesministeriums für Bildung und Forschung.** Nach Passieren der Kreuzung Oranienburger Tor sehen wir links die Oranienburger Straße mit dem Kunsthaus Tacheles abbiegen (▶ Seite 36) und gehen weiter bis zum **Friedrichstadtpalast** ⑩. Das Revuetheater basiert auf Zirkustraditionen, auch am heutigen Standort, eröffnet 1984, residierte zuvor ein Staatszirkus der DDR. Auf dem Pflaster vor dem Eingang sind berühmte Handabdrücke zu sehen – Liza Minelli, Louis Armstrong – im Keller spielt der Quatsch Comedy Club.

Nun noch zwei andächtige Momente: Einmal auf der Weidendammer Brücke, weil sie der Ort ist, wo Erich Kästner Pünktchen Streichhölzer und Anton Schnürsenkel verkaufen ließ. Und einmal vor dem **Tränenpalast** ⑪ im Schatten des neuen Hochhauses am S-Bahnhof Friedrichstraße, ehemaliger deutsch-deutscher Grenzübergang, der wegen vieler schmerzlicher Abschiede an dieser Stelle so genannt wurde. Im Pavillon kann dem Schmerz und seiner Geschichte sofort auf den Grund gegangen werden: Die Dauerausstellung „GrenzErfahrungen. Alltag der deutschen Teilung“ veranschaulicht mittels Zeitzeugeninterviews und Objekten das Leben angeschichts von Teilung und Grenze. Momentan sieht der Tränenpalast einer neuen Nutzung als Gedenkstätte entgegen.

JULIA BRODAUF

**Friedrichstadtpalast Berlin**
Friedrichstraße 107
www.friedrichstadtpalast.de
Tickets (030) 23 26 23 26
Quatsch Comedy Club
Tickets (018 05) 969 00 09 69
www.quatsch-comedy-club.de

**Tränenpalast**
Stiftung Haus der Geschichte der BRD
Reichstagsufer 17
Ausstellung zum Alltag der deutschen Teilung
Di–Fr 9–19 Uhr
(030) 46 77 77 90
www.hdg.de

**Grill Royal**
Friedrichstraße 105b
(030) 28 87 92 88
Tägl. ab 18 Uhr
Szene-Steakrestaurant am Spreeufer
www.grillroyal.de

*Am Tränenpalast verabschiedete sich zu DDR-Zeiten die West- von der Ostbekanntschaft*

## Spandauer Vorstadt und Scheunenviertel

Rund um den **Hackeschen Markt** lag das Zentrum des jüdischen Lebens in Berlin. Es begann 1671: Der reformfreudige Große Kurfürst nahm (nicht uneigennützig) die wohlhabendsten der zuvor aus Wien vertriebenen Juden auf. Sie gründeten eine neue Gemeinde und weihten 1714 in der Heidereutergasse eine erste Synagoge ein.

Friedrich Wilhelm war es auch, der nordwestlich des Viehmarktes (dem späteren Alexanderplatz) 27 Scheunen errichten ließ. Zwei Generationen später – aus den Scheunen war mittlerweile ein ärmlicher Stadtteil geworden – befahl der Soldatenkönig Friedrich Wilhelm I. allen Juden den Umzug in dieses **Scheunenviertel.** Als Ende des 19. Jahrhunderts viele osteuropäische Juden vor Pogromen nach Berlin flohen, ließen auch sie sich hier nieder. Um 1930 gab es in der Spandauer Vorstadt und im Scheunenviertel bis zu 300 jüdische Einrichtungen. Dieses facettenreiche jüdische Leben wurde nach der Machtergreifung der Nationalsozialisten zerstört.

Auch baulich verlor der Stadtteil – was durch den Zweiten Weltkrieg nicht verwüstet wurde, verfiel in der DDR-Zeit. Nur die Sophienstraße wurde zur 750-Jahr-Feier Berlins 1987 herausgeputzt. Nach der Wende wurde die Spandauer Vorstadt Heimat der Kunst- und Partyszene. Alles, was jung und bunt war, strömte in die oft leer stehenden Häuser, besetzte sie, organisierte Ausstellungen, gründete Bands, eröffnete Bars – und begründete so den Ruf Berlins als Subkulturmetropole. Dicht auf den Fuß folgten die Investoren. Heute ist das Stadtviertel großenteils schmuck und saniert und verströmt mit seinen schmalen, verkehrsarmen Straßen, über hundertjährigen Wohnhäusern und Gewerbehöfen mit Werkstätten, Galerien und Cafés einen fast kleinstädtischen Charme. Wo sich einem ein Tor zu einem Hof öffnet, sollte man neugierig hineinsehen, vielleicht versteckt sich eine Galerie hier oder einfach eine schön restaurierte Anlage.

## Spandauer Vorstadt & Scheunenviertel

# Kunst und Kuppeln

Wir durchstreifen die Spandauer Vorstadt von den Hackeschen Höfen aus in einer Schleife bis zum Oranienburger Tor. Ein Innenstadt-Rundgang, auf dem sich zahlreiche Höfe, Geschäfte, Kneipen und Galerien entdecken lassen.

Der **Hackesche Markt** trägt seinen Namen nach dem preußischen General Hacke, der 1750 das an diesem Ort stehende Spandauer Tor und die Stadtmauern abreißen ließ, um Platz für ein neues Wohnviertel zu schaffen. Hier, in Nähe des Alexanderplatzes, ließen sich Wollmanufakturen nieder, rundherum entwickelte sich eine florierende Bekleidungsindustrie. Direkt an der chaotischen Kreuzung zur Rosenthaler Straße betritt man die **Hackeschen Höfe** ❶. Die wunderschön sanierten, teils bunt gekachelten Jugendstilhöfe wurden 1906 nach Konzepten der Lebensreform-Bewegung gebaut: Ruhiges Wohnen, Gewerbe, Handel und Kultur in ein Ensemble zu packen, war revolutionär. Die Gestaltung von August Endell ist zum Teil erhalten, auch heute existieren in den Höfen Theater, Kino, Galerien, Restaurants, Geschäfte und Wohnungen friedlich nebeneinander. Durch den hinteren Ausgang gelangt man in die idyllische **Sophienstraße.** Hier steht die Sophienkirche, geschmückt mit dem einzig barocken Kirchturm der Stadt. Bei Hausnummer 18 blickt man durch die säulengeschmückte Einfahrt in einen betriebsamen Hof. Eine Gedenktafel erinnert an die Geschichte des Anwesens als Sitz des Handwerkervereins. Ansässig sind die **Sophiensaele,** Stätte ambitionierter und prämierter Theater- und Tanzproduktionen.

Spätestens bei Hausnummer 21 lohnt sich das Abbiegen in die **Sophie-Gips-Höfe** ❷, die zur Gipsstraße führen. Hier war einmal eine medizinische Gerätefabrik ansässig, die Neugestaltung des Anwesens trägt die Handschrift des neuen Eigentümers: Durchgänge und Freiflächen sind mit modernen Lichtinstallationen, Gartenkunst und Wandmalerei gestaltet. Das ist der **Sammlung Hoffmann** zu verdanken, die in den oberen Stockwerken ansässig ist. Die private Kunstsammlung ist samstags nach Anmeldung zu

Karte Seite 34

**Start**
S Hackescher Markt

**Ziel**
U Oranienburger Tor

**Länge**
2,5 km

**Museum Blindenwerkstatt Otto Weidt**
Rosenthaler Straße 39
Erster Hof, linker Aufgang
(030) 285 99 407
Mo–So 10–20 Uhr
www.museum-blindenwerkstatt.de
In der Blindenwerkstatt wurden während des Zweiten Weltkriegs Juden versteckt

**Sammlung Hoffmann**
Sophienstr. 21
Samstags 11–16 Uhr
(030) 28 49 91 20
www.sammlung-hoffmann.de

besichtigen, ein absolut empfehlenswertes Erlebnis für Kunstinteressierte.

Die Sophienstraße kreuzt die Große Hamburger Straße. Hier wurde kürzlich der ursprüngliche **Jüdische Friedhof** ❸ Berlins aus dem 17. Jahrhundert wieder eröffnet. Auf dem fast 6000 Quadratmeter großen Gelände an der Sophienkirche liegen die sterblichen Überreste von 10 000 Berliner Juden und auch von Opfern des Zweiten Weltkrieges. Außerdem sind die Grundmauern des früheren jüdischen Altenheims sichtbar, das von den Nazis als Sammelstelle für Deportationen genutzt wurde. Einziges Einzelgrab ist das von Moses Mendelssohn, dem jüdischen Philosophen und Vorkämpfer der Aufklärung.

Geht man die Große Hamburger Straße in die andere Richtung, kreuzt die Auguststraße. Eine Straßenecke weiter gelangt man auf den **Koppenplatz.** Mitten darauf steht seit 1997 ein überdimensionaler Bronzetisch mit umgekipptem Stuhl – ein Mahnmal, das an Flucht und Deportation jüdischer Bewohner erinnert.

In der **Auguststraße** und der parallel verlaufenden Linienstraße ballen sich Galerien dicht an dicht. Besonders in der Linienstraße genügt aber nicht das Schaufensterln, die Galerien befinden sich in den Innenhöfen zum Beispiel in Hausnummer 155 (neugerriemschneider), 158 (Kuckei & Kuckei) und 161a (Kicken).

**Clärchens Ballhaus Mitte**
Auguststraße 24
(030) 282 92 95
www.ballhaus.de
Historischer Tanzpalast, bis heute wird hier geschwoft

**Strandbad Mitte**
Kleine Hamburger Straße 16
(030) 24 62 89 63
Tägl. 9–2 Uhr
www.strandbad-mitte.de
Cafe-Bar in einer Sackgasse gegenüber von Clärchens Ballhaus

**Al Contadino Sotto Le Stelle**
Auguststraße 34
(030) 281 90 23
www.alcontadino.eu
Gehobene italienische Küche aus der Region Basilikata

**Jüdische Mädchenschule**
Auguststraße 11
www.maedchenschule.org
Kunst und Gastronomie

Hauptquartier der Kunstszene ist die Kunst-Werke Berlin e.V., kurz **KW**, ansässig in der Hausnummer 69 der Auguststraße, einer ehemaligen Margarinenfabrik. Ein Haus für Ausstellungen moderner Kunst, das im internationalen Geschehen mittlerweile aktiv mitmischt und Hauptquartier der Berlinbiennale ist. Im Innenhof ein schönes Café in einem luftigen Kubus des Lichtkünstlers Dan Flavin. Gleich gegenüber ist aus der historischen Jüdischen Mädchenschule ebenfalls ein Haus der Kunst geworden: Mehrere hochkarätige Galerien, dazu passend gehobene Gastronomie. Und ein Hauch Party.

Am Ende der Auguststraße biegen wir links in die Tucholskystraße ein – wer Lust hat, besichtigt zuerst rechter Hand noch drei, vier Galerien – dann aber auf zur Oranienburger Straße. Alternativ kann man auch durch die **Heckmann-Höfe** 4 gehen und in den kleinen Läden und Bars einkehren. An der Ecke Tucholskystraße/Oranienburger Straße steht das ehemalige Kaiserliche **Postfuhramt.** Das Postamt und die Postpferdeställe wurden 1875–1881 auf dem Gelände eines Postillionhauses erbaut und sind von einer

**KW**
Institute for Contemporary Art
Auguststr. 69
(030) 24 34 59-0
Di–So 12–19, Do 12–21 Uhr
www.kw-berlin.de

**Heckmann-Höfe**
Zugang Auguststraße 10
oder Oranienburger Str. 32

**Bonbonmacherei Kolbe & Stecher**
In den Heckmann-Höfen
Oranienburger Str. 32
(030) 44 05 52 43
Mi–Sa 12–20 Uhr
www.bonbonmacherei.de

*Die Hackeschen Höfe: im Inneren ein buntgekacheltes Jugendstilensemble*

*Die Neue Synagoge in der Oranienburger Straße*

**Neue Synagoge**
Oranienburger Straße 28/30
(030) 88 02 83 00
Tägl. ab 10 Uhr geöffnet
www.cjudaicum.de

**Fotogalerie c/o Berlin**
Oranienburger Straße 35/36
Tägl. 11–20 Uhr
(030) 28 44 41 60
www.co-berlin.com

Kuppel gekrönt. Das Gebäude galt als eines der aufwendigsten Bürobauten seiner Zeit, heute ist die viel gelobte Fotogalerie c/o Berlin darin untergebracht.

Die **Oranienburger Straße** ist eine der wichtigsten Touristenmeilen in Mitte, sie entlang zu spazieren bedeutet (für Anfällige) den Aufenthalt in Nippesläden und Schuhgeschäften. Gleichzeitig ist sie auch eine der traditionsreichsten Straßen: In Hausnummer 67 wohnte Alexander von Humboldt von 1842 bis 1859, Bettina von Arnim betrieb nicht weit davon entfernt ihren Salon. Repräsentativstes Gebäude in der Oranienburger Straße ist die **Neue Synagoge** **5** mit ihrer goldglänzenden Kuppel. Die jüdische Gemeinde hatte um 1860 etwa 28 000 Mitglieder und benötigte dringend eine zweite Synagoge. Eduard Knoblauch begann mit der Planung im „maurischen Stil", erkrankte aber schwer, worauf der preußische Hofbaurat Friedrich August Stüler das Projekt übernahm und die Innenräume gestaltete. 1866 wurde die Synagoge an der Oranienburger Straße 28/30 eingeweiht. Im Zweiten Weltkrieg stark beschädigt, wurde die Synagoge ab 1988 teilweise wiederaufgebaut. Heute ist hier das **Centrum Judaicum** untergebracht, eine ständige Ausstellung informiert über jüdisches Leben in Berlin. Auch die Kuppel kann besichtigt werden.

Am nordwestlichen Ende der Oranienstraße warten unzählige Tische auf hungrige Stadtspaziergänger. Dabei liegt der Blick auf der maroden Fassade des **Tacheles** **6**, trauriges Überbleibsel einer an sich selbst und am Kommerz gescheiterten Künstlerkolonie in der ehemaligen „Friedrichstraßen-Passage", erbaut 1907. Im großen Torbogen sind kopflose Reste der Skulpturen, die Allegorien des weltumspannenden Handels darstellten. Wo einst Kunden durch die lichten Passagen des neuartigen Konzepts des Warenhauses als Einzelhändler-Gemeinschaft flanierten, dann die AEG einzog und zu DDR-Zeiten ein Kino war, befand sich bis September 2012 eine Openair-Bildhauer-Werkstatt. In den kommenden Jahren sollen auf dem Gelände Einzelhandel, Büros und Wohnungen entstehen. *JULIA BRODAUF*

## Rosenthaler Vorstadt
# Lebendige Mitte

Als Berlin noch mit einer Stadtmauer befestigt war, war der **Rosenthaler Platz** ❶ schlicht der Platz vor dem Rosenthaler Tor. Dieses bot jüdischen Reisenden den einzigen Zugang zur Stadt. Heute ist der Platz, Ausgangspunkt für eine Runde durch die nördliche Mitte, eigentlich nur eine Kreuzung. Und zwar eine laute: Die Rosenthaler Straße führt zum Hackeschen Markt, gegenüber der Weinbergsweg hinauf zur Kastanienallee. Die Torstraße kreuzt den Platz und wird von Szenegängern gekreuzt, die unterwegs zu den diversen Clubs der Straße sind. Die fünfte Straße des Rosenthaler Platzes, die **Brunnenstraße,** zieht sich den Berg hinauf bis in den Wedding. Ihr folgen wir. In der Brunnenstraße haben in den letzten Jahren junge Galerien, Hausbesetzer und Investoren ihre sichtbaren Spuren hinterlassen. „Dieses Haus stand früher in einem anderen Land" steht in riesigen Lettern an einer Fassade – ein privates Denkmal des Werbers Jean-Remy van Matt zum 20. Jahrestag des Mauerfalls. Ein paar Meter weiter liegt der kleine **Volkspark am Weinberg** und an seinen Hängen viele Anwohner auf Decken – der kleine Park geht tatsächlich auf Reb-Anbau zurück.

Die Brunnenstraße führt in die **Rosenthaler Vorstadt,** die zwischen Prenzlauer Berg, Wedding und Mitte zentral und dennoch ruhig liegt. Das hektische Leben scheint an dem Gebiet zwischen Ackerstraße und Arkonaplatz vorbeizurauschen. Die Häuschen der friderizianischen Kolonie „Neu-Voigtland" wurden durch spätklassizistische Mietskasernen und ab 1870 durch gründerzeitliche Gebäude ersetzt. Während der Industriali-

**Karte Seite 37**

**Start**
U Rosenthaler Platz

**Ziel**
U Rosa-Luxemburg-Platz

**Länge**
3 km

**Galerien der Brunnenstraße und Umgebung**
www.brunnenstrasse.net

*Anlaufpunkt für heimatlose W-Lan-Surfer – das Sankt Oberholz*

**Sankt Oberholz**
Rosenthaler Straße 72a
(030) 24 08 55 86
Mo–Fr 8–24 Uhr
Sa–So 9–24 Uhr
www.sanktoberholz.de

**Gedenkstätte Berliner Mauer**
Bernauer Straße 111
(030) 467 98 66 66
Apr.–Okt.
Di–So 9.30–19 Uhr
Nov.–März
Di–So 9.30–18 Uhr
www.berliner-mauer-gedenkstaette.de
Dokumentationszentrum
Eintritt frei

sierung entstand eines der am dichtesten besiedelten Gebiete Berlins. Die Brunnenstraße wurde zu einer lebhaften Geschäftsstraße, daran erinnert das ehemalige **Kaufhaus Jandorf** von 1904, das einer Zukunft als Konferenz- und Geschäftshaus entgegensieht. Davor zweigt links die Invalidenstraße ab. Ihr folgend, stoßen wir an der nächsten Ecke auf den Komplex der **Kirche St. Elisabeth** ❷. Sie war Ausgangspunkt der intensiven städtebaulichen Entwicklung der Rosenthaler Vorstadt, als sie 1832 bis 1834 nach Plänen von Karl Friedrich Schinkel erbaut wurde. Derzeit wird die Kirche saniert, das benachbarte Gemeindehaus „Villa Elisabeth" ist ein beliebter Veranstaltungsort und der kleine Kirchpark ein Gartendenkmal. Gegenüber der Kirche liegt der Eingang zur **Ackerhalle,** eine historische Markthalle aus dem 19. Jahrhundert. Ihr Äußeres präsentiert sich noch im Originalzustand, im Innern ist heute ein Supermarkt untergebracht.

**Abstecher:** Über die Ackerstraße erreicht man die nahegelene Bernauer Straße. Hier befindet sich im ehemaligen Todesstreifen die **Gedenkstätte Berliner Mauer** ❸ mit Dokumentationszentrum und Resten der Grenzbefestigung.

Hinter der Elisabethkirche führt die Strelitzer Straße zur Anklamer Straße, der wir bis zum Arkonaplatz folgen. Unterwegs kommen wir an der Hausnummer 38/40 vorbei. Das weiß gestrichene Gebäude sowie die dahinter liegenden Höfe sind mit hohem ökologischen Anspruch saniert worden und rein in weiblicher Hand: Das Gründerinnenzentrum **Weiberwirtschaft** beherbergt zahlreiche Gewerberäume, Büros, Praxen und eine Kita.

Der **Arkonaplatz** ❹, Schmuckplatz aus der Zeit der wilhelminischen Bebauung, wurde bereits zu DDR-Zeiten restauriert und ist heute eine freundliche Grünanlage mit Spielplatz sowie sonntäglichem Flohmarkt. Quer über den Platz verläuft die Swinemünder Straße, der wir nach Süden bis zum Zionskirchplatz folgen. Hinter ihren gleichförmigen Fassaden verbergen sich Wohnquartiere mit zusammenhängenden, großen Gärten.

Die **Zionskirche** ❺ wurde aus Dankbarkeit gebaut: 1861 schlug das erste von insgesamt vier Attentaten, die Kaiser Wilhelm I. insgesamt ereilten, fehl, und so stiftete er 10000 Mark für den Bau der neoromantischen Kirche durch August Orth. Ab 1931 war hier Dietrich Bonhoeffer Vikar, der sich gegen die Nationalsozialisten engagierte und dafür 1945 hingerichtet wurde. In den 80er Jahren formierten sich in der Kirche oppositionelle Gruppen, 1987 wurde das Konzert der West-Band Element of Crime unter den Augen der Volkspolizei von Skinheads überfallen.

Die **Zionskirchstraße** kreuzt die Kastanienallee, wir folgen ihr bis zur Christinenstraße und biegen im Rücken des Pfefferbergs rechts ab. Über Kopfsteinpflaster gelangen wir zur Torstraße, halten uns links und nehmen die nächste rechts: Die Alte Schönhauser Straße, die an der Münzstraße zur Neuen Schönhauser Straße wird, führt in das Herz der Spandauer Vorstadt. Theaterfreunde machen noch einen Abstecher zur **Volksbühne am Rosa-Luxemburg-Platz** ❻: Sie wurde um 1910 von der Arbeiterbewegung „Freie Volksbühne" errichtet, war zu DDR-Zeiten Theater des Gewerkschaftsbundes und macht heute unter der Leitung von Frank Castorf regelmäßig Schlagzeilen mit unangepassten Inszenierungen. *JULIA BRODAUF*

**Zionskirche**
Di–Sa 14–20 Uhr
Führungen mit Turmbesteigung auf Anfrage
www.zionskirche-berlin.de

**Volksbühne am Rosa-Luxemburg-Platz**
Tickets (030) 24 06 57 77
www.volksbuehne-berlin.de

**Monsieur Vuong, Berlin**
Alte Schönhauser Str. 46
(030) 99 29 69 24
Tägl. 12–24 Uhr
www.monsieurvuong.de
Vietnamesische Küche

*Bewusst im Osten: Die Volksbühne*

## Bezirk: Mitte

# Tiergarten

Stadtteil der Gegensätze: Der ehemalige Bezirk Tiergarten umfasst ganz unterschiedliche Quartiere. Das vornehme Regierungs- und Botschaftsviertel, das glitzernde neue Stadtquartier rund um den Potsdamer Platz und den proletarisch geprägten Ortsteil Moabit. In letzterem finden sich neben Altbauvierteln und historischen Industriekomplexen auch Europas größtes Kriminalgericht und das bekannteste Gefängnis Berlins.

Gleich westwärts hinter dem Brandenburger Tor beginnt Berlins grünster Fleck, der Große Tiergarten. Ehemals vor den Toren der Stadt gelegen als Kurfürstliches Jagdrevier, überstand Deutschlands zweitgrößte Grünanlage zwei Weltkriege. Er besticht je nach Jahreszeit durch Blütenpracht und schattige Liegewiesen, romantische Schneelandschaften oder Farbenspiele im Frühling und Herbst. Der umgebende Stadtteil trägt denselben Namen und beherbergt viele Sehenswürdigkeiten. Als Schwergewichte einer architektonischen Sightseeingtour bietet der Stadtbezirk die neuen Regierungsbauten am Spreebogen mit Kanzleramt, umgebautem Reichstagsgebäude und gläsernem Hauptbahnhof. Einmal gen Süden durch den Park geschlendert, reihen sich im angrenzenden Diplomatenviertel beeindruckende zeitgenössische Botschaftsgebäude aneinander – jedes für sich ein stilistisch-kulturelles Statement des jeweiligen Landes. Kunstliebhaber kommen im Kulturforum auf ihre Kosten, das mit herausragender Architektur und hochkarätigen Sammlungen von Gemälden, Kunsthandwerk und Grafiken aufwartet.

Gleich um die Ecke liegt das neue Stadtquartier am Potsdamer Platz, das mit seiner futuristischen Architektur zu einem weltweit bekannten Wahrzeichen Berlins geworden ist. Wer etwas gediegenere Baukunst bevorzugt, mag sich am Anblick des Schlosses Bellevue von 1791 erfreuen. Das nahe Hansaviertel aus den 1950er Jahren ist dagegen ein Highlight der

### Steckbrief

Tiergarten mit Moabit & Hansaviertel

**Einwohner**
89 318

**27–45 Jahre**
30 %

**Über 65 Jahre**
11 %

**Skulpturen im Tiergarten**
67

*Der neue Potsdamer Platz mit den Turmhäusern des Beisheim-Centers*

klassischen Moderne. Der Zoologische Garten, ein „Ausläufer" des Parks, und das Aquarium begeistern ihr Publikum durch Artenvielfalt und Charakterköpfe – der Zoo gilt als der artenreichste weltweit und ist eine der meistbesuchtesten Sehenswürdigkeiten Berlins.

Im Stadtteil Moabit, in der nordwestlichen Ecke von Tiergarten, wurde Industriegeschichte geschrieben. Hier finden sich die Ursprünge der Borsigwerke, hier ist der Berliner Großmarkt und der Westhafen zu Hause. Die angrenzenden Wohnviertel bieten meist günstige Mieten. *Johanna von Stülpnagel*

Karte Seite 43

**Start**
S/U Zoologischer Garten

**Ziel**
Haus der Kulturen der Welt, Bus 100

**Länge**
4 km

**Zoologischer Garten Berlin**
Hardenbergplatz 8
(030) 25 40 10
Nov.–März 9–17 Uhr
Apr.–Okt. 9–19 Uhr
www.zoo-berlin.de

**Siegessäule**
Apr.–Okt. Mo–Fr 9.30–18.30, Sa/So 9.30–19 Uhr
Nov.–März Mo–Fr 10–17, Sa/So 10–17.30 Uhr

*Die Goldelse hält im Sockel noch eine Ausstellung mit Modellen berühmter Monumente bereit*

## Zoo & Tiergarten

# Von den wilden zu den hohen Tieren

Dieser Spaziergang führt uns vom Bahnhof Zoo quer durch den Tiergarten und durch das Hansaviertel. Der **Bahnhof Zoo** ❶, weit über Berlins Grenzen hinaus bekannt, hat einiges an Verruchtheit und Verkehrsbetrieb eingebüßt. Und doch bleibt er allemal ein Erlebnis und ist das Tor zur City-West. Gleich neben dem Bahnhof liegt der **Zoologische Garten.** Der älteste Zoo Deutschlands (von 1844) und zugleich der artenreichste der Welt zeigt auf 35 Hektar rund 14 000 Tiere, denen man fast zum Anfassen nahe kommt. Vom leider verstorbenen Eisbärweltstar Knut kann man immerhin noch eine Gedenkmünze erstehen, deren Erlös dem Zoo zugute kommt.

Doch wir gehen heute nicht in den Zoo, sondern darum herum und gelangen über den Fuß- und Radweg entlang des Zauns über die Lichtensteinbrücke in den **Großen Tiergarten,** das ehemalige Jagdrevier der Kurfürsten. Am Ostufer des **Neuen Sees** bietet das **Café am Neuen See** ❷ mit dem dazugehörigen Biergarten samt Bootsverleih eine schöne Rastmöglichkeit. Wege, Wiesen, Skulpturen – es gibt im Park viel zu entdecken.

Die großen Wegeachsen im Tiergarten laufen alle auf einen zentralen Punkt zu: Den **Großen Stern** mit der **Siegessäule** ❸, die auf der Mittelinsel des Verkehrskreisels aufragt. Die Siegessäule erreicht man, am Rondell angekommen, durch einen Fußgängertunnel. Dort angekommen, kann man die 67 Meter bis zur Plattform zu Füßen der Siegesgöttin Viktoria emporsteigen. Die auch salopp „Goldelse" genannte Dame wurde als Symbol für die preußischen Siege im 19. Jahrhundert auf die Säule gestellt. Allerdings stand die Siegessäule ursprünglich gegenüber des Reichstags. Erst im Rahmen der Umbaumaßnahmen der Nazis zur Reichshauptstadt „Germania" wurde sie auf den Großen Stern umgesiedelt. Heute ist die Siegessäule unter anderem ein Symbol der Berliner Schwulenszene und bildet den Endpunkt der jährlichen Parade am Christopher Street Day (CSD).

An der Nordseite des Großen Sterns, hinter der Bismarckstatue, beginnt der **Englische Garten** ❹, ursprünglich ein Teil des Schlossparks Bellevue. Geht man parallel zur Altonaer Straße, kann man an der Ecke zur Bartningallee einen Abstecher nach links oder rechts ins **Hansaviertel** machen (▸ Seite 44).

Läuft man den Spreeweg entlang, gelangt man hingegen zum **Schloss Bellevue** 5. Der heutige Sitz des Bundespräsidenten war ursprünglich (1784) klassizistische Sommerresidenz von Prinz August Ferdinand von Preußen. Links daneben duckt sich dunkel und oval das moderne **Bundespräsidialamt** mit den Büros des Bundespräsidenten und seiner Mitarbeiter.

Weiter am Kanal in östlicher Richtung hinunter erscheint am gegenüberliegenden Ufer die 300 m lange „Bundesschlange" 6, ein wellenförmiger Wohnkomplex für Bundesbedienstete. Ein Stück weiter bietet die Kongresshalle, das heutige **Haus der Kulturen der Welt** 7, einen ungewöhnlichen Anblick. Die Kongresshalle wurde von Hugh Stubbins als amerikanischer Beitrag zur Interbau 1957 konzipiert. Das parabelförmige Schalendach stürzte jedoch 1980 ein, es gab ein Todesopfer. Nach dem Wiederaufbau überdacht es heute ein Welt-Kulturzentrum mit wechselnden Ausstellungen und Veranstaltungen. In Hörweite findet sich das größte **Carillion** Europas:

**Cafe am Neuen See**
Lichtensteinallee 2
(030) 254 49 30
Mo–Fr ab 8, Sa/So ab 9 Uhr
www.cafe-am-neuen-see.de
Beliebter Biergarten. Bootsverleih gleich nebenan.

**Schleusenkrug**
Müller-Breslau-Straße
(030) 313 99 09
Tägl. 10–ca. 24 Uhr
www.schleusenkrug.de
Beliebtes Open-Air-Lokal an der Freiarchenbrücke

**Restaurantschiff Capt'n Schillow**
Straße des 17. Juni
Zugang am Charlottenburger Tor
Tägl. 10–1 Uhr
(030) 31 50 50 15
www.capt.schillow.de

**Haus der Kulturen der Welt**
John-Forster-Dulles-Allee 10
(030) 39 78 71 75
Tägl. 10–19 Uhr
www.hkw.de

ein Glockenturm aus Marmor mit insgesamt 68 Glocken, die täglich um 12 und 18 Uhr erklingen. Gleich dahinter schimmern die Umrisse des Kanzleramts durch das Geäst, hier beginnt das Regierungsviertel.
*JOHANNA VON STÜLPNAGEL*

**Karte Seite 44**

**Start**
S Bellevue
**Ziel**
S Tiergarten
**Länge**
2 km

## Hansaviertel
# Ikone der Moderne

Rund um Altonaer Straße und Hansaplatz schmiegt sich das Hansaviertel zwischen Tiergarten und Spree. Der Name geht auf das ursprüngliche, von Hamburger Unternehmen erbaute Wohnviertel zurück und erinnert auch daran, dass Berlin im 14. und 15. Jahrhundert zur Hanse gehörte. Achten Sie auf die Straßennamen: Sie verweisen fast durchgehend auf die Region Hamburg. Im Zweiten Weltkrieg wurde das Wohnviertel weitgehend zerstört, und 1957 im Rahmen der Internationalen Bauausstellung nach damals modernsten Maßstäben neu bebaut.

Architektur-Liebhaber finden deshalb hier im südlichen Hansaviertel eine Art Freilichtmuseum der Architektur des sogenannten „Neuen Bauens“ vor

*Von berühmten Architekten 1957 für die IBA gebaut: Punkthochhäuser in der Bartningallee*

und können auf wenigen Metern Wohnhäuser der bekanntesten Architekten des 20. Jahrhunderts bewundern.

Eine gelbe Tafel gleich an der **S-Bahn-Station Bellevue** ❶ verzeichnet die 35 sehenswerten Bauten. An dieser Stelle ragen schon links und rechts zwei der fünf 16-geschossigen Punkthochhäuser unterschiedlicher Architekten auf – das ganz Linke erbaute Hans Schwippert, rechter Hand waren Lopez & Beaudouin aus Paris am Werk.

Gleich geradeaus am Hanseatenweg liegt das Gebäude der **Akademie der Künste** ❷, davor die Skulptur „Die Liegende“ von Henry Moore. Der Hanseatenweg macht eine Kurve durch den Tiergarten. Wo er wieder auf die Bartningallee stößt, blickt man rechts auf Architektur von Max Taut, links auf ein Zeilenhochhaus von Egon Eiermann. Weiter geht es zum **Hansaplatz** ❸, eine weitläufige Freifläche mit niedrigen Ladengebäuden und der Kirche St. Ansgar von Willy Kreuer. Links fällt der Blick auf die Siegessäule, einige moderne Skulpturen und auf das auf dreieckigen Säulen ruhende Zeilenhaus von Oscar Niemeyer. Geradeaus geht es in die Klopstockstraße.

**Akademie der Künste**
Hanseatenweg 4
Di–So 11–20 Uhr
(030) 200 57 20 00
www.adk.de

**Grips-Theater Hansaplatz**
Altonaer Straße 22
(030) 39 74 74 77
www.grips-theater.de
Kinder- und Jugendtheater

**Kaiser-Friedrich-Gedächtniskirche**
Händelallee 22
Mo–Fr 9–12 Uhr
(030) 391 13 01
www.kfg-berlin.de

**KPM Berlin**
Wegelystraße 1
Mo–Sa 10–18 Uhr
(030) 39 00 92 15
www.kpm-berlin.de

**Informationen zum Hansaviertel und zu Führungen**
www.hansaviertel.eu

**Flohmarkt an der Straße des 17. Juni**
Sa/So 10–17 Uhr

Gleich linker Hand liegt der mit Leca-Platten verkleidete **Bau von Alvar Aalto** ❹. Hier biegt die Händelallee ein. Sie schlägt einen Bogen um eine Ansammlung von Bungalows, vier von Arne Jacobsen in Hausnummer 33–39. Dann öffnet sich der Platz zur **Kaiser-Friedrich-Gedächtniskirche** ❺, die u. a. ein großes Glasfenster von Georg Meistermann schmückt. Weiter geht es zur Händelallee 3–9, erbaut von Walter Gropius, und von dort aus wieder auf der Klopstockstraße in Richtung S-Bahnstation Tiergarten. Es bietet sich noch ein Abstecher zur Werksausstellung auf dem Gelände der Königlich-preußischen Porzellanmanufaktur an, oder, falls gerade Wochenende ist, zum beliebten Flohmarkt zu Füßen des Charlottenburger Tors an der Straße des 17. Juni. *JULIA BRODAUF*

Karte Seite 48

**Start**
S Hauptbahnhof

**Ziel**
S/U Potsdamer Platz

**Länge**
3 km

**Museum für Gegenwart im Hamburger Bahnhof**
Invalidenstraße 50–51
(030) 266 42 42 42
Di–Fr 10–18, Sa 11–20,
So 11–18 Uhr
www.hamburgerbahnhof.de
Mekka der Modernen Kunst in einem Bahnhof von 1847

### Regierungsviertel & Potsdamer Platz

## Aufstrebende Neubauten

Das Regierungsviertel und das Quartier am Potsdamer Platz wurden nach der Wende fast komplett neu aus dem Boden gestampft – nur weniges aus der Vorkriegszeit ist erhalten.

Als Startpunkt eines Spaziergangs bietet sich der **Hauptbahnhof** ❶ an. Prunkstück der 2006 eröffneten Station ist die mehrstöckige lichte Halle aus Glas und Stahl. Mit seinen über- wie unterirdischen Gleisen ist der Hauptbahnhof einer der größten Kreuzungsbahnhöfe Europas. Nur wenige Schritte vom Hauptbahnhof entfernt, liegt an der Invalidenstraße der **Hamburger Bahnhof – Museum für Gegenwart.** In der ehemaligen Station von 1847 fahren schon lange keine Züge mehr, dafür sind hier bedeutende Sammlungen der Modernen Kunst zu sehen.

Für unseren Spaziergang aber verlassen wir den Hauptbahnhof in südlicher Richtung und überqueren die Spree – entweder auf der historischen **Moltkebrücke** oder über die neue Fußgängerbrücke. Bald passiert man das Gebäude der **Schweizer Botschaft** ❷. Ihr Altbau zeugt noch vom ehemaligen Diplomatenviertel am Spreebogen, das dem Krieg zum Opfer fiel. Das im Krieg kaum beschädigte Botschaftsgebäude überdauerte auch die Umstrukturierung des Areals in den 90ern und befindet sich nun, um einen eleganten Anbau der Architekten Diener & Diener ergänzt, in unmittelbarer Nähe zum wuchtigen **Bundeskanzleramt** ❸.

Von West nach Ost erstreckt sich mit Kanzlergarten und Bundeskanzleramt beginnend in gerader Linie das **Band des Bundes** der Architekten Axel Schultes und Charlotte Frank. Es reicht über das **Paul-Löbe-Haus** ❹ bis hin zum **Marie-Elisabeth-Lüders-Haus** ❺ jenseits der Spree in den ehemaligen Ostteil Berlins. Das „Band" zwischen den vormals getrennten Stadtteilen symbolisiert die wiedergewonnene Einheit der Bundesrepublik. Der Baukomplex ist durch zwei Stege über die Spree miteinander verbunden und beherbergt unter anderem die Büros der Abgeordneten und die Parlamentsbibliothek.

Das **Reichstagsgebäude** ❻ (1894 erbaut) wurde nach dem Krieg zerstört und dann ohne Kuppel wiederaufgebaut und fristete ein Randdasein an der Mauer. Nach der Wende und dem Umbau durch Sir

**Reichstagskuppel im Deutschen Bundestag**
Platz der Republik
Tägl. 8–24 Uhr, letzter Einlass 23 Uhr
Besichtigung nur mit vorheriger Anmeldung über ein Online-Formular unter www.bundestag.de/besuche/kuppel.html

**Restaurant Käfer im Deutschen Bundestag**
(030) 226 29 90
Tägl. 9–0 Uhr
www.feinkost-kaefer.de

*Im Paul-Löbe-Haus arbeiten die Abgeordneten des Bundestages: Hier sind ihre Büros*

**Filmmuseum Berlin**
Potsdamer Straße 2
(030) 300 90 30
Di–So 10–18, Do bis 20 Uhr
www.deutsche-kinemathek.de
Sehenswerte Sammlung zur Geschichte des Films

**Aussichtsplattform Panorama**
im 25. Stockwerk des Hochhauses Potsdamer Platz 1
Eingang Alte Potsdamer Straße
(030) 25 93 70 80
Tägl. 10–20 Uhr (letzte Auffahrt 19.30 Uhr)
Panoramacafé tägl. von 11–19 Uhr

Norman Foster ist es seit 1999 Sitz des Deutschen Bundestages. Die riesige, begehbare Glaskuppel mit tollem Ausblick ist ein Touristenmagnet – wer hinein will, muss sich mindestens zwei Tage im Voraus online anmelden.

Alternativ entflieht man dem Trubel und betritt den Großen Tiergarten in südlicher Richtung. Überquert man die Straße des 17. Juni erkennt man rechter Hand in der Ferne die Siegessäule. Gleich rechts steht das von Panzern eingerahmte **Sowjetische Ehrenmahl** 7, an dem im Zweiten Weltkrieg gefallene Soldaten der Roten Armee begraben sind. Linker Hand erstrahlt das **Brandenburger Tor** in neuem Glanz. Weiter geradeaus durch den urwüchsigsten Teil des Tiergartens gelangt man zum **Potsdamer Platz.** Der gehörte im frühen 20. Jahrhundert zusammen mit dem angrenzenden **Leipziger Platz** zu den pulsierendsten Plätzen Europas. Heute erinnert einzig ein Nachbau einer frühen Verkehrsampel am Potsdamer Platz an diese Zeit. Im Krieg dem Erdboden gleichgemacht, lag der Platz in Zeiten des geteilten Berlins im Todesstreifen und erwachte erst nach der Wende jäh aus seinem Dornröschenschlaf. Das Areal wurde zeitweilig zu Europas größter Baustelle. Entstanden ist ein komplett neuer Stadtteil, gebaut von berühmten Architekten. Avantgardistisch oder gar futuristisch? Das Endprodukt gefällt nicht jedem, doch der Potsdamer Platz wurde zu einem Wahrzeichen des neuen Berlin.

Den besten Überblick bekommt man direkt am Potsdamer Platz. Hier stehen die Hochhäuser von Helmut Jahn (Bahn-Tower), Renzo Piano und Hans Kollhoff. Der Bahn-Tower bietet eine Aussichtsplattform in 96 Metern Höhe. An der Nordseite stehen die beiden Edel-Hotels Ritz-Carlton und Marriot. Sie erinnern architektonisch

an klassische, amerikanische Wolkenkratzer und gehören zum **Beisheim Center** 8, das auch Luxusappartements und Büros umfasst. Zentrum des **Sony Centers** 9 auf der Nordseite der Potsdamer Straße ist der überdachte Innenhof. Das spektakuläre zeltartige Glasdach wird nachts bunt illuminiert, der Springbrunnen in der Mitte lädt zum Verweilen und zur Einkehr in eines der Restaurants ein. Der im Gebäude integrierte **Kaisersaal** aus der Jahrhundertwendezeit (den man eigens 75 Meter weit vom Originalstandort „verschob") ist einzig übriggeblieben vom ehemaligen Hotel Esplanade.

*Im Sony Center gibt es überall W-Lan*

Südlich der Potsdamer Straße erstreckt sich die **Daimler City** 10 mit dem Marlene-Dietrich-Platz als Mittelpunkt. Der Komplex umfasst Hotels, Wohnungen, Büros, Bars, ein Spielkasino, Musicalbühnen und das Einkaufszentrum Potsdamer Platz Arkaden. Das ehrwürdige **Weinhaus Huth** von 1912 versteckt sich in der Alten Potsdamer Straße 5. Es ist das einzige historische Bauwerk und beherbergt unter anderem die Minimal-Art-Sammlung der Daimler AG.

*Johanna von Stülpnagel*

Kulturforum & Botschaftsviertel

## Musentempel und Diplomatenpaläste

Karte Seite 50

**Start**
U/S Potsdamer Platz

**Ziel**
Potsdamer Brücke
Bus M48, M85, M29

**Länge**
3 km

Südlich des Potsdamer Platzes liegen die Museen des Kulturforums – von hier aus bietet sich ein Spaziergang durch das Diplomatenviertel zur Gedenkstätte Deutscher Widerstand an. Das Gebiet zwischen Landwehrkanal und dem Großen Tiergarten war einst Wohngegend aufstrebender Großbürger und bereits vor dem Zweiten Weltkrieg Diplomatenviertel. Das

**Museen der Stiftung preußischer Kulturbesitz:**
www.smb.museum
Information Kulturforum Potsdamer Platz:
(030) 266 42 42 42
Für alle gilt:
Do 18–22 Uhr freier Eintritt

**Neue Nationalgalerie**
Potsdamer Straße 50
Di–Fr 10–18, Do bis 22,
Sa/So 11–18 Uhr

**Kupferstichkabinett**
Matthäikirchplatz 8
Di–Fr 10–18,
Sa/So 11–18 Uhr

**Gemäldegalerie**
Matthäikirchplatz 4/6
Di–So 10–18, Do bis 22 Uhr

**Kunstgewerbemuseum**
Herbert-von-Karajan-Str. 10
Wegen Renovierung derzeit geschlossen. Wiedereröffnung 2014.

Quartier, das durch den Krieg zerstört worden war, erlebte nach der Wende 1989 einen Bauboom, der es zum Schaukasten moderner Architektur machte.

Baubeginn des **Kulturforums** war bereits in den 1950er Jahren. Ursprünglich entworfen von Hans Scharoun, wurden viele Gebäude des heterogenen Ensembles erst in den 80ern fertig gestellt. 1963 baute Scharoun die **Philharmonie** ❶, sie besticht durch ihre markante, goldglänzende Giebelform. Im gleichen Komplex ist auch der **Kammermusiksaal** und das **Musikinstrumentenmuseum** untergebracht. Schräg gegenüber liegt an der Potsdamer Straße die baustilistisch ähnliche **Neue Staatsbibliothek** ❷.

Am südlichen Ende des Forums steht als nüchterner Kontrapunkt der gläserne Kubus der von Mies van der Rohe entworfenen **Neuen Nationalgalerie** ❸. Neben permanenten Sammlungen Bildender Kunst des 20. Jahrhunderts sind besonders die Wechselausstellungen oft spektakulär. In der Mitte des Forums erinnert einzig die von Stüler entworfene **Matthäikirche** ❹ (1844–46) an vergangene Zeiten.

Der Reigen der Museen wird von der **Gemäldegalerie** ❺ (europäische Malerei 13.–18. Jahrhundert), dem **Kunstgewerbemuseum** (mit Teilen des berühmten Welfenschatzes) und dem **Kupferstichkabinett** (eine der größten Kunstdruck- und Illustrationssammlungen der Welt) abgerundet.

Wendet man sich gen Norden und biegt links in die Tiergartenstraße, folgt eine bemerkenswerte Reihe Botschaftsgebäude. Der extravagante Neubau der **Österreichischen Botschaft** ❻ bildet den

*Luftig und monumental: Die Botschaft der Vereinigten Arabischen Emirate*

Auftakt. Die **Italienische Botschaft** 7 wurde schon zu NS-Zeiten als neoklassizistischer Palast erbaut. Umso schlichter erscheint die Ästhetik der benachbarten **Japanischen Botschaft** 8. Sehenswert ist auch die luftig-ornamental gestaltete **Botschaft der Vereinigten Arabischen Emirate** 9 in der Hiroshimastraße. Weiter auf der Tiergartenstraße, blickt man bald hinüber auf die kühn geschwungene, türkise Kupferfassade des „Felleshus". Das Gebäude der **Nordischen Botschaften** 10 beherbergt die Vertretungen von Dänemark, Norwegen, Schweden, Island und Finnland. Um die Ecke in der Klingelhöferstraße beeindruckt die hoch aufragende, lamellenartige Betonpfeilerfassade der **Mexikanischen Botschaft** 11.

Die Straße entlanggehend biegt man auf Höhe der schiffsbugartigen Glasfassade der CDU-Zentrale links ab und folgt dem Reichpietschufer vorbei am markanten Gebäude des von Walter Gropius entworfenen **Bauhaus-Archivs** 12 (mit angenehmem Café im Innenhof). An der Ecke Stauffenbergstraße gelangt man zum **Bendlerblock** 13. Das ab 1914 von verschiedenen militärischen Ämtern genutzte Gebäude ist seit 1993 Berliner Dienstsitz des Bundesverteidigungsministeriums. Im Innenhof des Komplexes, Zugang von der Stauffenbergstraße 18, befindet sich die **Gedenkstätte Deutscher Widerstand.** Hier wurden einige der Offiziere hingerichtet, die am Attentat auf Hitler am 20. Juli 1944 beteiligt waren. In der Hofmitte erinnert eine Gedenktafel an sie. In den Räumen der Gedenkstätte gibt es eine sehr sehenswerte Ausstellung zum deutschen Widerstand gegen die Nationalsozialisten.

Zurück zum Reichpietschufer ostwärts gehend lohnt einen Blick auf die elegante, wellenförmige Fassade des **Shell-Hauses** (1930/31) von Emil Fahrenkamp. *JOHANNA VON STÜLPNAGEL*

**Musikinstrumentenmuseum**
Ben-Gurion-Straße
Di–Fr 9–17, Do bis 22,
Sa/So 10–17 Uhr

**Gedenkstätte Deutscher Widerstand**
Stauffenbergstr. 13–14
Eingang über Ehrenhof
(030) 26 99 50 00
www.gdw-berlin.de
Mo–Fr 9–18, Do bis 20,
Sa/So 10–18 Uhr

**Bauhaus-Archiv Museum für Gestaltung**
Klingelhöferstraße 14
(030) 25 40 02 78
Mi–Mo 10–17 Uhr
www.bauhaus.de

Moabit

# Insel der Backsteinbauten

Karte Seite 55

**Start**
S Beusselstraße

**Ziel**
S Hauptbahnhof

**Länge**
6,5 km
Wegen der großen Entfernungen empfiehlt sich ein Fahrrad

**Moabit, das alte Industrie- und Arbeiterviertel,** gilt als unspektakulär. Im Zentrum rund um Turmstraße und Arminius-Markthalle wohnt man meist in Mietshäusern der Gründerzeit. Schick ist anderswo. Dafür hat Moabit das Kriminalgericht und drei Gefängnisse zu bieten. Im Süden grenzt Moabit ans Regierungsviertel, und hier liegen am Spreeufer auch die nobleren Ecken. Nahe Hauptbahnhof soll ein neuer Kulturstandort entstehen, an der Heidestraße gar ein ganz neues Stadtviertel.

Moabit ist von Wasser umschlossen – 25 Brücken führen über die Spree und die drei Kanäle, die es zur Insel machen. Noch bis Ende des 19. Jahrhunderts war es ein ländliches Ausflugsziel. Mit der Industrialisierung wuchsen Fabriken und Mietskasernen.

Der S-Bahnhof Beusselstraße ❶ liegt in dem Gebiet, in dem mehrere beeindruckende Industriebauten zu sehen sind. Von hier aus erreichen wir gut das ehemalige **Straßenbahndepot** ❷ in der Wiebehalle. Es wurde um 1900 errichtet und aufwendig saniert – heute parken blinkende polierte Oldtimer in den Räumen. In der „Classic Remise" können Automobilfans ihre blechernen Lieblinge einstellen und finden vor Ort Servicewerkstätten. Außerdem finden Auto-Austellungen statt. Wer sich dennoch vom Anblick von Lack und Felgen losreißen kann, erreicht an der Kreuzung zur Huttenstraße das Gelände der ehemaligen **Ludwig Loewe Maschinenfabrik** ❸. Loewe hatte mit Nähmaschinen begonnen, später Gewehre hergestellt und sich ab 1898 auf Werkzeugguss spezialisiert. Das Gebäude der Loewe'schen Fräs- und Bohrmaschinenfabrik mit wuchtigem Säulenportal zur Wiebestraße stammt von Alfred Grenander, der sich als Architekt der Berliner U-Bahn einen Namen machte und beispielsweise den Bahnhof Alexanderplatz baute. Auf dem ehemaligen Loewe-Gelände residiert heute Siemens. Im Verlauf der Huttenstraße gelangen wir zu einem der wichtigsten Industriedenkmäler Berlins: Die **AEG-Turbinenfabrik** ❹. Sie wurde 1908 von Peter Behrens errichtet. Die Anlage mit sichtbaren Tragewerkkonstruktionen, großen Glasflächen und polygonalen Giebeln war eine bahnbrechende Abkehr vom historischen Verkleidungsstil und legte die Funktion des Gebäudes offen. Wir folgen der Reuchlingstraße nach Süden und kommen noch an der ehemaligen **Berlin-Anhaltinischen-Maschinenbau AG** vorbei, ein Backsteinbau, der heute von zahlreichen verschiedenen Gewerben genutzt wird.

Entlang der Kaiserin-Augusta-Allee öffnet sich der Ausblick über die Spree, sie wird im weiteren Verlauf zur Straße **Alt Moabit,** die bis ins Zentrum des Stadtteils führt. An der Gotzkowskystraße ein Blick nach rechts zur gleichnamigen Brücke (5). Auch ihre klassizistischen Pfosten stammen von Grenander. In Hausnummer 48 befindet sich heute das legendäre Hansa-Theater – erbaut wurde es 1888 als Festsaal der Kronenbrauerei, Marlene Dietrich gab hier ihr Debüt. Es gibt Pläne zur Wiedereröffnung, aber zu Redaktionsschluss ist das noch ungewiss.

Der Straße folgend, gelangen wir zum Ottoplatz,

**Classic Remise/Meilenwerk Berlin**
Wiebestrasse 36–37
(030) 36 40 78-0
www.remise.de
Autotempel in einem ehemaligen Straßenbahndepot

*Im Kriminalgericht ist Justitia nicht blind, sondern in Gerichtssälen aktiv*

**Arminiusmarkthalle**
Arminiusstr. 2–4
Mo–Do 7.30–18,
Fr bis 19 Uhr,
Sa 7.30–14 Uhr

**Galerie Nord / Kunstverein Tiergarten**
Turmstraße 75 EG
(030) 901 83 34 53
Di–Sa 13–19 Uhr
www.kunstverein-tiergarten.de
Städtische Galerie, sehenswerte Ausstellungen zeitgenössischer Kunst

hier war einmal eine Baumschule. Heute liegt die Grünanlage im Zentrum Moabits. Nach Norden führt die Thusnelda-Allee (die kürzeste Allee Deutschlands, wie jeder Taxifahrer weiß) zur **Turmstraße.** Die Verlängerung der Thusnelda-Allee führt zur **Arminius-Markthalle** 6. Diese beiden Namen erinnern an die dramatische Liebesgeschichte unter Germanen aus dem Jahre 9 – Thusneldas Vater war gegen die Verbindung. Die Markthalle stammt von 1891, ist restauriert, denkmalgeschützt und nach wie vor in Betrieb.

Nordöstlich der Halle, jenseits der Stromstraße und der Perleberger Straße, erstreckt sich mit dem **Stephanskiez** 7 ein schmuckes, zu 90 % erhaltenes Gründerzeitviertel mit prächtigen Häusern und kleinen Geschäften.

Kommen wir aber nun zu etwas ganz anderem: der Bedeutung Moabits als Standort der Justiz. Das markiert der monumentale Bau des **Kriminalgerichts** 8 in der Turmstraße 89–93, heute Amts- und Landgericht. Hinter der 210 Meter breiten Werksteinfassade mit zwei 60 Meter hohen Türmen verbirgt sich eine ebenso imposante Treppenhalle, die die Bedeutung der Rechtsprechung symbolisch unterstreicht. Es gibt 11 Innenhöfe, 16 Treppenhäuser und 21 Gerichtssäle.

Über die Rathenower Straße erreicht man die zum Gericht gehörige **JVA Moabit** 9, wo 1300 Untersuchungshäftlinge einsitzen. Über die hohen Mauern und den Stacheldraht sind die Gebäude der denkmalgeschützten Anstalt zu erkennen, in der unter anderem Erich Honecker und Erich Mielke einsaßen. Der konkave, gelbe Backsteinbau im Vordergrund ist das Frauengefängnis, die Flügel dahinter für die männlichen Insassen. Die Haftanstalt aus dem 19. Jahrhundert ist nach dem panoptischen System angelegt worden,

*Innenministerium an der Spree*

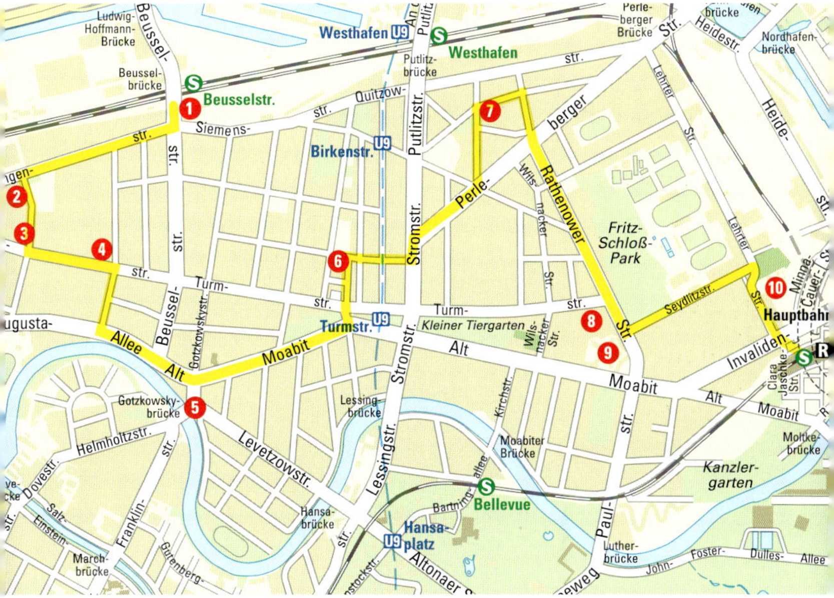


nämlich mit sternförmigem Grundriss, so dass das ganze Gebäude von der überkuppelten Zentralhalle überwacht werden kann. Vorbild war das Gefängnis von Pentonville in England.

Auch das **Zellengefängnis Moabit** war in den 40er Jahren des 19. Jahrhunderts so gebaut worden. Allerdings steht es nicht mehr – ein **Geschichtspark** 10 innerhalb der alten Ummauerung befindet sich gegenüber dem Hauptbahnhof zwischen Europaplatz und Lehrter Straße. Tafeln erläutern die Bedeutung der einzelnen Objekte im Park, die Informationen gibt es auch gegen eine geringe Gebühr als Faltblatt bei der Berliner Stadtmission. In diesem Gefängnis saß beispielsweise Wilhelm Voigt, der „Hauptmann von Köpenick“ ein. Am Park stehen Backsteinhäuschen, die ehemaligen Beamtenwohnhäuser des Gefängnisses. Besonders verwunschen: In der dahinter gelegenen Kleingartenanlage verwittert der kleine Friedhof für Gefangene und Beamte.

*FELIX MÜLLER*

**Infoblatt zum Denkmalpark Zellengefängnis**
Berliner Stadtmission
Zentrum am Hauptbahnhof
Lehrter Straße 68

## Bezirk: Mitte

# Wedding

**Steckbrief**

Wedding mit Gesundbrunnen

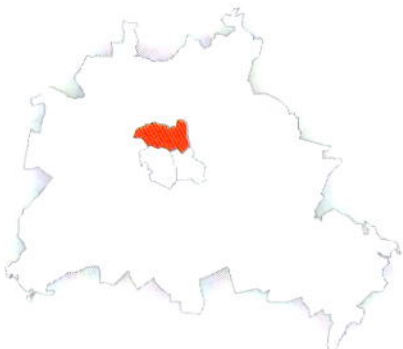

**Einwohner**
164 320
**27–45 Jahre**
30 %
**Über 65 Jahre**
13 %
**Ausländeranteil**
33 %

Stadtmagazin-Redakteure schreiben gerne, dass der „Wild Wild Wedding“ der kommende Bezirk Berlins sei. Wenn sich dann Wagemutige aus Kreuzberg oder Mitte auf in den Berliner Norden machen, sind sie verwirrt. Im Sprengelkiez sitzt niemand vor seinem I-Book und schlürft dazu einen Latte Macchiato. Hier trinkt man schwarzen Tee, ungesüßt. Viele Frauen tragen entweder Kopftücher oder dick Make-Up. Die Jungs haben sich zackige Muster in die Frisur rasiert, vor ihnen ein kurz angeleinter American Staffordshire Terrier. Im Wedding sind die Mieten niedrig und die Sonderangebote zahlreich. Trödel Goldschmuck, Mobiltelefone werden auf der Straße feilgeboten. Sensationell sind die türkischen Metzger, wo es sehr gutes Fleisch zu kaufen gibt.

Industriebauten verdeutlichen, was der Wedding eigentlich ist: ein Arbeiterbezirk. Die AEG, Schering, Osram sind nur die bekanntesten Firmennamen. Im 19. Jahrhundert entstanden riesige Wohnquartiere rund um die Fabriken. Dicht gedrängt lebten die Arbeiter in Mietskasernen. Im berüchtigten Meyers Hof in der Ackerstraße mit seinen sieben düsteren Höfen waren die Wohnbedingungen besonders schlecht. Viele Mietskasernen, so auch Meyers Hof, wurden in den 70er Jahren abgerissen. An ihrer Stelle entstanden moderne Wohnquartiere – die Kiezatmosphäre war allerdings dahin.

Interessante Siedlungen der Moderne wurden schon in den 20er und 30er Jahren des 20. Jahrhunderts am Rand des Weddings gebaut. Heute noch beeindrucken die Klarheit, Offenheit und Übersichtlichkeit der Siedlung am Schillerpark oder der Friedrich-Ebert-Siedlung. Endlich sind nun beide Wohnsiedlungen von der UNESCO zum Weltkulturerbe ernannt worden. In der Nachkriegszeit musste es schnell und günstig gehen – das Ergebnis ist ein sozialer Wohnungsbau, der aussieht wie ein Abklatsch der Ideen großer Modernisten wie Bruno Taut.

*Die Osramhöfe an der Seestraße gehören zu den kulturellen Leuchttürmen im Wedding*

Zu den Maßnahmen, die Lebensqualität in den Mietskasernen zu verbessern, gehörte auch die gezielte Anlage diverser Grünanlagen: Der Volkspark Humboldthain, der Volkspark Rehberge und der Grünstreifen entlang des Flüsschens Panke.

In den letzten Jahren hat auch die Berliner Kunstszene versucht, im Wedding Fuß zu fassen. Viele Künstler haben hier ihre Ateliers. Die Kolonie Wedding, ein loser Zusammenschluss von ansässigen Künstlern, organisiert regelmäßig Ausstellungen in leer stehenden Lokalen.

So ist der Wedding ein höchst widersprüchlicher Bezirk und mehr als ein Problemkiez. Müßig ist es aber, den Wedding zum Brooklyn Berlins hochzujubeln. Von Metropolenvisionen der Stadtmarketingexperten ist er heute weit entfernt. *Peter Steinhauer*

Karte Seite 58

**Start**
U Leopoldplatz

**Ziel**
U Seestraße

**Länge**
5 km
Wegen der großen Entfernungen empfiehlt sich ein Fahrrad

## Rund um die Müllerstraße

# Der wilde Wedding und die Moderne

Der Leopoldplatz im Wedding ist der Ausgangspunkt für den Spaziergang über die Müllerstraße, zu den Osramhöfen und in einem großen Bogen durch den Norden des Bezirks. Beim „Leo" scheiden sich die Geister: Die Einen finden den Platz einfach nur laut und hässlich. Die Anderen romantisieren die Gegend als Alternative zum Einheitsstil der Einkaufszentren in der Stadtmitte. Es gibt sogar ein Baudenkmal am Leo: Gegenüber dem Karstadt mit 70er Jahre-Fassade steht die **Nazarethkirche** ❶. Das 1832–34 gebaute, evangelische Gotteshaus ist eine der vier Kirchen, die Schinkel für die nördlichen Berliner Vorstädte entworfen hat. Der Bau wirkt ein wenig putzig und zu klein geraten. Das fand auch die Kirchengemeinde und baute deshalb 1890 im Rücken des Schinkelbaus die deutlich größere neue Nazareth-Kirche.

Vorbei an der Schinkelkirche führt Sie Ihr Spaziergang weiter die Müllerstraße hinauf. Zwischen den

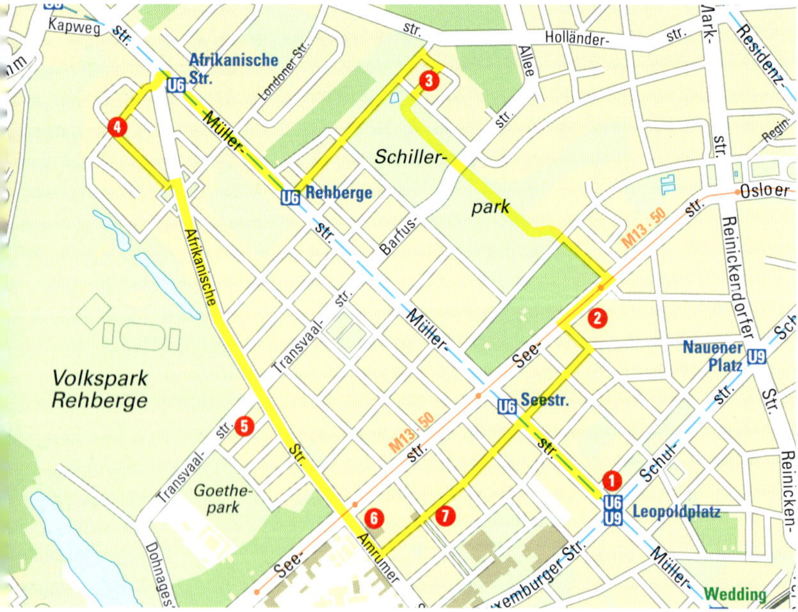

*Als Schinkel die Nazarethkirche entwarf, lag sie noch in der Vorstadt*

üblichen Filialgeschäften finden Sie auffällig viele Juweliergeschäfte, in denen die türkische Kundschaft sich mit Schmuck eindeckt. Sie treffen auf die Amsterdamer Straße, in die Sie nun abbiegen. An der Ecke zur Malplaquetstraße lädt der im Sommer schön begrünte Eingangshof des „Schraders“ ein, dort oder in der Leopardenfell-Sitzecke im Innern einen kleinen Imbiss zu sich zu nehmen.

Am Ende der Malplaquetstraße treffen Sie auf die Seestraße. Lassen Sie sich vom Verkehr nicht abschrecken und folgen Sie ihr in Richtung Pankow. Auf der rechten Seite liegen die **Osramhöfe** ❷. Anfang des 20. Jahrhunderts ließ Sigmund Bergmann zusammen mit Edison, dem Erfinder der Glühlampe, hier die Bergmann-Metallfadenlampe produzieren. Ab 1935 übernahm Osram das Gelände und es entstand einer der größten Industriekomplexe Berlins.

Nachdem in den 80er Jahren Osram große Teile der Produktion aus dem Wedding abzog, baute eine Entwicklungsgesellschaft das Gelände zum Dienstleistungszentrum aus. Auch wenn der Gebäudekomplex als bedeutendes Industriedenkmal gilt – die Osramhöfe leuchten heute nur noch wenig. Ein Besuch lohnt aber trotzdem. In den Osramhöfen befinden sich zwei der bekannten Berliner Adressen für zeitgenössische Kunst: Die Galerien Max Hetzler und Guido Baudach. Ein weiteres kulturelles Highlight in den Osramhöfen ist das Restaurant La Luz. Hier trifft sich die Berliner Flamenco-Szene, denn angeschlossen ist ein Tanzstudio.

Wessen Herz für moderne Architektur schlägt, der sollte noch einmal tief durchatmen und weitermarschieren. Nördlich der Seestraße befindet sich der **Schillerpark.** Wenn Sie ihn durchqueren bis zur Bristolstraße im Nordosten, erwartet Sie mitten

**Koffer**
Ausstellungsraum mit Bar
Malplaquetstraße 146
www.koffer-berlin.com
alle 2 Wochen donnerstags

**Schraders**
Malplaquetstraße 16 b
(030) 45 08 26 63
Tägl. ab 10 Uhr
www.schraders-berlin.de

**Osram-Höfe**
Oudenarder Str. 16–20

**Galerie Max Hetzler Temporary**
Di–Sa 11–18 Uhr
www.maxhetzler.com

**Galerie Guido W. Baudach**
Di–Sa 11–18 Uhr
www.guidowbaudach.com

**Restaurant La Luz**
Mo–Fr 12–15, Do auch 19–0,
So 10–15 Uhr
www.laluz.de

**Zuckermuseum**
Amrumer Straße 32
(030) 314 275-74
Mo–Do 9–16.30,
So 11–18 Uhr
www.sdtb.de
Eintritt frei

**Anti-Kriegs-Museum**
Brüsseler Str. 21
(030) 45 49 01 10
Tägl. 16–20 Uhr
www.anti-kriegs-museum.de

im rauen Berliner Wedding ein Weltkulturerbe. Die **Siedlung am Schillerpark** ③ ist das erste große Berliner Siedlungsprojekt des Architekten Bruno Taut, gebaut in den 1920er Jahren. Die UNESCO erklärte sie gemeinsam mit fünf anderen Siedlungen der Moderne 2008 zum Weltkulturerbe. Taut schuf Wohnungen mit viel Licht und Grün, die Flachdächer waren mit die ersten Berlins.

Den Park noch einmal in westlicher Richtung durchquert und der Müllerstraße bis hinter der Petersallee nach Norden folgend, findet man die **Friedrich-Ebert-Siedlung** ④, ebenfalls ein Werk Tauts im Stil der Neuen Sachlichkeit. Folgt man hier der Afrikanischen Straße nach Süden (die Namen der hiesigen Straßen erinnern an die deutsche Kolonialzeit), gelangt man vorbei am großen **Volkspark Rehberge** (mit Sportplätzen und Tiergehege) noch zu den Reformwohnungsbauten Mies van der Rohes (Hausnummern 19–41, Zugang von der Sambesistraße) ⑤. Auf dem Weg zurück zum U-Bahnhof Seestraße liegen noch das **Zuckermuseum** ⑥ und das **Anti-Kriegs-Museum** ⑦ an der Strecke.
*PETER STEINHAUER*

**Karte Seite 63**

**Start**
U Voltastraße

**Ziel**
U Reinickendorfer Straße
oder U Osloer Straße

**Länge**
4 km

### Gesundbrunnen

## Zwischen Beamtentor und Luisenbad

Startpunkt Ihres Spaziergangs durch den Humboldthain und den Ortsteil Gesundbrunnen ist der U-Bahnhof **Voltastraße.** In nördliche Richtung passiert der Weg den Humboldthain und das Gesundbrunnencenter, führt durch den rauen Wedding, mündet am Flüsschen Panke – und könnte hier endlos fortgesetzt werden, denn der Uferweg führt über 20 Kilometer weit bis nach Bernau.

Doch zunächst ein Stopp am neugotischen **Beamtentor** ①, das an der Brunnenstraße im Schatten eines Büroturms steht und von den Architekten Paul Tropp und Franz Schwechten entworfen wurde. Das mit zahlreichen Symbolen zum Thema Elektrizität und Industrialisierung geschmückte Tor erinnert an die AEG. Die „Allgemeine Elektricitäts-Gesellschaft" ging 1887 aus dem Ankauf der „Weddingschen Maschinenfabrik“ durch die Städtischen Elektrizitätswerke hervor und expandierte 1894 an diese Stelle, wo ursprünglich ein Viehmarkt gewesen war. Heute ist das Gelände ein Mix aus alten Fabrikgebäuden und neuer, wenig spektakulärer Büroarchitektur.

Gleich nebenan liegt der **Humboldthain.** Dieser ist einer der drei großen Volksparks, die im 19. Jahrhundert neu angelegt wurden. Der „Städtische Gartendirector zu Berlin“, Gustav Meyer, sorgte für die Anlage von Grünanlagen speziell für die einfachen Bürger. Vom ursprünglichen Park ist leider nicht mehr viel erhalten. Die Nazis ließen im II. Weltkrieg von Zwangsarbeitern zwei Bunkeranlagen mit Türmen für die Flakabwehr im Park errichten. Den Flakturm haben die Alliierten nach dem Krieg zu sprengen versucht. Leider hat das nicht ganz hingehauen. Aber der Trümmerberg 2 bietet heute immerhin eine schöne Aussicht auf Berlin. Nehmen Sie sich etwas Zeit, auch das Innere der Bunkeranlage zu besichtigen. Auf dem Abstieg von der Aussichtsplattform finden Sie den Treffpunkt des Vereins „Berliner Unterwelten“ zu seiner Flakturmtour. Karten und Auskünfte sowie wie Angebote zu weiteren Führungen durch die Berliner Unterwelt gibt es in der Geschäftsstelle des Vereins im U-Bahnhof Gesundbrunnen.

Den Baumbestand des Parks holzten die Berliner nach dem Krieg ab, um Brennholz für die Wintermonate zu gewinnen – inzwischen war jedoch genug Zeit, um große Bäume nachwachsen zu lassen. Am Parkausgang zur Brunnenstraße finden Sie noch den schönen Rosengarten, der nach der Zerstörung des Parks neu angelegt wurde.

Nun auf zum **Gesundbrunnen.** Hier liegen die historischen Wurzeln des Stadtteils. Im 18. Jahrhundert gab es an dieser Stelle tatsächlich einen Brunnen, dessen eisenhaltigem Wasser Heilkräfte nachgesagt wurden. Die Heilquelle baute der geschäftstüchtige Hofapotheker Heinrich Wilhelm Behm zu einem Bad aus, welches 1809 zu Ehren der Königin Luise in Luisenbad umbenannt wurde. Schnell entwickelte sich die Gegend zu einem der beliebtesten Ausflugsziele der Berliner. Rund um die Quelle – die 1882 wegen Bauarbeiten versiegte – entstand eine regelrechte Vergnügungsmeile mit Varieté, Tanz und Rummel.

**Berliner Unterwelten e.V.**
Brunnenstraße 105
(030) 49 91 05 18
www.berliner-unterwelten.de
Tickets an der Kasse in der südlichen Vorhalle des U-Bahnhofs Gesundbrunnen

*Durchs Beamtentor schritten einst die Mitarbeiter der AEG zur Arbeit*

**Informationen zum Panke-Wanderweg:**
www.panke.info

**Uferhallen**
Badstr. 41a (Tor 1)
www.uferstudios.com

**Imren 2**
Badstr. 46
(030) 4 65 58 43
Kräftig gewürztes Köfte

*Die einstige „Stinke-Panke" verschönert heute den Wedding*

Heute steht genau hier ein Neubau, und man kann sich den Kurort nur noch schwer vorstellen. Der Gesundbrunnen ist für die Berliner hauptsächlich ein riesiges Einkaufszentrum am Verkehrsknotenpunkt von S-, U-, Regional- und Fernbahn. Direkt nebenan war über 70 Jahre lang die Spielstätte des Berliner Fußballclubs Hertha BSC, der Vorplatz des Gesundbrunnen-Centers ist nach dem Hertha-Kicker Johannes „Hanne" Sobek benannt.

Architekturliebhaber schauen hinter dem Gesundbrunnen in der Behmstraße vorbei. Dort befindet sich die 1920 nach den Entwürfen des Architekten Rudolf Fränkel entworfene **Gartenstadt Atlantic** 3. Diese Wohnsiedlung steht glücklicherweise unter Denkmalschutz. Ihre durchdachte Gestaltung ist wohltuender Kontrast zu den trostlosen Sozialbauten nur wenige Meter die Behmstraße weiter hinauf.

Machen Sie nun unbedingt noch einen Abstecher in die Badstraße. Hier wurde 1895 mit der Strecke Badstraße-Pankow die erste regelmäßig verkehrende elektrische Straßenbahn Berlins in Betrieb genommen. Heute gibt es hier große türkische Supermärkte, wo man hervorragend frisches Gemüse und erstklassiges Lammfleisch einkaufen kann. Ein schönes Baudenkmal wartet Ecke Badstraße/Pankstraße: Die **Kirche St. Paul** 4 ist eine der vier Kirchen, die der in Berlin allgegenwärtige preußische Baumeister Schinkel für die Vorstädte im Norden entworfen hat. Der Bau ist einem griechischen Tempel nachempfunden und wirkt in der lärmenden Gegend wie eine Idylle.

Ein paar Häuser weiter kreuzt die Panke. 34 Kilometer weit kommt sie aus Bernau geflossen und mündet am Schiffbauerdamm in Mitte unterirdisch in die Spree. Zwanzig ihrer Kilometer liegen im Berliner Stadtgebiet. Im Zeitalter der Industrialisierung wurde die Panke durch die Abwässer stark verschmutzt und kam so zum Namen „Stinke-Panke". Heute führt der **Panke-Wanderweg** an ihrem begrünten Ufer entlang und sorgt für unverhoffte Lauschigkeit.

Von der Brücke der Badstraße aus gibt es zwei Richtungen: Nach Westen führt der Weg erst einmal gegenüber der Uferhallen entlang, früher Zentralwerkstätten der Berliner Verkehrsbetriebe. Heute werden die weitläufigen Hallen für Kulturveranstaltungen

genutzt, es sind Künstlerateliers und ein Tanzstudio darin untergebracht. Dann liegt linker Hand ein großes Gebäude, um das sich herumzugehen lohnt: Das **Amtsgericht Wedding 5**. Der opulente neugotische Bau ist angeblich der Meißener Albrechtsburg nachempfunden, besonders das Portal ist mit Maßwerk reich verziert, über der Tür thront eine energische Justitia. Die Uferstraße führt weiter in Richtung Innenstadt, schlängelt sich an Wohnblöcken und zerfallenen Fabriken vorbei, bis schließlich ein Hochhaus den Fluss überspannt.

Zweite Möglichkeit: Von der Badstraße aus an der Panke entlang gen Osten steht an der Ecke zunächst das rote Backsteinhaus, in dem sich einst die Tresorfabrik Arnheim befand. Zu diesem Firmenkomplex gehörten auch die Shedhallen am gegenüberliegenden Ufer, die heute die Bildhauerwerkstätten des Berufsverbands Bildender Künstler beherbergen. Das weiße Haus, das direkt am Ufer zu sehen ist, war eine Mühle – ein symbolisches Wasserrad erinnert daran.

Hinter der Tresorfabrik gibt es ein Überbleibsel des **Luisenbades 6**: Die Schmuckfassade der „Kafé-Küche“, in der sich Ausflügler aus Berlin ihren eingenen Kaffee kochen konnten. Heute ist sie eingegliedert in das moderne Gebäude der Bibliothek am Luisenbad.

Nach Überqueren der Osloer Straße folgt der **Soldiner Kiez,** die Ufer-Promenade trägt hier den Namen Walter Nicklitz, der als Stadtbaurat in den 50er Jahren mit der Begrünung der Panke begann. Gartenkolonien prägen nun das Bild.
*PETER STEINHAUER & JULIA BRODAUF*

**Kolonie Wedding**
Zusammenschluss von Ausstellungsräumen im Soldiner Kiez
www.koloniewedding.de

## Bezirk: Pankow

# Prenzlauer Berg

### Steckbrief

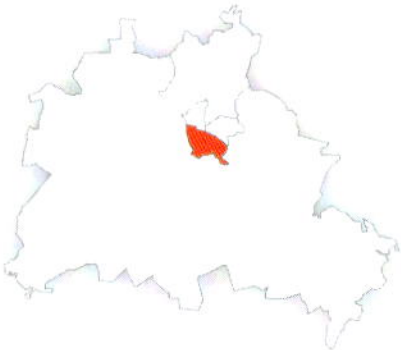

**Einwohner**
149 974
**27-45 Jahre**
44 %
**Unter 15 Jahre**
13 %
**Maximale Höhe**
91 m ü. NN

Er ist in aller Munde, der Prenzlauer Berg. Weit über die Stadtgrenze hinaus ist er der berühmteste Stadtteil Berlins. Ein Mythos, der in der Zeit vor der Wende begründet wurde und nach 1989 seine ungewöhnliche Fortsetzung fand.

Doch zunächst zum Anfang: Die Geschichte des hügeligen Geländes vor dem Prenzlauer und dem Schönhauser Stadttor beginnt mit dem Anbau von Getreide und Wein. Da es hier bis 1870 viele Windmühlen gab, wurde die Anhöhe Mühlenberg genannt. Die gute Qualität des Grundwassers und die Möglichkeiten zur Einrichtung von Lagerkellern machten das Gebiet ab 1840 zum größten Brauereistandort Europas. Die Biergärten und der schöne Blick auf das im Spreetal liegende Berlin lockten viele Ausflügler vor die Stadttore. Nach und nach begann mit der Industrialisierung Ende des 19. Jahrhunderts die noch heute typische Bebauung mit fünfgeschossigen Häusern, die im Wesentlichen innerhalb einer Rekordzeit von nur 20 Jahren entstanden ist. Überwiegend Arbeiter lebten in den „Mietskasernen".

Im II. Weltkrieg blieb der Stadtteil von starken Zerstörungen verschont, doch danach ließ die Regierung der DDR die Gründerzeitbauten zunehmend verfallen. Viele der Einwohner zogen lieber in die modernen Plattenbauten mit Heizung und Bad am Rande der Stadt. In den leer stehenden Wohnungen bot sich Raum für Künstler, Alternative und Oppositionelle. Eine kleine, aber bunte Subkultur begann zu sprießen: Der Mythos wurde begründet. Gleichzeitig versuchte die Regierung Gegenpole zu setzen: im Nordosten des Bezirks ließ sie Mitte der 80er Jahre die städtische Gasanlage sprengen, um eine große Plattenbau-Wohnanlage zu bauen, den Ernst-Thälmann-Park.

Nach dem Fall der Mauer sorgten Hausbesetzer und der Zuzug von Experimentierfreudigen aus allen Teilen Deutschlands und der Welt für ein Aufblü-

*Schönhauser Allee Ecke Kastanienallee Ecke Danziger*

hen des Mythos „Prenzlauer Berg". Steuererleichterungen und öffentliche Fördermittel zogen ab Mitte der 1990er Jahre Investitionen in die alten Gebäude sowie eine Welle von neuen Bewohnern nach sich. Inzwischen sind die Sanierungsarbeiten weit fortgeschritten und viele „Kieze" wandeln sich in einem rasanten Tempo. Heute ist ein quirliges Metropolenleben inmitten der faszinierenden Gründerzeitarchitektur zu finden. In keinem anderen Bezirk der Stadt ist der Zuzug von Ausländern so hoch wie hier, gleichzeitig gibt es einen enorm hohen Akademikeranteil. Gerade für junge und kreative Menschen ist die Anziehungskraft des Prenzlauer Bergs ungebrochen. *Bettina Tacke*

Karte Seite 69

**Start**
U Eberswalder Straße

**Ziel**
S/U Schönhauser Allee

**Länge**
4 km

**Konnopke's Imbiß**
Schönhauser Allee 44a
Mo–Fr 10–20 Uhr
Sa 12–20 Uhr
www.konnopke-imbiss.de

**Kwikshop**
Kastanienallee 44
(030) 41 99 71 50
Mo–Sa 11–19 Uhr
www.kwikshop.de
Kiosk mit ideenreichen Schnickschnackgeschenken

**Café Schwarzsauer**
Kastanienallee 13/14
(030) 448 56 33
Tägl. ab 8 Uhr
www.schwarzsauer.com

*Im Pratergarten*

## Kastanienallee & Mauerpark

# Schicke Mitte-Schnitte im Achtziger-Revival

Der Verkehrsknotenpunkt an der U-Bahnstation Eberswalder Straße bildet den Ausgangspunkt des Spaziergangs. Von hier lässt sich gemütlich „die“ Szenestraße des Bezirks erkunden, die Kastanienallee. Über die Oderberger Straße gelangt man dann zu Spuren der Berliner Mauer. Der hier befindliche Mauerpark lädt anschließend zum Flohmarkt-Stöbern und Picknicken ein.

Einen großen Stern bilden die sechs Straßen unter der Hochbahn an der **Schönhauser Allee Ecke Danziger Straße** ❶. Die „Ecke Schönhauser“ war schon in den fünfziger Jahren Mittelpunkt des gleichnamigen Films über eine Gruppe Halbstarker und wurde zum Kassenschlager über den Alltag in der DDR. Tradition hat auch der inzwischen legendäre Imbiss **Konnopke's** unter der Hochbahn, dem man die Einführung der Currywurst in Ost-Berlin nachsagt. Erwähnenswert insbesondere, da Ketchup in der DDR absolute Mangelware war. Noch immer ist das große Geheimnis der Inhaberin Waltraud Ziervogel die Herkunft und Zusammensetzung der rot-braunen Soße. Nach Sanierung der U-Bahn Viadukte erstrahlt seit 2011 ein neuer Verkaufspavillon in goldenem Glanze. Vor allem Freitag und Samstag Abend ist unter der U-Bahn Hochbetrieb. Scharen von jungen, meist schönen Menschen treffen sich hier mit einer Flasche Bier, um abzuhängen und um in die Nacht zu ziehen.

Gegenüber, am Anfang der Kastanienallee, erinnert ein 1999 eingelassenes Mosaik des Berliner Künstlers Manfred Butzmann an die Brüder Skladanowsky. Die Pioniere der Kinematografie sind berühmt für die ersten deutschen Filmaufnahmen. Im Eckhaus der **Kastanienallee** zur Schönhauser hatten sie auf dem Dachboden ihr Atelier und begründeten damit schon früh den Filmruhm der Straße.

Ein Ruhm, der bis heute wirkt. „Castingallee“ wird die Straße ironisch von den Berlinern genannt. Ohne große Sonnenbrille und das richtige Outfit flaniert hier niemand, der „in“ sein will, die Straße hinunter. Die Kastanienallee ist die Szenestraße im Bezirk.

*Die Idylle trügt. Auf der Kastanienallee geht es vor allem ums Sehen und gesehen werden*

Nirgendwo ist die Dichte an Designerboutiquen und In-Friseuren größer. Über den 2011 begonnenen Umbau der Straße gab es weitreichende Diskussionen, eine Bürgerinitiative kämpfte gegen die Erneuerung. Verbreiterte Bürgersteige, ein separater Radstreifen und weniger Parkplätze schienen Anwohnern und Gewerbetreibenden dem originalen Flair der Straße zu schaden. Doch die Initiative scheiterte, so dass die Straße bis Mitte 2013 neu gestaltet wird.

Von der Schönhauser kommend, trifft man als erstes rechter Hand auf einen der schönsten Biergärten der Stadt, den **Pratergarten** ❷. Der älteste Bierausschank Berlins entstand 1837 weit vor den Stadttoren an einem Weg für Pferdefuhrwerke. Auf einer Bühne im Garten traten Sänger und Artisten auf, sodass die Berliner das Lokal nach dem Vorbild des Wiener Vergnügungsparks „Berliner Prater" nannten. Später war er Kundgebungs- und Versammlungsstätte der deutschen Sozialdemokratie, hier sprachen August Bebel, Rosa Luxemburg und Clara Zetkin. Eine Zeit lang war er die Heimat eines Kinos, nach dem II. Weltkrieg Spielstätte der Volksbühne, in der DDR Kreiskulturhaus und erneut beliebtes Garten-

**Pratergarten**
Kastanienallee 7–9
Mo–Sa ab 18, So ab 12 Uhr
Küche tägl. bis 23 Uhr
Biergarten Apr.–Sept.
tägl. ab 12 Uhr
www.pratergarten.de

**Greta und Luis**
Kastanienallee 43
Mo–Sa 11–19 Uhr
(030) 40 50 47 56
Laden des Fashion-Labels

*Verbindungsachse voll kleiner Läden: Die Oderberger Straße*

lokal. Wie heute: Unter den großen Kastanien sitzt es sich prächtig, ein Spielplatz beschäftigt die Kinder und im dazugehörigen Restaurant speist man sehr gut und bürgerlich.

Setzt man den Spaziergang die Kastanienallee hinunter fort, sollte man ruhig bis zur Kreuzung Fehrbelliner Straße gehen, bis dort finden sich interessante Läden und schöne Cafés. Flaniert man auf der anderen Straßenseite zurück die Allee hoch, kommt man am **Dock 11** vorbei, einem kleinen, aber interessanten Off-Theater, und kann kurz darauf einen Blick auf vergangene Zeiten werfen. Die Kastanienallee 86, kurz K86, ist ein ehemalig besetztes Haus, das bis heute nicht saniert ist und seinen Vorwende-Charme bewusst bewahrt hat. Eine anarchistische Insel inmitten des Straßenlärms. Weiter oben an der Allee biegt man kurz vor der Schönhauser links in die **Oderberger Straße.**

Zu DDR-Zeiten war das Straßenbild vielerorts geprägt von grau und Tristesse. Die DDR-Führung hatte die Gründerzeitbauten des Bezirks über Jahrzehnte verfallen lassen, sodass der Putz von den Fassaden bröckelte. Es gab sogar Überlegungen, die Altbauten in der Straße abzureißen und sie durch Plattenbauten zu ersetzen. Proteste der Anwohner konnten das verhindern. Grün gab es damals kaum. Auf Initiative der Bewohner entstand Anfang der 80er Jahre ein verwunschener Hof mit Spielplatz und Veranstaltungsort, der als Treffpunkt von Künstlern und Subkultur über den Bezirk hinaus bekannt wurde: Der **Hirschhof** 3 hat seinen Namen von einer Metallskulptur, die heute noch den kleinen, idyllischen Ort dominiert. Leider ist der Hof seit 2011 nicht mehr öffentlich zugänglich. Besitzer anliegender Häuser beanspruchten ihn als Privateigentum und bekamen vor Gericht recht. Nun kämpft der Bezirk um die Ent-

**Dock 11**
Kastanienallee 79
(030) 448 12 22
www.dock11-berlin.de
Tanzstudio und -Theater für modernen Tanz und Choreografie

**Kiezkantine**
Oderberger Straße 50
(030) 448 44 84
Mo–Fr 10–17, So ab 11 Uhr
www.kiezkantine-berlin.de
Versorgt den Kiez mit gutem Essen

**Kauf Dich Glücklich**
Oderberger Straße 44
www.kaufdichgluecklich.de
Café und Mode

**Sonntagskaraoke im Mauerpark**
www.bearpitkaraoke.com

eignung. Alternativ soll der Hof auf einem Nachbargrundstück neu auferstehen.

Inzwischen hat die Szene auch von der Oderberger Straße Besitz ergriffen. Vor allem nach Second-Hand-Möbeln und Accessoires aus der DDR-Zeit lässt es sich hier gut stöbern. Am Ende der ehemaligen Sackgasse stößt man auf Spuren der Mauer, die längs der Bernauer Straße verlief und an der Oderberger Straße einen Knick in Richtung des heutigen Mauerparks machte. Zwei Jahre nach Mauerbau wurde 1963 ein 100 Meter breiter Streifen östlich der Mauer zum Grenzgebiet erklärt, das nur von Anwohnern betreten werden durfte. Besucher benötigten zur „Einreise“ Passierscheine.

Am **Mauerpark** 4 markieren eine Informationstafel und eine Reihe von Betonplomben auf dem Fußweg des Parks den Verlauf der Vorderlandmauer der ehemaligen Grenzanlage. Heute ist der Mauerpark beliebter Treffpunkt junger Leute. Hier kann man Fußballspielen, auf den Hängen des Parks picknicken und dem Sonnenuntergang entgegen schaukeln. Jeden Sonntag kann man auf einem lebendigen und umfangreichen Flohmarkt stöbern und im Amphitheater Karaoke singen.

Folgt man der ehemaligen Mauer ein Stück Richtung Norden, trifft man auf die Gleimstraße und rechts davon auf den **Falkplatz.** Am Platz befindet sich die nach dem Box-Idol benannte **Max-Schmeling-Halle** auf der Nordseite des Friedrich-Ludwig-Jahn-Sportparks. Die inzwischen für viele Veranstaltungen genutzte Halle wurde im Rahmen der gescheiterten Berliner Olympiabewerbung für das Jahr 2000 errichtet. Der kleine Platz davor wird im Sommer oft zum Grillen und Faulenzen genutzt, ein schöner Spielplatz bietet ideale Bedingungen für Eltern und Kinder.

**Leben an der Schönhauser Allee**
Kunst am Bau – Kunstprojekt zur Geschichte des Prenzlauer Bergs
Schönhauser Allee 52
Infos und Öffnungszeiten unter:
www.lebenanderschoenhauser.de

**Pizzahütte**
an der Fußgängerbrücke
Kopenhagener Str. 17/Ecke Sonnenburger Str.
Mo–Fr 12–14.30 und ab 17, Sa/So ab 17 Uhr
Kultige Pizzabude, 90er Jahre Feeling, großer Sandkasten und Off-Galerie nebenan

Den Rundgang abschließen kann man, wenn man der Gleimstraße Richtung Osten folgt. Nach zehn Minuten erreicht man die Schönhauser Allee.

Wer aber noch weiterspazieren möchte, der sollte vom Falkplatz aus zur neu gebauten **Fußgängerbrücke** 5 gehen, die über den Bahnknoten am Nordkreuz führt. Von hier hat man einen herrlich weiten Blick über Prenzlauer Berg, Wedding und den ehemaligen Mauerstreifen. *BETTINA TACKE*

Karte Seite 70

**Start**
U Senefelder Platz

**Ziel**
U Eberswalder Straße

**Länge**
2 km

**Restaurant Pfefferberg und Sommergarten**
Schönhauser Allee 176
(030) 44 38 34 04
Mo–So ab 11.30 Uhr
www.pwag.de
Moderne Küche mit phänomenaler Weinkarte

Kollwitzkiez

## Das Herz steckt voller Leben und Geschichte

Hoch oben thront der **Pfefferberg** 1 an der Schönhauser Allee über dem Senefelder Platz. Von dieser ehemals ältesten Brauerei des Bezirks führt der Spaziergang hinein ins turbulente Herz des Prenzlauer Bergs, den **Kollwitzplatz.** Mehr gastronomische Einrichtungen an einem Ort lassen sich in ganz Berlin kaum finden. Zum Schluss führt der Weg erneut zu einer Brauerei und schließt den Kreis der Geschichte.

1841 erbaute der bayrische Braumeister Joseph Pfeffer die erste Brauerei vor den nördlichen Stadttoren. In Scharen zogen die Berliner am Wochenende „ins Jrüne", um sich zu amüsieren und zu trinken. Dreiundzwanzig Unternehmer folgten Pfeffers Beispiel allein im heutigen Großbezirk Pankow, sodass der Geruch von Hopfen und Malz in den Straßen allgegenwärtig war. Heute wird in keiner der Brauereien mehr Bier gebraut, doch im Pfefferberg kann man der Atmosphäre der alten Zeit noch nachspüren.

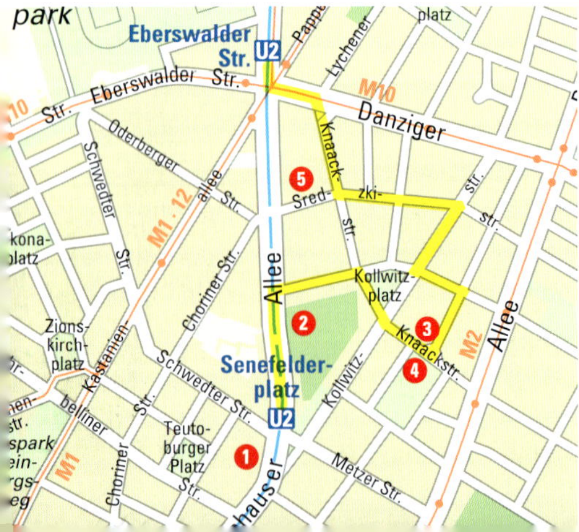


Folgt man vom Pfefferberg der Schönhauser Allee stadtauswärts, passiert man rechter Hand ein leer stehendes Gebäude, das ehemalige Baruch Auerbachsche Waisenhaus. Es diente Ende des 20. Jh. bis zur Schließung durch die Nationalsozialisten 1942 als Herberge für insgesamt rund 800 jüdische Kinder. Der sich anschließende **Jüdische Friedhof** ❷ wurde nur zwischen 1827 und 1880 genutzt. Der Friedhof, auf dem unter anderem der Maler Max Liebermann liegt, wurde im II. Weltkrieg größtenteils zerstört und erst 1990 restauriert. Er ist nur mit Erlaubnis der Jüdischen Gemeinde zu besichtigen.

Geht man vom Friedhof ein Stück zurück und biegt links in die Kollwitzstraße, trifft man schnell auf den Kollwitzplatz. Doch wir folgen noch kurz den jüdischen Spuren und biegen vorher rechts in die Knaackstraße. An der nächsten Ecke stößt man an der Rykestraße auf die größte **Synagoge** ❸ Deutschlands. Sie zeugt von dem ehemals blühenden Leben der jüdischen Gemeinde in diesem Bezirk.

Nahe der Synagoge steht auch der „dicke Herrmann", das Wahrzeichen des Bezirks. Der alte **Wasserturm** ❹ sicherte um die Jahrhundertwende die Wasserversorgung der umliegenden Häuser. 1933 richteten SA-Truppen eines der ersten Konzentrationslager im Maschinenhaus der Anlage ein.

Zurück zum Herzen des Prenzlauer Berg: Am **Kollwitzplatz** kann man das bunte Leben hautnah erleben. Am besten samstags, wenn der schöne und vielfältige Wochenmarkt sich um den Platz schlängelt. Der Markt lockt sogar Berliner aus anderen Ortsteilen hierher, da er so ausgewählte Leckereien, Geschenke und Mode bietet. Donnerstags ist Ökomarkt. Von den Cafés und Restaurants rund um den Platz lässt sich das aufgeregte Treiben und der viel beschworene Kinderreichtum des Bezirks gut beobachten, wenn auf dem Spielplatz rund um die Statue von Käthe Kollwitz kein Fleckchen mehr frei bleibt.

Folgt man der Kollwitzstraße weiter Richtung Norden und biegt dann links in die Sredzkistraße, stößt man nach einigen Schritten auf die **Kulturbrauerei** ❺. Die ehemalige Schultheißbrauerei wurde nach der Wende aufwendig saniert und ist heute ein beliebtes Kultur- und Veranstaltungszentrum. Ein Kino, zahlreiche Clubs, Restaurants und zwei Theater sind die Mieter in den ehemaligen Gärkellern und Sudhäusern. *Bettina Tacke*

*Wasserturm in der Knaackstraße*

**Synagoge**
Rykestrasse 53
(030) 442 59 31
Do 14–18, So 11–16 Uhr
Führungen auf Deutsch:
Do 14, 15, 16 u. 17 Uhr, So 11, 12, 13, 14 u. 15 Uhr
www.synagoge-rykestraße.de

**Wochenmarkt am Kollwitzplatz**
Sa 9–18 Uhr
Ökomarkt Do 12-19 Uhr

**Bezirksmuseum Pankow**
Prenzlauer Allee 227/228
Dauerausstellung „Gegenentwürfe"
Mo–Fr 10–18 Uhr
www.berlin.de/ba-pankow/museumsverbund/
Geschichte aus dem Bezirk

**Sowohl Als Auch**
Kollwitzstr. 88
(030) 442 93 11
Mo–So 8–2 Uhr
www.tortenundkuchen.de
Bester Kuchen im Kiez

Karte Seite 72

**Start**
U Eberswalder Straße

**Ziel**
Greifswalder Str./Danziger Str., Tram M4, M10

**Länge**
3 km

## Helmholtzkiez

# Reise durchs LSD-Viertel

Nördlich der Danziger Straße und abseits vom Trubel rund um den Kollwitzplatz beginnt das so genannte **LSD-Viertel.** So heißt die Gegend nicht nur wegen der Anfangsbuchstaben der angrenzenden Lychener, Schliemann- und Dunckerstraße sondern auch wegen der alternativen Szene, die sich schon vor 1989 in dem Kiez ansiedelte. Jahrzehnte lang hatten die Politiker der DDR die Gegend verfallen lassen. Doch die vernachlässigten Altbauten und Wohnungen mit Ofenheizung und Toilette auf halber Treppe zogen viele Künstler und Oppositionelle an. Nach dem Umbruch 1989 wurde das Gebiet zum größten Sanierungsgebiet Europas erklärt und der Verfall wich nach und nach der schönen neuen Welt. Eine neue Szene eroberte das Gebiet. Unser Spaziergang führt durch den Kiez rund um den Helmholtzplatz bis hoch zur Gethsemanekirche und dann bis zum Ernst-Thälmann-Park, einer Gegend ganz anders als das LSD-Viertel. Doch dazu später mehr.

Der Spaziergang beginnt an der Schönhauser Allee Ecke Danziger Straße, der man in östlicher Richtung folgt. Gleich an der nächsten Kreuzung

*Sommer vorm Balkon am Helmholtzplatz*

biegt man links in die Lychener Straße. Etliche Restaurants und interessante kleine Läden säumen die Straße. Kurz darauf trifft man auf den Helmholtzplatz.

Der **Helmholtzplatz** 1, das ist der Sommer vorm Balkon. Hier drehte Andreas Dresen die Geschichte zweier Freundinnen und machte den Kiez zum Schauplatz einer wundervollen Komödie. Leicht erhöht liegt der grüne Platz inmitten kleiner Läden, Cafés und Restaurants. Es lässt sich herrlich nach kleinen Mitbringseln in Berliner Design stöbern und im Anschluss bei einem leckeren Stück Kuchen den Trubel auf dem Platz betrachten. Kaum zu glauben, dass vor 150 Jahren hier eine Ziegelei stand, die die Steine für die umliegenden Häuser produzierte. Nach der Fertigstellung der Häuser wurde sie gesprengt und ein Schmuckplatz angelegt. Heute ist der Platz vor allem ein Paradies für die zahlreichen Kinder des Prenzlauer Bergs.

Folgt man der Lychener Straße Richtung Norden, stößt man bald auf die Stargarder Straße. Westlich sieht man im Hintergrund schon die **Gethsemanekirche** 2, die Ende des 19. Jahrhunderts nach den Plänen von August Orth erbaut wurde. Bekannt wurde sie wegen ihrer Rolle in der friedlichen Revolution in der DDR. Mit Mahnwachen demonstrierten im Herbst 1989 tausende DDR-Bürger gegen die Inhaftierung Oppositioneller aus Kirchen- und Friedenskreisen. Die Ereignisse rund um die Kirche wurden zu einem der entscheidenden Ausgangspunkte für die Auflösung der DDR.

Gegenüber der Kirche herrscht an Sommertagen riesiger Andrang: „Die kleine Eiszeit" ist eine der vielen leckeren Eisdielen der Straße. Auch sonst lässt sich in dieser lebendigen Straße viel entdecken, wenn man sie Richtung Osten spaziert. Friseure und

**Misses & Marbles**
Raumerstraße 36
(030) 49 78 62 82
www.misses-marbles.de
Mo–Sa 10–19, So 12–18 Uhr
Café und Wohnaccessoires

**tausche**
Raumerstraße 8
(030) 40 30 17 70
www.tausche-berlin.de
Mo–Fr 10–20, Sa 10–18 Uhr
Taschen aus Berlin

**Die kleine Eiszeit**
Stargarder Str. 7
(030) 40 30 17 70
März–Okt. tägl. ab 12 Uhr

**Zimmermeister Brunzel baut ein Mietshaus**
Bauen und Wohnen in Prenzlauer Berg um 1900
Dunckerstraße 77
Mo–Fr 11–16.30 Uhr
Sehenswerte Dauerausstellung

*Das Planetarium wurde 1987 eröffnet*

**Zeiss-Großplanetarium**
Prenzlauer Allee 80
(030) 42 18 45 12
www.astw.de
Automatische Programmansage (030) 42 51 652

Antiquitätenläden, Restaurants und Cafés sowie Design- und Modeläden laden zum Schlendern ein. Am Ende der Straße zeigt sich ein anderes Gesicht des Stadtteils. Schon von weitem sieht man das **Planetarium** ❸ silbern schimmern und im Hintergrund den **Ernst-Thälmann-Park** ❹, eine Plattenbauanlage mit viel Grün drum herum aus den 80er Jahren, benannt nach dem Vorsitzenden der KPD während der Weimarer Republik. Vor dem Bau der Wohnanlage standen hier die Gasometer der städtischen Gasanlage. Lange Zeit waren sie das Wahrzeichen des Bezirks, bis die DDR-Regierung die Anlage sprengen ließ. Es entstand das Prestigeobjekt der DDR zur 750-Jahr-Feier Berlins mit gut 1300 modernen Plattenbauwohnungen inklusive Thälmann-Denkmal und Planetarium. Unter dessen künstlichem Sternenhimmel werden neben den astronomischen Erläuterungen Konzerte und Hörspielkino angeboten. *BETTINA TACKE*

**Karte Seite 75**

**Start**
Mollstraße/Prenzlauer Allee, Tram M2, M8

**Ziel**
Am Friedrichshain, Tram M4, Bus 200

**Länge**
4 km

### Wins- & Bötzowviertel

## Alter Glanz und neue Gloria

Wir starten an der Kreuzung Torstraße/Prenzlauer Allee zu einer Runde durch das Wins- und Bötzowviertel. Das Prenzlauer Tor ist heute eine durchaus ungemütliche Kreuzung und wird beherrscht vom ehemaligen **Kaufhaus Jonaß** ❶, 1928/29 im Stil der Neuen Sachlichkeit errichtet. Als „Haus der Einheit" war es bis 1959 die Zentrale der SED und danach das Institut für Marxismus-Leninismus. Heute ist es dem Medien-Jet-Set vorbehalten: Das sanierte Haus ist eine Dependance des Soho House Privatclubs – hier steigt zum Beispiel Madonna ab.

Fast nahtlos geht dieser Gebäudekomplex in den der ehemaligen **Backfabrik** ❷ über. Anfang des 20. Jahrhunderts haben die Aschinger-Brüder – gewissermaßen die Väter des Fast-Food – von hier aus ihr legendäres Unternehmen mit Bierwürsten und Erbsensuppe beliefert. Zu DDR-Zeiten wurden hier die Brötchen für Frieden und Sozialismus gebacken. Nun, alles ist frisch renoviert, ist hier Platz für Künstlerateliers und weitere Kreative.

Genau gegenüber sehen wir das Eingangsportal zum **Nikolai-Friedhof** ❸, der leider immer wieder alte und neue Nazis zum Gedenken an Horst Wessel anzieht, weil eben der hier begraben ist. Gleich über die Saarbrücker Straße hinweg, liegt linker Hand das leerstehende Gelände der **Bötzow-Brauerei** ❹, der ehemals größten Berliner Privatbrauerei, die gerade aus dem Dornröschenschlaf erwacht ist und sich in ein weiteres Kreativzentrum verwandeln möchte. Der Weg führt nun ein ganzes Stück die Prenzlauer Allee bergan. Romantisch wird es erst, wenn wir rechts in die **Heinrich-Roller-Straße** einbiegen. Ruhig ist sie und grün. Die gesamte südliche Straßenseite säumen parkähnliche Friedhöfe, die schönen Gründerzeithäuser haben sozusagen Blick auf die Zukunft.

Einige Arztpraxen, Ladenbüros und alte Gusseisen-Wasserpumpen weiter geht es links in die Winsstraße. Sie, die still und ein wenig düster beginnt, war bis in die neunziger Jahre eine graue Häuserschlucht. Dennoch beherbergte sie ein um so bunteres Völkchen Prenzlauerberger Urbevölkerung. Die Häuser sind zum Teil sehr sorgsam saniert – schluchtartig wirkt die Straße immer noch. Für einen Prager Schriftsteller war sie ein Ort der Sehnsucht: im Eckhaus Winsstraße/Immanuelkirchstraße 29 ❺ wohnte Felice Bauer, einst Verlobte von Franz Kafka.

Die Marienburger Straße, in die wir rechts einbiegen, bietet ein anderes Bild: die Straße beeindruckt durch ihre Breite, der Himmel scheint näher als

**Galiao**
Marienburger Str. 26b
Mo–Fr 8–19, Sa 10–15,
So 10–16 Uhr
Café-Restaurant mit kleinen Gerichten

**Aromas Café**
Marienburger Str. 16 a
Tägl. geöffnet

*Die Hufelandstraße im Bötzowviertel begeistert mit sanierten Altbauten, kleinen Geschäften und vielen Cafés*

anderswo. Optisch klar gegliedert wirken die Fassaden durch ihren relativ strengen Gründerzeit-Stuck.

Nach Überquerung der breiten Greifswalder Straße wird es noch prächtiger: Die **Hufelandstraße** ❻ liegt schon im Bötzowviertel und glänzt mit wundervollen Jugendstilfassaden. Namensgeber ist Christoph Wilhelm Hufeland, Leibarzt von Friedrich Wilhelm III. und einer der Begründer der Makrobiotik. Und so finden sich denn auch diverse Bio-Läden, Wollboutiquen und Yogapraxen. Auch eine Vielzahl französischer Restaurants und Geschäfte gibt es im Umkreis: In dieser Gegend wohnt das frankophile Berlin.

Nach all der Pracht biegen wir links in die Bötzowstraße, Namensgeberin des Viertels, ein. Sie ist schmaler und bescheidener. Die Fassaden der Häuser sind schmucklos – dank der „Entstuckung" seit 1945. Wir spazieren nach Norden bis zum **Arnswalder Platz** ❼ an der Pasteurstraße. So richtig schön war er nie. Inmitten von Sport- und Spielplätzen poltert grobklotzig der Stierbrunnen aus rotem Rochlitzer Porphyrtuff, entworfen durch den Hamburger Bildhauer Hugo Lederer.

Der aufmerksame Beobachter wird hauptsächlich an der südöstlichen Platzseite Spuren der Bombenangriffe des letzten Krieges entdecken: 50er-Jahre-Bauten dominieren die Häuserflucht. Auffällig, da das Viertel ansonsten den Krieg weitestgehend unbeschadet überstanden hat. Über die Hans-Otto-Straße wandern wir zur Straße Am Friedrichshain.

Diese bildet die Südseite des Bötzowviertels mit ehemals prächtigen Bürgerhäusern – leider auch fast sämtlich entstuckt – mit Blick direkt auf den Volkspark Friedrichshain. Das an der Ecke zur Bötzowstraße stehende **Filmtheater am**

**Opitergium**
Hausgemachte Nudeln und Fischgerichte
Hufelandstraße 21
Mo–Sa ab 18 Uhr
(030) 41 72 30 51
www.opitergium-berlin.de

**Fruchtbar**
Hufelandstr. 21
Mo–Fr 8–19, Sa 9–18 Uhr
Kaffee, Säfte, Kleine Gerichte

**Chez Maurice**
Bötzowstr. 39
(030) 4 25 05 06
Tägl. ab 18 Uhr
Mittagstisch
Di–Sa 12–16 Uhr
www.chez-maurice.com
französischer Feinkostladen und Restaurant

**Friedrichshain** 8, einstmals Ufa-Kino und Theaterbühne, ist denkmalgeschützt. Im weiteren Verlauf der Straße wird die Architektur modern, wenn auch nicht schöner. Investoren bescherten das eine oder andere profane Gebäude. Interessant ist ein kleines Wohnviertel in leuchtendem Weiß: Die Stadthäuser der **Prenzlauer Gärten** 9 liegen an einer schmalen Privatstraße, nur zugänglich durch ein Tor, das allerdings (bisher) immer geöffnet ist. Paradox der Eindruck, dass ängstliche Neuberliner sich knapp 20 Jahre nach dem Mauerfall hier einmauern.

Gegenüber tröstet der berühmte Märchenbrunnen im **Volkspark Friedrichshain** (▸ Seite 107) den Spaziergänger über so viel Ungereimtheit hinweg. Wieder an der Greifswalder Straße angelangt, führt auf der gegenüberliegenden Seite die Straße Prenzlauer Berg zwischen Friedhofsmauern direkt über eben diesen. Der ist eigentlich nur einer der Südbuckel der eiszeitlichen Geschiebeformation des Barnims. Wären die hohen Bäume des Friedhofs nicht, hätte man einen schönen Blick in Richtung Alexanderplatz auf das Berliner Urstromtal. *FELIX MÜLLER*

**saphire bar**
Bötzowstr. 31
(030) 25 56 21 58
www.saphirebar.de
Tägl. ab 20 Uhr
Erst klingeln und dann gibt's leckere Cocktails in der Raucher-Lounge

*Der Märchenbrunnen im Volkspark Friedrichshain grenzt direkt an das Bötzowviertel*

## Bezirk: Pankow

# Pankow

### Steckbrief

**Pankow mit nördlichen Vororten**

**Einwohner**
138 801

**27–45 Jahre**
28 %

**Kleingartenkolonien**
99

**Anzahl der Parzellen**
11 041

Für viele Berliner ist Pankow immer noch eine Art Beverly Hills. Ein Teil der DDR-Elite lebte einst in diesem Stadtteil im Nordosten Berlins. Hier wohnten Politiker wie Erich Honecker, Walter Ulbricht, Wilhelm Pieck oder Otto Grotewohl; ebenso Schriftsteller wie Heiner Müller, Johannes R. Becher oder Stephan Hermlin. Neben der Regierung und der Elite der Künstler, Musiker und Schauspieler waren zu DDR-Zeiten auch viele ausländische Botschaften in Pankow angesiedelt, was dem Stadtteil lange Zeit einen Sonderstatus verlieh.

Das Wachstum des ursprünglichen Dorfes am Flüsschen Panke (namensstiftend für den Ort und einer der wichtigsten Nebenflüsse der Spree) ist bemerkenswert: Die Anlage des Ortskerns lässt den Dorfanger des Weilers aus dem 13. Jahrhundert noch erkennen. Im 19. Jahrhundert, 200 Einwohner stark, wurde er beliebtes Ausflugsziel. Nach Zuzug und Eingemeindung nach Berlin 1920 wurde Pankow 2001 sogar Namensgeber für den gesamten Großbezirk, der den Prenzlauer Berg und Weißensee mit einschließt. Schon 1910 hatte der ursprüngliche Bezirk 45 000 Einwohner, heute sind es knapp 56 000 im Ortsteil Pankow, 131 000 im Altbezirk.

Pankow gehört auch nach den Turbulenzen der Wendejahre wieder zu den begehrtesten Wohnvierteln in Berlin, weil es stadtnah und doch im Grünen liegt. Die Berliner schätzen vor allem die hohe Lebensqualität im Nordosten ihrer Stadt. Leicht getrübt wurde diese lange Zeit durch die Einflugsschneise zum Tegeler Flughafen. Dieses Problem wird sich allerdings durch die Eröffnung des neuen Großflughafens BBI bald von selbst lösen.

Von Touristenbussen wie am Kollwitzplatz bleiben die Pankower verschont. Mit seinen schönen alten Parks – dem Bürgerpark und dem Schlosspark – bietet der Stadtteil weitläufige, elegant gestaltete Grünflächen. In den vielen gut erhalten Altbauten kann

*Der weiße Pavillon steht im Rosengarten des Pankower Bürgerparks*

man sich hemmungslos dem Schöner-Wohnen hingeben und dabei den aufgeregten Metropolen-Alltag fast vergessen.

Mit dem Abdanken der Ost-Elite hat das ehemalige Eliten-Viertel seinen Sonderstatus zwar verloren, doch beherbergt es nach wie vor viele bekannte Gesichter aus Politik und Showbiz. Auch trifft man hier und da auf einen schlecht gelaunten ehemaligen DDR-Funktionär. Insofern mag der Vergleich mit der Prominentensiedlung in den Hügeln von Los Angeles vielleicht gewagt sein, ist aber auch nicht völlig abwegig.

Heute benötigen die Funktionärs-Villen am Majakowskiring und die Botschaftsgebäude allerdings kein Wachpersonal mehr. Meistens leben dort jetzt Neuberliner, die als Medienschaffende, Architekten oder Designer in Berlin-Mitte arbeiten. Der Prenzlauer Berg ist nicht weit weg. Zum Essen oder Ausgehen schafft man es problemlos mit dem Hollandrad in eine der beliebten Szenemeilen.
*Peter Steinhauer*

**Karte Seite 80**

**Start/Ziel**
S/U Pankow

**Länge**
4 km

**Galerie Forum Amalienpark**
Breite Straße 2a
Di–Fr 14–19, Sa 11–16 Uhr
(030) 33 02 80 95
www.amalienpark.de

**Café Eden*******
Breite Straße 45
Mo–Fr 9–18 Uhr
www.dock11-berlin.de

**Wochenmarkt Pankow**
Di+Fr 8–13, Mi 11–17 Uhr

## Pankow-Zentrum

# Auf einen Kaffee nach Pankow

Pankow Zentrum nähert man sich am besten vom S-Bahnhof Pankow aus. Die Runde durch den Ortskern zeigt einige Baudenkmäler und allerlei kulinarischen Reichtum.

Gleich an der S-Bahnstation fällt die neobarocke Fassade des ehemaligen **Jüdischen Waisenhauses** auf. Es ist heute ein Standort der Berliner Stadtbibliothek, im Haus gibt es auch noch einen historischen Betsaal. Ein Abstecher in die Hadlichstraße offenbart den Blick auf die ehemalige **Zigarettenfabrik Garbáty.** Das von den Nazis übernommene und später in VEB Zigarettenfabriken aufgegangene Imperium der jüdischen Familie hat in Pankow diverse Spuren hinterlassen. Das Gebäude zieren heute noch ein paar Logos, es ist längst eine Wohnimmobilie.

Doch zurück zur Berliner Straße und auf in Richtung Norden. In Hausnummer 127 war einst die Villa Garbáty, das Wohnhaus des Zigarettenfabrikanten. Heute residiert hier die Libanesische Botschaft. Nach ca. fünf Minuten treffen Sie auf die **Breite Straße** und befinden sich damit schon mittendrin im Zentrum. Rechts lohnt ein Abstecher zur Jugendstil-Doppelhaussiedlung **Amalienpark** ❶, in der es auch eine Galerie und Kunstwerkstatt gibt. Auch auf der anderen Straßenseite, wo sich der Komplex der Klinik Maria Heimsuchung erstreckt, gibt es noch schöne Gebäude hervorzuheben: Das schmucke, barocke Kavaliershaus in Hausnummer 45 aus dem Jahr 1770 ist frisch saniert in den Klinikbetrieb integriert. Daneben, in Hausnummer 45, ehemals Gartenhaus der Villa Garbáty, gibt es nun Tanzstudios und ein hübsches Café. Von der Berliner Straße aus linker Hand gele-

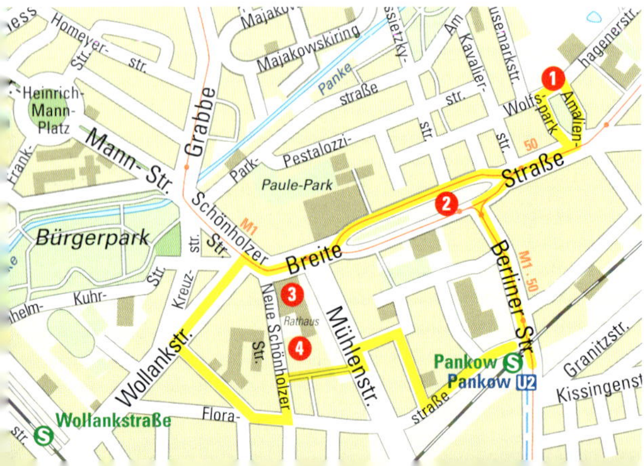

gen wird die Breite Straße von einem Grünstreifen – dem historischen Dorfanger – geteilt. Hier steht die **Pfarrkirche Zu den vier Evangelisten** ❷, erbaut von Zisterzienser-Mönchen im 13. Jahrhundert. Im 19. Jahrhundert haben Preußens berühmteste Architekten hier Hand angelegt, sowohl Schinkel als auch Friedrich August Stüler waren an Umbauten beteiligt. Daneben, ebenfalls eingekesselt vom lärmenden Verkehr der Breiten Straße, findet drei Mal in der Woche Berlins ältester Wochenmarkt statt.

*Das Pankower Rathaus wurde 1903 gebaut*

Die Geschäfte an der Breiten Straße sind leider, wie so oft in Stadtteil-Zentren, größtenteils Filialen der üblichen Ketten. Am Ende der Breiten Straße befindet sich das **Rathaus Pankow** ❸. Der imposante, rot verklinkerte Bau stammt aus dem Jahr 1903 und ist das Wahrzeichen des Stadtteils. Sehenswert ist die Eingangshalle mit ihrer üppigen Stuckornamentik und den Jugendstil-Lampen. Die Skulpturen auf den Vorsprüngen um die Freitreppe stellen die Bürgertugenden dar, von Ost nach West: Gerechtigkeit, Bürgerfleiß, Bürgerehre, Mildtätigkeit.

Um die Ecke in der Wollankstraße befindet sich ein kleines historisches Museum: Aus dem Anwesen der Bäckersfamilie Hartmann ist ein Museum für Kindheit, eine Schaubäckerei und eine außergewöhnliche Ferienwohnung geworden. Dienstags und freitags gibt es „Märkisches Landbrot". Die Wollankstraße kann man nun noch bis Hausnummer 19 weitergehen, um einen Blick auf ein kleines Franziskanerkloster in einem Wohnhaus zu werfen – vier Pater betreiben hier eine Suppenküche. Oder man biegt direkt in die Görschstraße ein und nimmt den kürzeren Weg zur Florastraße. Die Florastraße ist eine hübsche Wohnstraße mit Second-Hand-Läden, Kinderläden,

**Alte Bäckerei**
Museum für Kindheit in Pankow
Wollankstraße 130
www.alte-baeckerei-pankow.de
Museum Di 11–17 Uhr
Backstubenverkauf Di+Fr 15–18 Uhr

**Museumswohnung Pankow**
Heynstraße 8
Di, Do, Sa, So 10–18 Uhr
(030) 481 40 47
www.berlin.de/ba-pankow/museumsverbund
Bürgerliches Leben um 1900, ausgestellt in einer Beletage-wohnung

**Café Paula**
Florastraße 14
(0173) 617 14 27
Mo–Fr 8.30–19 Uhr
Sa/So 11–19 Uhr
Café mit Originalfliesen aus der Jahrhundertwendezeit

**Varietétheater**
Zimmer 16
camera dell' arte
Florastraße 16
www.zimmer-16.de
Spielstätte mit offenen Bühnen und Ausstellungsraum

**BuchSegler**
Florastraße 88/89
(030) 43 72 41 20
www.buchsegler.de
Schöner Kinder- und Jugendbuchladen

**Café Nord**
Grunowstraße 21
(030) 49 40 09 17
Tägl. 10–3 Uhr

Cafés und mehr, die an die beliebten Straßen im südlich gelegenen Prenzlauer Berg erinnert. Davon kann man sich direkt an der Kreuzung Florastraße/Görschstraße überzeugen, wo das hübsche **Café Paula** mit Originalfliesen aus der Jahrhundertwendezeit leckere Kuchen und Snacks anbietet.

Ein weiterer Abstecher in Sachen Stadtgeschichte bietet sich an der Kreuzung zur Heynstraße an: In Hausnummer 8 befindet sich eine Museumswohnung. Sie gehörte einst dem Stuhlrohrfabrikanten Fritz Heyn und wurde auch von dessen Familie bewohnt – Teile der Dekoration und Möblierung sind erhalten, auch Hof und Garten. Sie gewähren Einblick in bürgerliches Wohnen um 1900.

Nördlich derselben Straße, in der Neuen Schönholzer Straße, thront die **Alte Mälzerei** 4 mit ihren Türmen und Zinnen. Das Industriedenkmal wurde 1874 von der Schultheißbrauerei hier eingerichtet und zeugt von wirtschaftlichem Aufschwung, Industrialisierung und Angliederung an Berlin in jenen Jahren. Bis 1945 wurde hier Braumalz geröstet, zu DDR-Zeiten war der Komplex ein Lager der Handelsorganisation, seit 1990 stand es leer und verfiel. Nach vielen gescheiterten Nutzungsplänen wurde auch aus der Alten Mälzerei ein Wohnkomplex mit einer Piazza für Veranstaltungen. Der Weg zurück zur S-Bahn führt über die Florastraße und vorbei an vielen Möglichkeiten zum Trödeln und Schaufensterbummeln. *Julia Brodauf & Peter Steinhauer*

**Karte Seite 84**

**Start**
Pankow Kirche,
Tram M1, 50

**Ziel**
Tschaikowskistraße,
Tram M1

**Länge**
1–2 km

## Schlosspark & Majakowskiring
# Ein Hauch von großer Welt

Ein Rundgang vorbei am Schloss Schönhausen und den benachbarten Botschaftsgebäuden zeugt von höchst unterschiedlichen Epochen in Pankow, der Schlosspark lädt zum Entspannen ein.

Vom Zentrum Pankow aus erreichen Sie über die Ossietzkystraße den Park und gehen zunächst direkt auf das **Schloss Schönhausen** 1 zu. Nach langjährigen Renovierungsarbeiten erstrahlt es nun in einem neuen, rosafarbenen Kalkputz. Untergebracht sind

*Das im 18. Jahrhundert erbaute Schloss Schönhausen diente als Amtssitz von DDR-Präsident Wilhelm Pieck und später als Gästehaus der DDR-Regierung*

hier nun Ausstellungen zur preußischen Geschichte in Original-Interieurs und eine Sammlung ostpreußischer Kunst und Adelskultur. In den Wachhäusern am Südtor widmet sich eine Ausstellung den DDR-Machthabern, die hier um die Ecke auch wohnten. Dazu später.

Das Schloss Schönhausen ist kein verträumter Ort mit staubiger Porzellansammlung – hier haben sich einige interessante Kapitel deutscher Geschichte zugetragen. Das im 17. Jahrhundert errichtete Schloss war bis zu ihrem Tode 1797 lange Zeit Wohnsitz der Königin Elisabeth Christine. Mit ihrem Gatten, dem Preußenkönig Friedrich II., verstand sich die Monarchin leider nicht so gut. Friedrich war die Ehe aufgezwungen worden, er ließ sich im Schloss Schönhausen nie blicken. Die Königin engagierte sich in ihrem Wohnbezirk und führte hier unter anderem die Seidenraupenzucht ein.

Spätere Funktionen des Schlosses waren Lager für Kunstgegenstände im 19. Jahrhundert, Ausstellungshalle des Pankower Kunstvereins. Die Nazis nutzen den Preußenbau auch als Depot für so genannte „entartete" Kunst. Nach 1945 wurde es sowjetisches Offizierskasino und später Internat für russische Schüler.

Der herrschaftliche Glanz kam erst nach DDR-Gründung in das Schloss zurück. Von 1949 bis 1960 diente der Preußenbau als Amtssitz des Präsidenten der DDR, Wilhelm Pieck. Er empfing hier große Staatsleute wie Ho Chi Minh oder Nikita Chruschtschow. Die letzten Gäste waren im Oktober 1989 der damalige sowjetische Staatschef Michail Gorbatschow und seine Frau.

In der Nachwendezeit war Schloss Schönhausen Ort der runden Tische: Sowohl die Volkskam-

**Schloss Schönhausen**
Tschaikowskistraße 1
Apr. –Okt. Di–So 10–18 Uhr
(Di–Fr nur mit Führung)
Nov.–März Sa/So 10–17 Uhr
(nur mit Führung)
www.spsg.de

**Torhäuser der Schlossanlage Schönhausen**
Ossietzkystraße 44–45
Tägl. 10–18 Uhr
www.pankower-machthaber.de
Ausstellung zur Geschichte des Areals nach 1945

**Sommerbad Pankow**
Wolfshagener Straße 91–93
(030) 47 49 72 20
Juni–Aug. 8–20 Uhr
www.berlinerbaederbetriebe.de

merwahlen von 1990 wurden hier erarbeitet als auch in den „Zwei-Plus-Vier-Verhandlungen" mit den Alliierten die Wiedervereinigung ermöglicht.

Architektonisch ist das Gebäude vor allem wegen seines Innenlebens interessant. Der Festsaal bietet eine Rokokopracht wie sonst nur in Potsdam zu finden. Aber nicht nur Preußen-Fans kommen auf ihre Kosten. Wilhelm Piecks Arbeitszimmer mit seinen typischen DDR-Schleiflackmöbeln können Sie ebenso besichtigen wie das berühmte lila Badezimmer für die Staatsgäste der DDR.

Nach so viel Geschichte dürfen Sie sich ein wenig im **Schlosspark** entspannen, an dem im 19. Jahrhundert auch Peter Joseph Lenné gestalterisch Hand angelegt hat. Hier schlängelt sich die Panke vorbei an alten Baumbeständen und gepflegten Rasenflächen. Bei schönem Wetter kann man am südöstlichen Rand des Parks im **Sommerbad Pankow** ein wenig abkühlen.

Alternativ dazu können Sie zurückschlendern und sich den **Majakowskiring** ❷ ansehen. Im Schloss Schönhausen machten die DDR-Bonzen große Politik, am Majakowskiring haben sie lange Zeit gewohnt: Das Haus Nr. 2 war das Gästehaus der DDR-Regierung, in Nummer 28/30 lebten Lotte und Walter Ulbricht. Es wurde 1975 gesprengt, um die Erinnerung an Ulbrichts zu trüben. Lotte Ulbricht lebte seit 1973 und bis zu ihrem Tod 2002 in Haus Nr. 12. Haus Nr. 29 beherbergte Wilhelm Pieck und wurde später Gästehaus der Ost-Berliner Oberbürgermeister, in Nr. 34 wohnte Johannes R. Becher, in Nr. 46/48 Otto Grotewohl, und in Nr. 58 schließlich Erich und Margot Honecker – ja, dort wo heute die Kinder-Freizeiteinrichtung „Kulti" untergebracht ist. In Haus Nr. 47 weisen lebensgroße Figurinen auf Glasstelen im Garten auf eine Zweigstelle der polnischen Akademie der Wissenschaften hin. Heute empfiehlt sich vor allem

**Restaurant Majakowski**
Majakowskiring 63
(030) 49 91 82 50
Mo–Fr ab 12,
Sa/So ab 11 Uhr
www.majakowski-gasthaus.de

die Einkehr in Haus Nr. 63. Auch mit Kindern sind Sie im Restaurant Majakowski richtig aufgehoben.
*Peter Steinhauer*

## Bürgerpark & Schönholzer Heide
# Durch Park und Heide

Karte Seite 86

**Start**
Bürgerpark Pankow, Tram M1

**Ziel**
S Schönholz

**Länge**
2 km

Der **Bürgerpark Pankow** bildet zusammen mit der **Schönholzer Heide** und dem **Gemeindefriedhof Pankow** eine der größten innerstädtischen Grünanlagen Berlins. Für einen Spaziergang durch das gesamte Areal sollte man deshalb mindestens einen halben Tag einplanen. Sie beginnen ihren Spaziergang am besten direkt am Eingangsportal ❶ des Bürgerparks an der Wilhelm-Kur-Straße.

Das im Stil der italienischen Renaissance gestaltete Portal war ursprünglich Teil eines umfangreichen Ensembles. Der Gründer der Berliner Börsenzeitung Baron Killisch von Horn hatte das Gelände 1860 erworben und dort ein Herrenhaus errichtet. Seinen Gärtner Wilhelm Perring ließ er einen Garten nach englischem Vorbild anlegen. Leider haben die Luftangriffe im II. Weltkrieg Teile des Gartens und auch das Herrenhaus zerstört. Sein heutiges Aussehen erhielt der Park in den Jahren 1965–68, als die Bezirksverwaltung ihn grundlegend erneuern ließ.

**Informationen zu Veranstaltungen im Park**
www.buergerpark-pankow.de

**Kaffeehaus Rosenstein**
Im Bürgerpark
Geöffnet bei gutem Wetter

In den Park eingetreten, können Sie sich am Wasserlauf der **Panke** orientieren – sie begrenzt den Park im Norden. Nicht weit weg vom Einganspsortal treffen Sie auf einen schönen **Rosengarten.** Zu der Gartenanlage gehört ein italienischer Pavillon, in dem im Sommer häufig Musikkonzerte stattfinden. Am Rande des Rosengartens finden Sie ebenfalls das Café Rosenstein.

*Sowjetisches Ehrenmal in der Schönholzer Heide*

Auf zwei künstlich angelegten Hügeln am Südrand des Parks ist ein Gehege für Bergziegen angelegt. Auch eine Voliere mit Pfauen, Fasanen und seltenen Tauben gibt es. Am Westrand des Parks wartet ein großer Spielplatz auf Besucher mit Kindern. Und gleich noch eine Attraktion befindet sich in direkter Nachbarschaft. Auf dem **Bauernhof Pinke-Panke** dürfen die Kinder Schweine, Ponys, Gänse oder Kaninchen füttern, streicheln oder einfach nur bestaunen.

Der Weg zur Schönholzer Heide führt vorbei am **Pankower Friedhof III** ❷, wo der Arbeitersänger und Schauspieler Ernst Busch beigesetzt ist. Sein Haus war gleich nebenan, Leonhard-Frank-Straße 11.

Die Schönholzer Heide ist kein Park, sondern eine weitläufige, naturbelassene Grünfläche. Sie finden schöne verwachsene Wege und sind mitten in der Natur. Wenn Sie es bis in den äußersten Nordwesten geschafft haben, wartet ein spektakuläres Bauwerk auf Sie: das **Sowjetische Ehrenmal** ❸ an der Germanenstraße. Die Gedenkstätte ist nicht so bekannt wie ihr Pendant im Treptower Park, aber ebenso imposant und außerdem 30 000 m² groß. *Peter Steinhauer*

**Kinderbauernhof Pinke-Panke**
Am Bürgerpark 15–18
Infos zu Veranstaltungen:
www.kinderbauernhof-pinke-panke.de

**Heideröschen**
Café am Ehrenmal
Waldsteg 65
(030) 916 78 52
Mo–Sa 12–22, So 10–22 Uhr
www.heideroeschen-berlin.de

## Rosenthal, Buch & Co

# Ausflüge in den Berliner Norden

Pankow erstreckt sich weitläufig nach Norden, eine ganze Reihe von ehemaligen Landgemeinden säumen den Berliner Stadtrand in Richtung **Landkreis Barnim.** Die diversen Dorfkerne sind oftmals erhalten und lohnen, jeder für sich, einmal einen Besuch: Rosenthal, Französisch Buchholz, Blankenfelde oder Buch zum Beispiel, daneben ein Botanischer Garten, ein verwunschener Park und eine historische Eisenbahn zum Mitfahren.

**Heidekrautbahn**
Infos zum Fahrplan unter:
www.berliner-eisenbahn-freunde.de
Haltepunkt Wilhelmsruher Damm

**Rosenthal** erreicht man mit der Straßenbahn M1. Der historische Dorfanger gruppiert sich um eine Kirche mit einem aufwändigen Turm – die ältesten Steine des Gebäudes stammen aus dem 13. Jahrhundert. In Rosenthal befindet sich auch der Haltepunkt der **Museumsbahn Heidekrautbahn,** die regelmäßig Rundfahrten im Berliner Stadtgebiet und Ausflugsfahrten Richtung Barnim mit historischen Fahrzeugen unternimmt.

Auch das benachbarte **Blankenfelde,** das am dünnsten besiedelte Berliner Gebiet, wartet mit zahlreichen guterhaltenen Bauernhöfen auf, ein ehemaliger Bahnhof der Heidekrautbahn gehört ebenfalls zu den denkmalgeschützten Bauten. Blankenfelde erreicht man mit der S-Bahnlinie 2.

Zwischen beiden Ortsteilen befindet sich ein großer botanischer Garten, der sogenannte **Volkspark Pankow.** Aufgrund seiner zahlreichen Sehenswürdigkeiten ist er ebenfalls denkmalgeschützt. Eine geologische Wand zeigt 123 heimische Gesteinsarten, es gibt Schaugewächshäuser und ein Wildtiergehege, der Park ist Teil des länderübergreifenden Naturparks Barnim.

Die prächtigste Dorfkirche im Berliner Norden steht im Ortsteil **Buch,** der heute vor allem für seine modernen Krankenhäuser bekannt ist. Der barocke Bau aus dem frühen 18. Jahrhundert vereint eine ganze Reihe stilistischer Besonderheiten. Er schließt direkt an den lauschigen Schlosspark mit zahlreichen Wasserläufen und Brücken an. Auf dem angrenzenden Gutshof befinden sich Künstler-Ateliers.

*JULIA BRODAUF*

**Zur Alten Backstube**
Café & Blumen
Hauptstraße 155
Berlin-Rosenthal
(030) 47 48 84 42
Di–Fr 10–18 Uhr (im Sommer Open End), Sa/So 13–18 Uhr

**Volkspark Pankow**
Blankenfelder Chaussee 5
Tägl., detaillierte Zeiten und Infos unter:
www.gruen-berlin.de

**Restaurant Künstlerhof Buch**
Alt-Buch 45–51
Berlin-Buch
(030) 94 39 74 40
Di–Fr ab 15, Sa ab 12,
So ab 9 Uhr
www.restaurant-stadtgut-berlin-buch.de

*Die barocke Schlosskirche in Buch gibt es seit 1736*

## Bezirk: Pankow

# Weißensee

**Steckbrief**

Weißensee mit nördlichen Vororten

**Einwohner**
99 460

**27–45 Jahre**
23 %

**Über 65 Jahre**
14 %

**Unter 15 Jahre**
11 %

Es ist schon ein paar Tage her, dass der eiszeitliche Gletscher im heutigen Berliner Stadtteil Weißensee jede Menge Bodenlöcher mit Wasser füllte. Als im 19. Jahrhundert die Industrialisierung über Berlin hinwegfegte, vermarkteten Terraingesellschaften den Boden im Umland der Stadt und hinterließen in allen Himmelsrichtungen kleine und größere Inseln mit Industrie und Wohnvierteln für die neuen Berliner. So passierte es auch im Nordosten rund um Rittergut und Dorf Weißensee. Die natürlichen Reize des Gebietes ausnutzend machte ein Herr Sternecker in den 1880ern seinen Traum von einem Tivoli am Weißen See wahr und etablierte einen Vergnügungspark der Superlative mit dazugehöriger Brauerei. Von Industrie und Tivoli ist nicht viel geblieben, dennoch wartet der Stadtteil mit einem respektablen Angebot auf. Spielende Kinder, ruhebedürftige Sonnenanbeter oder Schattensucher, Strandba(r)der, Hundebesitzer und Vogelkundler kommen sich hier weniger in die Quere als anderswo.

Der Weiße See bringt alles mit, was ein Erholungsgebiet braucht, der Faule See präsentiert sich als urwüchsiges Naturschutzgebiet. Weißensee eignet sich als Architekturführer durch ambitionierte gemeindeeigene Bauvorhaben im Berlin der späten Kaiserzeit und Bauinnovationen à la Bruno Taut aus den Zwanziger Jahren. Aufschlussreich und eindringlich erzählt der größte Jüdische Friedhof Europas vom ehemals bedeutenden Anteil jüdischer Bürger am Berliner Leben.

Kunst und Kultur sind in Weißensee nicht so eng gedrängt wie anderswo. Die Brotfabrik an der Prenzlauer Promenade ist die Kulturzentrale Weißensees mit Bühne, täglich geöffneter Galerie und einem Filmprogramm, das als Reminiszenz an ‚Klein-Hollywood' Weißensee geeignet ist. Große Studios und Freiflächen dienten bis Ende der Zwanziger Jahre als Raum für Kulissen berühmter Monumentalfilme.

*Der Weiße See mit Freibad: Ein sommerlicher Kulturstandort*

Helden der Filmgeschichte wie Marlene Dietrich und Emil Jannings arbeiteten hier. Fritz Langs Klassiker „Das Cabinett des Dr. Caligari“ ist heute die berühmteste Produktion der damaligen Filmstadt Weißensee. Neue Platznamen wie Caligari- oder Joe-May-Platz schaffen Erinnerungen an Filmpioniere, von denen die meisten im Nationalsozialismus das Land verließen.

Neben der bekannten Kunsthochschule, neuen Galerien und Ateliers für Künstler blüht das Seebad am Weißen See zum sommerlichen Kulturstandort auf. Der Stadtteil Weißensee, der sich seit 2001 mit angesagten Größen wie dem Prenzlauer Berg unter einem Stadtbezirksdach tummelt, präsentiert sich in einer Mischung aus Aufbruch und Beschaulichkeit, was ihn spätestens auf den zweiten Blick nicht unsympathisch macht. *Katja Virkus*

Karte Seite 92

**Start/Ziel**
Albertinenstraße,
Tram M4, M13, 12

**Jüdischer Friedhof Weißensee**
Markus-Reich-Platz 1
Sommerzeit:
Mo–Do 7.30–17,
Fr 7.30–14.30, So 8–17 Uhr
Winterzeit:
Mo–Do 7.30–16,
Fr 7.30–14.30, So 8–16 Uhr
Informationen zu Grabstellen und die notwendige Kopfbedeckung für Männer am Eingang

Es tickt die Uhr.
Dein Grab hat Zeit,
drei Meter lang,
ein Meter breit.
Du siehst noch drei, vier
fremde Städte,
du siehst noch eine nackte
Grete,
noch zwanzig-, dreißigmal
den Schnee –
Und dann:
Feld P – in Weißensee –
in Weißensee.

*(Letzte Strophe des Gedichts „In Weißensee" von Kurt Tucholsky alias Theobald Tiger, Die Weltbühne, 19.05.1925, Nr. 20, S. 741)*

## Jüdischer Friedhof

# Kultur der Erinnerung

Über das **Komponistenviertel** ❶, ein stilles Gründerzeit-Wohngebiet, gelangt der Weißensee-Besucher zu Europas größtem **Jüdischen Friedhof.** Der damalige Zeitgeist in Form der Neorenaissance-Verwaltungsgebäude am Eingang ❷ ist bereits das erste Zeichen der selbstverständlichen Teilnahme der jüdischen Gemeinde am Berliner Leben. 1880 hatte die Jüdische Reformgemeinde Berlins in dieser Gegend vor der Stadt den Friedhof eingeweiht. Heute liegt er mitten in Berlin und beherbergt 115 000 Gräber.

Einen kostenlosen Übersichtsplan zu dem in Planquadrate eingeteilten Areal erhält der Besucher am Eingang des Friedhofes, auf Nachfrage werden auch Stellen markiert. Wer es genauer wissen will, dem sei der Erwerb des detaillierten Friedhofsführers vor Ort (ca. 10 Euro) nahe gelegt, der künstlerisch bedeutende und Grabstätten bekannter Persönlichkeiten empfiehlt. Bei der Weitläufigkeit des Areals lohnt sich eine Vororientierung auf dem Papier.

Eine jüdische Grabstätte ist unverletzlich, eine „Neubelegung" ausgeschlossen. Im hinteren Teil des Friedhofs lassen sich verwilderte Felder mit ähnlich geformten verwitterten Sandsteinen durchstreifen. Gemäß jüdischen Glaubens soll Höhe und Form der Grabsteine nicht auf den sozialen Status schließen. Hier in Weißensee lockerte sich dieser Brauch auf und ermöglichte Wohlhabenden an zentralen Plätzen Grabmalkunst wichtiger deutscher Architekten. Walter Gropius schuf ein repräsentatives Grab für Albert Mendel (Abt. P4), Ludwig Hoffmann – der wichtige Stadtbaudirektor – schuf eins für den Bankier und Kommunalpolitiker Eugen Panofsky (WT/Mauer). Das Erbbegräbnis Frenkel (B1/Mauer) geht auf Alfred Messel zurück. Deutlich nutzte der Berliner Bankier Aschrott die neuen Freiheiten der Selbstdarstellung nach dem Tode. Sein Grabmal (C2) entwarf der Erbauer des Leipziger Völkerschlachtdenkmals.

Die Gräber unterrichten in ihrer Vielfalt nicht nur Stilkunde, sondern zeigen eindringlich den Anteil des deutschen Judentums an der Berliner Kultur im 19. und 20. Jahrhundert. Manches Grab ist leer geblieben, so das elterliche Kurt Tucholskys (T2). Der früh verstorbene Vater ist zwar hier beerdigt, die Mutter entkam der Deportation nicht. Das Schicksal der Berliner Juden begegnet dem Besucher allenthalben: die Gedenkstätte mit geweihter Erde aus Auschwitz-Birkenau im Vorhof, ein Grab für geschändete Torarollen (A1) in der Reichspogromnacht, ein Urnenfeld von 1941 für die Asche jüdischer Opfer in Konzentrationslagern (G7). Die Asche erhielten die Angehörigen gewohnt perfide von den Mördern per Nachnahme. Der Grabstein für die Opfer der Gruppe um Herbert Baum (Ehrenfeld Abt. P1) und die nach ihm benannte Straße berichten vom jüdischen Widerstand. Den mutigen Anschlag im Mai 1942 auf die Hetzausstellung „Das Sowjetparadies" im Lustgarten bezahlten die jungen Berliner mit Folter und Tod. Der Jüdische Friedhof Weißensee ist Teil der Erinnerungskultur; mit unterschiedlichen Ausdrucksformen wird der Opfer der Verfolgung und des Holocausts gedacht.

*Eingang zum Jüdischen Friedhof in Weißensee*

Weithin unbekannt und momentan nicht zugänglich findet sich der **Friedhof von Adass Jisroel** ❸ in der Wittlicher Straße. Diese konservative jüdische Gemeinde und die Reformgemeinde grenzten sich im 19. Jahrhundert voneinander ab. Bis heute existiert Adass Jisroel als eigenständige kleine jüdische Gemeinde in Berlin. *Katja Virkus*

## Rund um den Weißen See

# Leben zwischen Seen

**Karte Seite 92**

**Start**
Stadion Buschallee/Suermondtstraße, Tram 27

**Ziel**
Antonplatz,
Tram M4, M13, 12

**Länge**
4 km

Vom Faulen See über den Weißen See zum Kreuzpfuhl – diese drei größeren Gewässer eignen sich zu naturbeobachtenden, kulturellen und stadtgeschichtlichen Erkundungen.

Ein Seehopping sollte im **Naturschutzgebiet am Faulen See** ❹ starten. Je früher die Stunde desto grandioser die Vogelstimmenkulisse im 25 ha großen Areal um den See mit Wegen durch verschiedene Vegetationen. In den letzten 80 Jahren wurden über 140 Vogelarten gesichtet. Hier brüten seltene

**Botanische Wanderungen**
Informationen unter:
www.agrar-boerse-ev.de

**Bauten von Bruno Taut**
Auswahl in Weißensee:

Buschallee 8–107
Trierer Straße 8–18

**Lokale und Kultur am Weißen See:**

**Strandbad Weißen See**
Badebetrieb, Kultur und Strandbar – open end
www.binbaden.com

**Milchhäuschen**
Tägl. geöffnet

**Programm der Freilichtbühne Weißensee**
www.kinoundkonzerte.de

Arten wie Waldkauz, Singdrossel, Kleinspecht, Pirol und Sumpfmeise. Beobachtung ja – am besten mit Fernglas, Zoogefühl nein: Auch im Winter wird hier niemand gefüttert. Pausengeeignet ist der Waldspielplatz mit Picknickecke.

Über die Buschallee geht es weiter in Richtung Weißer See. Bald schieben sich rechter Hand auffällige lang gezogene Häuser in den Blick – Bauten von Bruno Taut, dem visionären Architekten Deutschlands: Licht, Luft, Grün als Alternative zu Mietskasernen, erschwinglich und menschenwürdig. Die heute verglasten Balkone dienten an damals breiteren und begrünten Straßen dem gesunden Sonnenbad. Ein Blick auf die Hofseite der Häuser zeigt, was der Architekt mit grünem „Außenwohnraum" meinte. Wem das nicht genug Taut ist, der mache einen Schlenker zu dessen bunten **Papageienhäusern** ❺ in der Trierer Straße. Auf der Berliner Allee kann man einen Blick auf die ehemalige **Dorfkirche** ❻ aus dem 13. Jahrhundert und auf das zeitweilige **Domizil Bertolt Brechts** (Nr. 185) ❼ werfen. Der **Weiße See** wartet mit Gärten, Liegewiesen direkt am Wasser, Spazierwegen und Lokalitäten wie dem Restaurant **Milchhäuschen** ❽ auf. In der Saison bietet das Seebad neben den Rahmenbedingungen für Wasserfreuden und Karibikflair jede Menge Kultur, Aufführungen und Tanzevents open air. Bootsverleih, Spielplätze und Plansche, Sonnen-

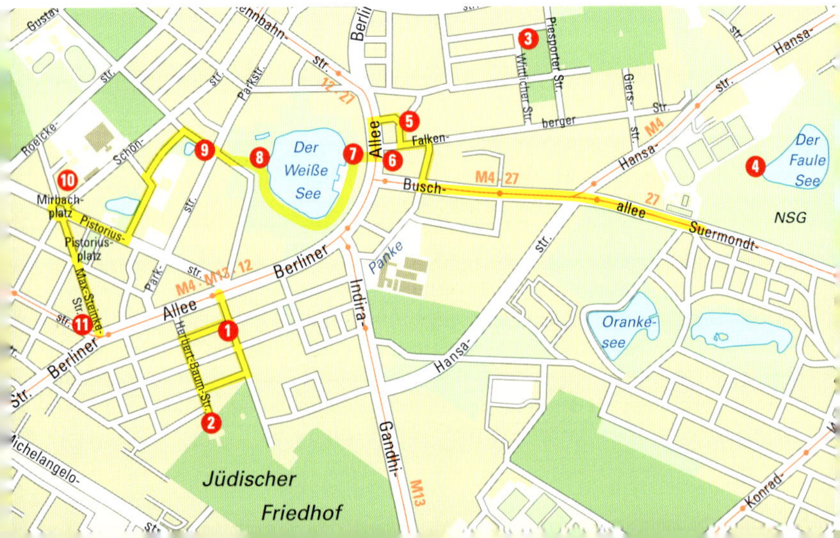

*Vorstädtisches Flair: Blick vom Antonplatz Richtung Bethanienkirche am Mirbachplatz*

uhr (hinter dem Bad) und Freilichtbühne machen das Angebot im Park am Weißen See rund. Auf dem Gelände der ehemaligen Brauerei mit Ausschank und Ballsaal entstehen bis 2013 Eigentumswohnungen. Nebenan verfällt das ehemalige Kulturhaus. Nutzungskonzepte trafen auf eigene und bislang gescheiterte anwohnerorientierte Ideen von Weißenseern.

Der Weg ist das Ziel zur dritten und letzten Seehopping-Station **Kreuzpfuhl** ❾, eine Architektur-Zeitreise ins 20. Jahrhundert: Imposante Neue Sachlichkeit als Schulgebäude von 1931 an der Ecke Amalien-/Parkstraße, das markante historisierende Holländerviertel in der Woelckpromenade aus den 1920ern und – kriegsbedingt unvollständig – das gemeindeeigene Munizipal-Viertel am Kreuzpfuhl von Carl James Bühring. Er schuf um 1910 eine vorbildliche Gemeinde mit Stadthalle, Sportstätten, Säuglingskrankenhaus, Gemeindeturnhalle und Ledigenwohnheim. Die soziale wie fortschrittliche Konzeption sollte Weißensee zum Stadttitel verhelfen. Daraus wurde nichts, bis 1920 sowieso alles um Berlin eingemeindet wurde. Seine „Stadt als Wohnort" um den Kreuzpfuhl in Weißensee aber machte Bühring bekannt.

Schließlich sei noch ein Kaffee im „Mirbach" im Schatten der ausdrucksvollen und mit Umbauplänen bedachten Ruine der **Bethanienkirche** ❿ auf dem Mirbachplatz empfohlen. Auguste Viktoria, die gebefreudige und letzte Kaiserin Deutschlands, war auch bei diesem Gotteshaus Spenderin. Die Max-Steinke-Straße hinunter in Richtung **Antonplatz** ⓫ erlaubt noch vorstädtische und dörfliche Ansichten. Am Antonplatz wartet die Tram darauf, den Seehopping-Absolventen zum Alexanderplatz zu bringen.
*Katja Virkus*

**Café Mirbach**
Behaimstraße 64
(030) 96 06 94 91
Mo–Sa 9–1, So 10–1 Uhr
Großes Gasthaus mit Terrasse am Mirbachplatz, mit Raucherbereich

## Bezirk: Friedrichshain-Kreuzberg

# Friedrichshain

Wer in den frühen 90er Jahren zuletzt Friedrichshain besucht hat, wird sich verwundert die Augen reiben: Aus dem einst so grauen Stadtteil mit heruntergekommenen Mietshäusern ist ein bunter, lebendiger Kiez geworden. Das gilt besonders für die Altbauquartiere rund um den Boxhagener Platz und für den Samariterkiez nördlich der Frankfurter Allee.

Friedrichshain war immer ein Kiez der kleinen Leute. Ende des 19. Jahrhunderts auf den Feldern rund um das Dorf Boxhagen entstanden, entwickelte er sich zum proletarischen Stadtteil. Der zentrale Berliner Schlachthof oberhalb des Samariterviertels wurde gebaut, im Osthafen an der Spree Waren für die schnell wachsende Metropole umgeschlagen. Dafür brauchte es Arbeiter, und für diese und ihre Familien Wohnungen. So entstanden zwischen 1870 und 1914 die typischen Berliner Mietskasernen mit engen Hinterhöfen und dunklen Kleinwohnungen.

Schon bald hatte Friedrichshain den Ruf eines wilden, rebellischen Stadtteils. Rund um den heutigen Ostbahnhof kontrollierten kriminelle „Ringvereine" den Kiez. In der Weimarer Republik galt Friedrichshain als „rot", hier hatten die Kommunisten viele Anhänger. Im Zweiten Weltkrieg wurde besonders der westliche Teil Friedrichshains durch Bomben zerstört. Deshalb begann gerade hier in den 50er Jahren der Neu-Aufbau Ostberlins. Bekanntestes Bauwerk aus dieser Zeit ist die ehemalige Stalinallee, heute Karl-Marx-Allee und mit 2,3 Kilometern das längste Baudenkmal Deutschlands.

Die wenig zerstörten, gründerzeitlichen Altbauviertel im östlichen Teil Friedrichshains verkamen in der DDR-Epoche mangels Modernisierung. In den 80er Jahren hatten ein Drittel der Altbauwohnungen Außenklo, Ofenheizung war Standard. Wer konnte, zog weg.

Nach der Wende entdeckten zunächst Hausbesetzer und Lebenskünstler die leer stehenden Miets-

**Steckbrief**

**Einwohner**
118 561

**27–45 Jahre**
45%

**Über 65 Jahre**
11%

**Fläche**
9,87 km²

*U-Bahnhof Warschauer Straße. Am Wochenende Knotenpunkt des Partyverkehrs zwischen Kreuzberg und Friedrichshain*

häuser. Ganze Straßenzüge wurden „instandbesetzt". Es kam zu Räumungen und Straßenschlachten mit der Polizei. An der Räumung von zwölf Häusern in der Mainzer Straße mit mehr als 3000 Polizisten zerbrach 1990 sogar die rot-grüne Stadtregierung.

Um das Jahr 2000 herum kam Friedrichshain in Mode: In der Simon-Dach-Straße entstanden Kneipen, kleine Läden, Galerien. Die seit Mitte der 90er Jahre aufgelegten Sanierungsprogramme zeigten Wirkung: Friedrichshain wurde attraktiv für Studenten und junge Familien. Längst gehören die Altbauquartiere zu den begehrten Innenstadtkiezen. Den Ruf des rebellischen Stadtteils hat sich Friedrichshain trotzdem bis heute erhalten. Hier leben weiterhin auch Punks, Hausbesetzer und Unangepasste aller Art. *Klaus Scheddel*

Karte Seite 97

**Start**
S/U Warschauer Straße

**Ziel**
S Ostkreuz

**Länge**
2 km

**Cassiopeia**
(auf dem RAW-Gelände)
Revaler Strasse 99
(030) 22 68 55 05
Musik-Club auf dem RAW-Gelände, Biergarten

## Boxhagener Kiez

# Leben und feiern lassen

Eine betriebsame Tour durch den Boxhagener Kiez, eröffnet durch eine Aussicht von der wuseligen **Warschauer Brücke** ❶: Sie überspannt die Gleisanlagen der Stadtbahn, der Blick reicht vom Ostkreuz bis zum Fernsehturm. Gleich nach der Brücke biegen wir rechts in die Revaler Straße und gehen nach 100 Metern rechts eine unscheinbare Treppe hinunter in eine andere Welt: Das **RAW-Gelände** ❷. Hier, im ehemaligen Reichsbahn-Ausbesserungs-Werk wurden bis 1994 Züge wieder flott gemacht. Nach der Wiedervereinigung war der Betrieb bald überflüssig. Das 60 000 Quadratmeter große Gelände stand leer, bis 1998 Künstler, Lebenskünstler und andere Kreative einzogen und einen Teil der halb verfallenen Gebäude wieder herrichteten. Seitdem sind 60 Kleinbetriebe, Ateliers und Veranstaltungsräume mit subkulturellem Charme entstanden, darunter mehrere Clubs, ein Biergarten, ein Zirkus und ein Tonstudio. Allerdings hat 2007 ein Investor das gesamte Gelände gekauft, sodass die Zukunft des alternativen Idylls unklar ist.

Wir verlassen das RAW-Gelände über den Ausgang gegenüber der **Simon-Dach-Straße.** Diese, benannt übrigens nach einem deutschen Barock-Dichter (1605–1659), ist eine bekannte Kneipenmeile. Besonders zwischen Kopernikusstraße und Grünberger Straße gibt es auf dem breiten Bürgersteig kaum einen Meter ohne Cafés, Restaurants und Bars. Biegt man von der Simon-Dach-Straße in die ruhige Krossener Straße ab, kommt man bald zum **Boxhagener Platz** ❸, 1905 eingeweiht und von Gründerzeithäusern gesäumt. Der „Boxi" ist ein grüner Flecken, beherbergt den traditionellen Wochenmarkt am Samstag und den Flohmarkt am Sonntag.

Von hier lohnt ein Abstecher über die Gärtnerstraße in Richtung Norden zur Mainzer Straße, Schauplatz jüngerer Friedrichshainer Geschichte. In der heute hübsch sanierten Gründerzeitstraße tobte im November 1990 der Straßenkampf, als 3000 Polizisten zwölf besetze Häuser räumten.

Wieder zurück über den Boxhagener Platz führt

*In der Knorrpromenade*

die Gärtnerstraße bis zur Wühlischstraße. Diese links eingebogen, zweigt nach zwei Häuserblocks links die **Knorrpromenade** ❹ ab. Am Anfang der ungewöhnlichen Straße flankieren obeliskenbesetzte Pfeiler die Bürgersteige, dahinter öffnet sich eine ehemals großbürgerliche Wohnoase.

Zurück auf der Wühlischstraße weiter Richtung Südosten zum Wühlischplatz, hier zweigt halb rechts die **Sonntagstraße** ab. Rechter Hand der Helenenhof ❺, eine vorbildhafte Wohnanlage von 1904. Die 442 hellen und komfortablen Wohnungen des klassizistischen Gebäudeensembles ziehen sich über zwei Straßenkarrees. Eine Ecke weiter liegt gegenüber an der Böcklinstraße die ehemalige **Max-Kreuziger-Schule** ❻. Das Gebäudeensemble war in den frühen 50er Jahren im aufwändig historisierenden Sowjetstil gebaut worden und steht unter Denkmalschutz. 2008 wurde die Schule in eine noble Wohnanlage umgebaut. Aus der Schulturnhalle gegenüber wurde ein großes Restaurant mit Biergarten.

Geht man nun die Sonntagstraße weiter, säumen bald einige Bars und Restaurants die Straße. Im Vergleich zur trubeligen Simon-Dach-Straße ist hier jedoch das Ambiente ruhiger. Am Ende der Sonntagstraße wartet der neu gestaltete Lenbachplatz auf erschöpfte Spaziergänger. Besondere Attraktion der Grünanlage ist die Promenade entlang der Sonntagstraße mit einer endlos lang scheinenden roten Sitzbank. Da sollte man sich unbedingt draufsetzen – durch ihre Form und Zugewandtheit zur Promenade fördert die Bank ungemein die Kommunikation zwischen den Menschen.

Gleich hinter dem Lenbachplatz liegt der S-Bahn-

**Restaurant Papaya**
Krossener Str. 11
(030) 29 77 12 31
www.papaya-service.de
Kleines, gutes Thai-Restaurant

**Restaurant Meyman**
Krossener Str. 11a
So–Do 12–2, Fr/Sa 12–3 Uhr
Mediterrane Gerichte von Pasta bis Couscous

**Macondo**
Gärtnerstraße 14 (am Boxhagener Platz)
Mo–Fr ab 15,
Sa/So ab 11 Uhr
www.macondo-berlin.de
Lesecafé mit Blick auf den Boxi

*Der Boxhagener Platz ist ein grüner Flecken mit Spielplatz*

hof Ostkreuz. Noch führt der Eingang zur Station unter einer rostigen Bahnbrücke hindurch. Doch das wird sich bald ändern: Der wichtige Umsteigebahnhof wird bis 2016 umfassend renoviert und umgebaut. Womit es ihm ähnlich ergeht wie schon dem Boxi-Kiez. KLAUS SCHEDDEL

**Karte Seite 99**

**Start**
S/U Warschauer Straße

**Ziel**
S Ostkreuz

**Länge**
4 km

### Stralauer Kiez & Halbinsel Stralau

## Von der Licht- zur Wasserstadt

U-Bahnhof Warschauer Straße, Hinterausgang: Die Treppen runter geht's zur **Oberbaum-City** ❶. Von 1906 bis 1992 wurden hier Glühlampen hergestellt, zunächst für Osram, später unter dem Namen Narva. Nach der Wende wurde die Glühbirnenproduktion eingestellt und die Fabrik zu einem Design- und Medienzentrum umgebaut. Der weithin sichtbare **Osram-Turm,** erbaut 1909, bekam einen fünf Stockwerke hohen Glaskubus aufgesetzt.

Nicht versäumen sollte man einen Blick in die

öffentlich zugänglichen Höfe an der Rotherstraße (rechte Seite). Diese sind miteinander verbunden, die Innenfassaden sind mit Ornamenten verziert. Durch die Höfe gelangt man zur Naglerstraße, die man überquert, um im angrenzenden Block den Hofspaziergang fortzuführen. Hier finden sich vier miteinander verbundene Höfe mit quaderförmigen Brunnen – im Sommer kühle Oasen in der Oberbaum-City.

Wir verlassen die Höfe an der Ehrenbergstraße. Gegenüber entsteht der luxuriöse Wohnkomplex Lautizia mit 14 Gebäuden um einen großen Innenhof.

Zurück in der Rotherstraße treffen wir bald auf den **Rudolfplatz.** In seiner Mitte liegt eine hübsche Grünanlage. An der Nord-West-Seite des Rudolfplatzes steht, eingebaut in einen Häuserblock, die Zwingli-Kirche. Das zweischiffige Backsteingebäude von 1908 wird heute für Kulturveranstaltungen genutzt.

An der Südostseite des Rudolfplatzes beginnt die Modersohnstraße. Sie führt geradezu zur **Modersohnbrücke** ❷, einem bei Friedrichshainern sehr beliebten Ort, um den Sonnenuntergang über dem Gleisgewirr der Stadtbahn zu erleben (romantisch!).

Trotzdem gehen wir weiter geradeaus, vorbei an der Emanuel-Lasker-Schule, einem verspielten Schulbau von 1912 des Stadtbaurats Ludwig Hoffmann. Am Ende der Straße, die nun Corinthstraße

**Zur Glühlampe**
Lehmbruckstr. 1/Rudolfstr.
www.zurgluehlampe.de
Cocktailbar in einer ehemaligen Eckkneipe

*Die Halbinsel Stralau ragt in die Spree. Im Hintergrund das markante Hochhaus der Treptowers*

heißt, biegen wir rechts in den Markgrafendamm und dann links in die Straße Alt-Stralau ein zur Halbinsel.

Am nahen Spreeufer beginnt ein Rundweg. Gleich hinter der Bahnunterführung führt rechts ein Weg zum Spreeufer. Von hier führt ein schöner Uferweg um die ganze Stralauer Halbinsel. Seit den 1990er Jahren wird auf Alt-Stralau gebaut: **Wasserstadt Stralau** nennt sich das Projekt, und entstanden sind meist hochwertige Wohnanlagen, viele davon mit Blick aufs Wasser. Bewohnt ist die Halbinsel aber schon seit vielen hundert Jahren, vor allem Fischer lebten hier. Beliebtes Volksfest war der Stralauer Fischzug, mit dem sich der Pfarrer des Ortes seit 1574 für Abgaben aus ihren Fischzügen bedankte – die Tradition endete 1873 wegen Alkoholexzessen und Schlägereien der herbeiströmenden Berliner Ausflügler.

Weiter den Uferwanderweg entlang ist bald eine Grünanlage mit einer **Karl-Marx-Gedenkstätte** 3 erreicht. Der Philosoph soll hier einmal auf Urlaub gewesen sein und bekam dafür in der DDR-Zeit ein Denkmal gesetzt. Weiter auf dem Uferweg durchquert man bald eine Grünanlage und stößt an deren Ende auf eine Mauer. Sie umgibt einen Friedhof, in dessen Mitte sich die **Stralauer Dorfkirche** 4 erhebt. Auffällig an dem 1464 erbauten Kirchlein ist der weiße Kirchturm, der sich um 5 Grad zur Seite neigt. Über die Tunnelstraße nähern wir uns nun der Spitze von Stralau. Hier gab es einst einen Straßenbahntunnel – die „Elektrische“ fuhr bis 1932 unter der Spree durch zum Treptower Park.

Von dem kleinen Park an der Halbinselspitze führt der Uferweg vorbei an der Marina und bietet einen schönen Blick auf die Rummelsburger Bucht. Weiter nördlich stößt man auf den **Palmölspeicher** 5 von

1883. Er ist Überbleibsel einer Margarinenfabrik und wird gelegentlich für Kunstausstellungen genutzt. In Zukunft sollen in dem charmanten Industriedenkmal Wohnungen und Künstlerateliers entstehen. Über das Paul und Paula-Ufer (▶ Seite 222) und die Kynaststraße erreicht man bald den S-Bahnhof Ostkreuz. Wer Lust hat, kann noch einen Abstecher in die Laskerstraße machen. Dort wartet die **ZUKUNFT am Ostkreuz** ❻ mit Kino, Biergarten und Musikclub.

*KLAUS SCHEDDEL*

**ZUKUNFT am Ostkreuz**
Laskerstraße 5 (Ecke Markgrafendamm)
www.unser-haus-zukunft.de
Programm- und Freiluftkino, Musikclub und Biergarten in einer Industriebrache am Ostkreuz

## Oberbaumbrücke & East Side Gallery

# Rund um die Mauer

Karte Seite 101

**Start**
S/U Warschauer Straße

**Ziel**
Ostbahnhof

**Länge**
2 km

Die **Oberbaumbrücke** ❶, 1896 im Stil der Backsteingotik erbaut, verbindet Friedrichshain mit Kreuzberg. In der ersten Etage fährt die U-Bahn als Hochbahn über einem Arkadengang. Außer zwischen 1961 und 1989: Da verlief die Grenze zwischen Ost- und West-Berlin hier an der Spree. Die Brücke diente nur als Grenzübergang für Fußgänger. Als nach dem Mauerfall die U-Bahn wieder hergestellt werden sollte, wurde die Oberbaumbrücke mit ihren Zinnen und Türmchen restauriert. Nur der zerstörte Mittelteil der Arkaden wurde vom spanischen Architekten Calatrava durch eine elegante Stahlkonstruktion ersetzt.

Südlich der Oberbaumbrücke steht das riesige **Eierkühlhaus** des ehemaligen Osthafens. Hier ist vor ein paar Jahren Universal-Music eingezogen. In dem großen Lagerhaus nebenan wird das TV-Programm von MTV und Viva gemacht. Ein weiteres Hafengebäude wird als Showroom für Modelabels genutzt. Dahinter liegt am Spreeufer das futuristisch anmutende Nhow-Hotel. Es wurde 2010 eröffnet und

*Die Oberbaumbrücke verbindet Friedrichshain mit Kreuzberg*

**Oststrand**
Mühlenstraße 26
www.oststrand.de
Mai–Sept. tgl ab 10 Uhr
Lauschige Strandbar an der East Side Gallery

**Postbahnhof**
Straße der Pariser Kommune 8
(030) 69 81 28 20
www.postbahnhof.de

**Berghain**
Rüdersdorfer Str. 70
(030) 29 36 02 10
berghain.de/

**Mehr über die Mediaspreepläne:**
www.mediaspree.de
www.ms-versenken.org

richtet sich besonders an (betuchte) Musiker und Künstler.

Als Berlin noch geteilt war, verlief die Mauer auf der Ostseite der Spree. Und da steht sie in Teilen heute noch, nämlich als **East Side Gallery** ❷. Kurz nach dem Mauerfall hatten 188 Künstler aus 21 Ländern hier begonnen, die Mauer zu bemalen. Bald wurden die Bilder bekannt, und das Mauerstück eine Touristenattraktion. Auf Höhe der neuen **O2-Arena** ❸ wurde 2008 die East Side Gallery durchbrochen. Hier gibt es einen Landesteg, und man hat einen schönen Blick auf Kreuzberg und die Oberbaumbrücke. Zwischen Ufer und Ex-Mauer ist eine lauschige Promenade entstanden. Der Grünzug ist Teil des Projektes **Mediaspree,** in dessen Rahmen die Uferzonen rechts und links der Spree neu bebaut und gestaltet werden sollen. Das finden allerdings nicht alle Friedrichshainer und Kreuzberger gut, wie ein Bürgerbegehren 2008 gezeigt hat. Trotzdem mussten seitdem schon einige der legendären **Strandbars** schließen, die auf verlassenen Grundstücken am Spreeufer entstanden waren.

Rund um die O2-Arena soll in den nächsten Jahren ein ganz neues Stadtquartier entstehen, mit Wohnungen, Hotels und Bürohochhäusern. Schon im Bau sind die Türme des neuen Vertriebszentrums von Mercedes Benz nördlich der O2-Arena. Rund um den Ostbahnhof stehen kulturelle Leuchttürme: In die renovierten Hallen des alten **Postbahnhofs** ❹ ist ein Club eingezogen, die lichtdurchflutete Gleishalle steht für Ausstellungen aller Art zur Verfügung. Weiter nördlich am Spreeufer, hinter dem Ibis-Hotel, ist in einem alten Pumpwerk mit dem **Radialsystem** ❺ ein ganz besonderer Kunsttempel entstanden: Künstler, Kreative und Kulturbegeisterte entwickeln hier aus der Begegnung von Alter Musik und Zeitgenössischem Tanz, Bildender Kunst und Neuen Medien neue Formate und Genres.

Auch nicht weit entfernt von der Spree steht am Wriezener Bahnhof die trutzige Burg des Techno-Clubs **Berghain** ❻. Das Gebäude wurde 1954 als Heizkraftwerk erbaut. Wen der Türsteher einlässt, darf in einem der berühmtesten Clubs der Welt bis in die Mittagsstunden feiern. Wer nicht reinkommt oder nicht rein will, kann es sich sommers im Biergarten hinter dem Berghain gut gehen lassen (Eingang von der Rüdersdorfer Straße). *KLAUS SCHEDDEL*

Samariterkiez

## Zwischen Graffiti und Kaiserzeit

Karte Seite 103

**Start**
U Samariterstraße

**Ziel**
S Storkower Straße

**Länge**
2,5 km

Vom U-Bahnhof Samariterstraße führt die Samariterstraße leicht ansteigend in den auch Nordkiez genannten Stadtteil. Gleich die erste Querstraße ist eine Berliner Berühmtheit: In der **Rigaer Straße** gibt es noch einige besetzte Häuser und immer mal wieder Randale. Biegt man in diese links ein, sieht man bald mehr oder weniger fantasievoll bemalte Hausfassaden. Bald darauf passiert man die **Heinrich-Hertz-Oberschule** ❶. Das Gymnasium mit dem tempelartigen Giebel (Hausnummer 81–82) wurde um die Wende zum 20. Jahrhundert von Stadtbaurat Heinrich Hoffmann entworfen. Nach dem Überqueren der Proskauer Straße ist bald das „Besetzer-Eck“ an der **Liebigstraße** erreicht. Hier tobte im Februar 2011 der Straßenkampf, als ein Haus geräumt wurde. Revolutionäre Parolen zieren bis heute die Gebäude rund um die Kreuzung.

In die Liebigstraße rechts eingebogen, erreicht man bald den

*In der Liebigstraße, Ecke Rigaer Straße werden besetzte Häuser nicht kampflos aufgegeben*

**Forckenbeckplatz,** die grüne Oase im Nordkiez. Am östlichen Ende des Platzes zeigt sich die **Bänschstraße** ❷ von ihrer prunkvollen Seite. Die Allee hat eine breite Mittelpromenade und ist gesäumt von fast herrschaftlichen Mietshäusern der Gründerzeit. Heute sind die Gebäude wieder in den originalen Farben der Entstehungszeit – gelb, ocker, braun – getüncht.

Schon von weitem leuchtet der rote Backsteinklinkerbau der **Samariterkirche** ❸ an der Ecke zur Samariterstraße. Das Gotteshaus mit seinen Türmchen und Bögen sollte die Einwohnerschaft des Berliner Ostens dazu ermuntern „sich mit einem Samariterherzen der Not der Armen und Bedrängten anzunehmen.", so Kaiserin Auguste Victoria 1884 in ihrer Einweihungsrede. Rund hundert Jahre später bot die Samariterkirche Raum für die legendären Blues-Messen, bei denen sich unangepasste Jugendliche und Künstler aus der ganzen DDR trafen.

Die Samariterstraße nun weiter hügelaufwärts spaziert und links in die Dolziger Straße eingebogen, erreicht man bald das riesige Gelände des ehemaligen Zentralviehhofs von 1881. Hier wurde noch bis 1990 Vieh geschlachtet und Fleisch hergestellt.

Die einstöckigen Backsteinbauten gegenüber der Einmündung der Proskauer Straße waren einstmals **Hammelställe** ❹ (heute Supermarkt und Getränkeshop). Durchquert man hier den Durchgang am Waagehäuschen, standen früher bald rechts die Kuhställe. Davon sind nur noch einzelne Fassaden an der Südfront erhalten, die nun in neu gebaute Reihenhäuser integriert wurden. Linker Hand aber steht die noch erhaltene und sanierte **Rinderauktionshalle** ❺. Hier ist ein großes Zweirad-Center eingezogen.

Überall auf dem Schlachthofgelände findet man noch Reste der alten Bebauung zwischen Neubauten. So auch am neu angelegten **Hermann-Blankenstein-Park** ❻, gleich hinter dem (Rinderauktionshallen-)

**Vineria del Este**
Bänschstr. 41
(030) 42 02 49 43
Mo–Sa ab 12, So ab 15 Uhr, Küche bis 24 Uhr
Spanisches Restaurant und Weinhandlung

**Libelle**
Bänschstraße 44
(030) 41 72 49 96
Mo–Fr 9.30–18, Sa 10–14 Uhr
Schöner Kinderbuch- und Spielzeugladen

Fahrradcenter: Mitten im Park steht das Stahl-Skelett der Hammelauktionshalle.

Auf dem westlichen Teil des Schlachthofgeländes ist ein neues Stadtviertel mit Townhouses und Wohnungen entstanden. Der Weg vom Hermann-Blankenstein-Park zur S-Bahn führt noch einmal über den erhaltenen Rest eines Baudenkmals: Der **Lange Jammer** 7, eine überdachte und verglaste Brücke, führte einst über Hunderte von Metern von der S-Bahn-Station über das Schlachthofgelände hinweg bis zur Eldenaer Straße. Heute endet sie als Stummelbrücke am Parkplatz eines Einkaufszentrums.
*KLAUS SCHEDDEL*

**Maru**
Rigaer Str. 74
(030) 26 54 56 52
Di–So 12–24 Uhr
Koreanisches Restaurant

## Karl-Marx-Allee & Volkspark Friedrichshain

# Arbeiterpaläste und Märchenbrunnen

Karte Seite 106

**Start**
U Frankfurter Tor
**Ziel**
Platz der Vereinten Nationen, Tram M5, M6, M8
**Länge**
3,5 km

Das **Frankfurter Tor** ist der ideale Startpunkt zu einem Ausflug auf die Prachtstraße des Berliner Ostens, der **Karl-Marx-Allee.** Der Boulevard im Zuckerbäckerstil wurde zwischen 1949 und 1959 gebaut und hieß bis 1961 Stalinallee. Mit seinen 90 Metern Breite übertrifft er sogar die Pariser Champs-Elisées. Das Herzstück der Allee zieht sich vom Strausberger Platz bis zur Niederbarnimstraße.

Entstanden sind seinerzeit hoch komfortable Wohnungen mit Heizung, Fahrstuhl, Müllschlucker und Parkett – wahre Arbeiterpaläste. Die Fassaden wurden geschmückt mit klassizistischen Säulen, Gesimsen und Balustraden. Die Vorderfronten wurden repräsentativ verkleidet mit hunderttausenden Kacheln aus Meißen. Dass sich die kommunistische Führung aber beim Bau übernommen hatte, zeigte sich schon 1953: Ausgerechnet von der Vorzeigebaustelle Stalinallee ging der Aufstand des 17. Juni gegen überzogene Arbeitsnormen aus.

Am Frankfurter Tor baute Chefarchitekt Hermann Henselmann die spektakulärste Ecke der Stalinallee: Die **Frankfurter Türme** 1. Ihre von überall weit sichtbaren Kuppeln sind denen des deutschen und französischen Doms am Gendarmenmarkt nachempfunden. Geht man die Allee weiter in Richtung Westen, taucht bald rechts das **Kino Kosmos** 2 auf. Das repräsentative Lichtspielhaus mit 1001 Plätzen wurde 1962 im modernen Stil erbaut. Schräg gegenüber, auf der südlichen Straßenseite stehen die beiden **Laubenganghäuser** 3, die ersten Neubauten der Stalinallee. Nach der Fertigstellung befand man sie allerdings für nicht repräsentativ genug. Fortan wurde die Allee bis 1959 komplett im einheitlichen Zuckerbäckerstil gebaut. Südlich der Laubenganghäuser steht an der Marchlewskistraße das 1952 gebaute **Hochhaus an der Weberwiese** 4. Das Gebäude war Vorbild und Prototyp für die Architektur, die dann auf der Stalinallee in großem Stil umgesetzt wurde.

Zurück auf der Allee geht es weiter bis zum **Strausberger Platz.** Auch hier gibt es wieder zwei Hochhäuser. In den obersten vier Etagen des südlichen Hochhauses war das „Haus des Kindes" untergebracht, ein legendäres Kinderkaufhaus. Vom Strausberger Platz ist es nur ein Katzensprung zum **Platz der Vereinten Nationen.** Als die Anlage noch Leninplatz hieß, stand dort, wo heute eine Ansammlung von abgerundeten Steinen liegt, Genosse Lenin als überlebensgroße Statue. Die Skulptur wurde erst nach ihrer Demontage wirklich berühmt, als sie für

*Ein Prachtboulevard, breiter als die Champs-Elysées ist die Karl-Marx-Allee*

den Film „Good Bye Lenin" noch einmal an einem Hubschrauber hängend über Berlin schweben durfte.

Gleich hinter den Hochhäusern beginnt der **Volkspark Friedrichshain.** 1848 eingeweiht, sollte der Park östliches Gegenstück zum Tiergarten sein. Heute ist der Friedrichshain mit seinen Liegewiesen, dem Schwanenteich, einem Biergarten und dem Freiluftkino ein echter Volkspark für die Bewohner von Friedrichshain und Prenzlauer Berg. Highlight und beliebter Treffpunkt ist der **Märchenbrunnen** 5 an der Ecke Friedenstraße/Am Friedrichshain. Die 1913 erbaute Brunnenanlage von Stadtbaumeister Ludwig Hoffmann ist mit Skulpturen aus den Grimmschen Märchen geschmückt. Die beiden grünen Erhebungen im Park sind künstlicher Natur, nämlich mit Schutt aufgefüllte Flak-Bunker aus dem II. Weltkrieg. Die bedeutendste Gedenkstätte im Park ist der **Friedhof der Märzgefallenen** 6, nahe der Zufahrtsstraße zum Klinikum Friedrichshain. Hier liegen hunderte Opfer der Barrikadenkämpfe von 1848 und der Novemberrevolution von 1918 begraben. *Klaus Scheddel*

**Café Sibylle**
Karl-Marx-Allee 72
Mo–Sa 9–22, So 12–22 Uhr
Kaffeehaus mit Ausstellung über die Karl-Marx-Allee
www.cafe-sibylle.de

**Café Schönbrunn**
(030) 46 79 38 93
Tägl. 10–1 Uhr
www.schoenbrunn.net
Café und Biergarten im Volkspark Friedrichshain

**Freiluftkino im Friedrichshain**
www.freiluftkino-berlin.de

## Bezirk: Friedrichshain-Kreuzberg

# Kreuzberg

**Steckbrief**

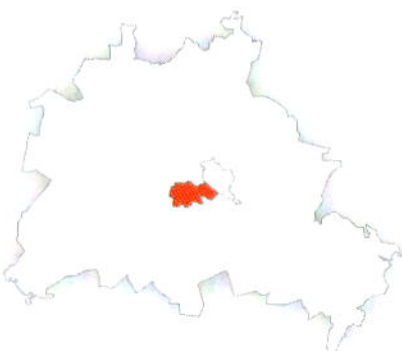

**Einwohner**
148 308
**27–45 Jahre**
36 %
**Über 65 Jahre**
9 %
**Akteure beim Karneval der Kulturen**
ca. 4000

Kreuzberg ist eine Berliner Legende – und dies zu Recht. Vor dem Mauerfall war es der bunteste Stadtteil Westberlins, berühmt und berüchtigt für seine subkulturellen Szenen aus Künstlerkreisen und alternativer Politik. Nach dem Fall der Mauer bekam Kreuzberg in dieser Hinsicht Gesellschaft in den innerstädtischen Ost-Bezirken Mitte, Friedrichshain, Prenzlauer Berg. Doch nachdem diese größtenteils „gentrifiziert“ (siehe Kasten ▸ Seite 111) wurden, damit ihre subkulturelle Pubertät durchlebt haben und sich nun erwachsen schick, renoviert und bürgerlich geben, bleibt Kreuzberg der ewige Berufsjugendliche. Was nicht heißt, dass es hier nicht sehr gediegene Ecken gibt, in denen polierte Gründerzeithäuser elegante Plätze oder verwunschene Kanäle säumen. Doch auch diese Orte sind stets nur eine Ecke entfernt von den sozialen Brennpunkten oder turbulenten Straßenzügen Kreuzbergs. Kreuzberg ist außerdem bekannt dafür, dass ein Drittel seiner 150 000 Einwohner Migranten sind und vor allem die türkische Gemeinde sehr präsent ist.

Der Stadtteil trägt seinen Namen des Kreuzbergs wegen, der in seinem westlichsten Ende als Ausläufer der Brandenburger Hochfläche Teltow immerhin 66 Meter emporragt und von einem schinkelschen Nationaldenkmal bekrönt wird. Um den Berg herum befindet sich die ruhigere Hälfte Kreuzbergs, nach dem ehemaligen Postzustellbezirk bis heute mit „61“ bezeichnet. Hier tummelt sich ein bisschen Szene rund um die Bergmannstraße, ansonsten wird ruhig und größtenteils gut gelebt. Im Norden, nördlich noch vom Gebiet der südlichen Friedrichstadt (die im II. Weltkrieg weitgehend zerstört und danach unschön neu bebaut wurde), befindet sich das Zeitungsviertel. Es war 1968 Schauplatz der Osterunruhen nach dem Attentat auf Rudi Dutschke. Gelebte Historie: Das Hochhaus des Axel-Springer-Verlags steht zwar an der nach ihm benannten Straße, aber mittlerweile an

*Auch Kreuzberger Nachmittage sind lang – hier im Görlitzer Park*

der Kreuzung zur Rudi-Dutschke-Straße. Die Umbenennung wurde von der links-alternativen Tageszeitung „taz", die auch hier ansässig ist, initiiert. In den letzten Jahren haben sich in dieser Gegend immer mehr hochkarätige Galerien angesiedelt, darunter viele im Rheinland längst etablierte, sodass ein Spaziergang durch Dutschke-, Charlotten- und Zimmerstraße für Kunstinteressierte inzwischen spannender ist als durch Mitte.

Am Springer-Hochhaus beginnt auch die Oranienstraße und führt nach Osten durch den ehemaligen Postzustellbezirk „36", dem lärmenden Nebeneinander von internationaler Imbisskultur, Bars und bunten Geschäften. Noch einmal östlich davon, an der Spree, entwickelt sich auch auf der Kreuzberger Seite ein neuer Wirtschaftsstandort der Medienindustrie.

*Julia Brodauf*

Karte Seite 113

**Start**
U Hallesches Tor

**Ziel**
U Gneisenaustraße

**Länge**
3,5 km

## Bergmannkiez

# Wo Kreuzberg jazzt

Der Spaziergang durch das westliche Kreuzberg beginnt am Hochbahnhof Hallesches Tor und führt gen Süden in den Bergmannkiez.

Gleich am Anfang fällt die **Amerika-Gedenkbibliothek** ❶ auf, die ein Geschenk der USA nach der überstandenen Blockade 1948/49 war und 1954 eröffnet wurde. Südlich der Blücherstraße existieren seit 1735 die Friedhöfe am Halleschen Tor, insgesamt sechs und die älteste Anlage, die in Berlin noch in Betrieb ist. Reich verzierte Grabmäler und Mausoleen zeugen von den berühmten Persönlichkeiten, die hier begraben sind: E.T.A. Hoffmann, Georg Wenzeslaus von Knobelsdorff und Felix Mendelssohn-Bartholdy sind nur einige von ihnen. Folgt man dem Mehringdamm gen Süden, passiert man zu seiner Rechten das **Finanzamt** ❷, das zwischen 1850 und 1853 als Kaserne des königlichen Garde-Dragoner-Regiments errichtet wurde und mit seinen Zinnen und Ecktürmen an eine Ritterburg erinnert. Kurz darauf bietet der legendäre Imbiss „Curry 36" die Gelegenheit, sich berlin-gerecht Wegzehrung zu verschaffen.

*Auf dem Kreuzberg: Ausblick aus immerhin 66 Metern Höhe*

Biegt man rechts in die Yorckstrasse ein, sieht man schräg gegenüber, eingebaut in die Häuserzeile, die Zwillingstürme der neugotischen Bonifatiuskirche (1906/1907 erbaut). 100 Meter rechts davon liegt der Eingang zu **Riehmers Hofgarten** ❸. Der Wohnkomplex mit den reich verzierten Fassaden wurde 1881 für gut betuchte Bürger gebaut. Die großzügigen Wohnungen haben Balkone zu den begrünten Innenhöfen, die die Yorckstraße mit der Hagelbergerstraße und der Großbeerenstraße verbinden. Über die Großbeerenstraße gelangt man bald zum **Viktoriapark** und befindet sich am Fuße des Kreuzbergs, dessen stolze 66 Meter erklommen sein wollen. Von den Hängen des Parks bietet sich ein schöner Ausblick über die Dächer Kreuzbergs, besonders wenn man den Wegen bis zum „Gipfel" folgt. Dort steht das **Nationaldenkmal** 4, das 1818–21 nach Plänen von Carl Friedrich Schinkel zur Erinnerung an die preußischen Befreiungskriege errichtet wurde.

Vom Park-Ausgang zur Methfesselstraße aus lässt sich durch eine Grünanlage der Weg zum Mehringdamm abkürzen und dort schräg gegenüber die Fidicinstrasse nehmen. Auch hier ist's schmuck, die Gebäude dieser Gegend waren zur Zeit ihrer Erbauung Offiziersfamilien zugedacht. Vorbeispazierend am fensterlosen ehemaligen Wasserturm und durch die links abzweigende Kopischstraße führt der Weg über die Willibald-Alexis-Straße zum **Chamissoplatz** 5, dem Zentrum der bildhübschen Wohngegend. Das gesamte Ensemble der stuckverzierten Fassaden und Schinkelschen Gaslaternen steht unter Denkmalschutz und ist einer der lauschigsten Platzanlagen Berlins. Ganz anders die einen Block nördlicher liegende, quirlige **Bergmannstraße,** auf der türkische Händler, Designerboutiquen, Cafés

**Gentrifizierung** Das Wort stammt von dem englischen „Gentry" ab, das den niederen Adel bezeichnet, und meint die soziale Veränderung und Umstrukturierung eines ärmeren Wohnbezirks durch den Zuzug von besser situierten Anwohnern. Dies geschieht meist in mehreren Schritten: Zunächst entdecken Künstler und Studenten die billigen Wohnungen eines heruntergekommenen Stadtviertels. Dadurch kommt das Viertel in Mode und weckt so das Interesse von Investoren und Besserverdienern. Dies führt dazu, dass mehr und mehr Häuser renoviert werden, sodass die Mieten steigen. In der Folge zieht die alteingesessene Bevölkerung weg, weil sie die höheren Mieten nicht bezahlen kann. Neue wohlhabendere Bewohner ziehen in den Stadtteil.
Teils werden von Seiten der Senatsverwaltung auch gezielt Anstrengungen unternommen, einen Stadtteil aufzuwerten und so für den Zuzug von besser Betuchten interessant zu machen.

*Gentrifizierung hin oder her, wo es die beste Currywurst der Stadt gibt, wusste schon Altbundeskanzler Schröder*

**Curry 36**
Mehringdamm 36
Tägl. 9–5 Uhr
Beste Currywurst West-Berlins

**Mustafa's Gemüse Kebap**
Mehringdamm 32
Mo–So 10–2 Uhr
Direkt neben Curry 36 und ebenso heiß begehrt

**ETA Hoffmanns**
(030) 78 09 88 09
Yorckstraße 83
www.restaurant-e-t-a-hoffmann.de
Tägl. außer Di ab 17 Uhr
Edel-Restaurant in Riehmers Hofgarten

**Golgatha**
(im Viktoriapark)
Dudenstr. 48–64
(030) 785 24 53
www.golgatha-berlin.de
Apr.–Sept. tägl. 10–6 Uhr
Größter Biergarten Kreuzbergs, Disko im Sockelgeschoss

**Deutsches Technikmuseum**
Trebbiner Straße 9
(030) 90 25 40
Di–Fr 9–17.30 Uhr
Sa/So 10–18 Uhr
www.sdtb.de
U Gleisdreieck

**Ein Abstecher** zum **Deutschen Technikmuseum** 7. Neben den allgemeinen technischen Phänomenen zeigt es Ausstellungen zur Luft- und Schifffahrt, zum Schienenverkehr und zur Fotografie. Beeindruckend auch das dazugehörige Freigelände mit Wind- und Wassermühlen, Schmiede und Brauerei. Gleich südlich davon liegt der neue innovative **Park am Gleisdreieck,** der auf dem Gelände des Anhalter Güterbahnhofs entstanden ist.

**Markthalle am Marheinekeplatz**
Mo–Fr 8–20,
Sa bis 8–18 Uhr

**Grober Unfug**
Zossener Strasse 33
Mo–Fr 11–19 Uhr
Sa 11–18 Uhr
(030) 69 40 14 90
www.groberunfug.de
Legendäre Comic-Galerie

und Ökoläden ihre Ware feilbieten. Abends ist der „Bergmannkiez" eine beliebte Kneipengegend. Auf der Bergmannstraße findet auch jährlich im Sommer das Jazzfest statt. Am östlichen Ende der Bergmannstraße befindet sich die historische **Markthalle am Marheinekeplatz** 6, die nun in modernisiertem Glanz erstrahlt. Im Innern bieten kleine Stände leckeres Essen und die Möglichkeit, mit Marktflair einzukaufen. Entlang der Zossener Straße finden sich ausgefallene Buchläden, ein stadtweit bekanntes Comicfachgeschäft und gut sortierte Plattenläden. *JOHANNA VON STÜLPNAGEL*

**Karte Seite 113**

**Start/Ziel**
Admiralbrücke (5 Min. vom U Kottbusser Tor)

**Länge**
2,5 km

## Graefekiez

# Sonnenuntergang in Kreuzberg

Der **Graefekiez** verläuft zwischen dem Kottbusser Damm, der Urbanstraße, der Grimmstraße und dem Landwehrkanal. Im Vergleich zu den Kiezen im „echten" Kreuzberg 36 gibt er sich – obwohl Neukölln in der Nähe ist – äußerst aufgeräumt, herausgeputzt und ordentlich. Und so lohnt sich ein Spaziergang, denn es gibt gute Verweilplätze und genügend Lichtblicke in Form von interessanten Häusern und Bars.

Apropos Verweilplätze: Direkt am Anfang dieser Tour befindet sich nämlich einer der schönsten Orte zum Herumhängen im Sommer in ganz Berlin. Man kann sich ein Eis kaufen bei Isabel oder eine Pizza im überregional bekannten Il Casolare oder ein Bier im Kiosk und sich damit auf die **Admiralbrücke** 8 setzen, auf einen der Poller oder an die Reling,

*Von der Admiralbrücke aus lassen sich Schwäne, Gitarristen, Jogger und Patienten beobachten*

das tun hier vorzugsweise abends sehr viele Menschen. Dann gibt es meistens Straßenmusik, unter einem schippern die Ausflugsschiffe über den Kanal, und die Kronkorken sammeln sich im Fugenasphalt. Autos fahren Schritt, und zu aller Sicherheit lässt sich auch die Polizei mal blicken.

Der unter der Brücke fließende Landwehrkanal, der sich in Blickweite zum **Urbanhafen** 9 verbreitert, ist Überbleibsel eines ehrgeizigen Bauprojekts, mit dem Ende des 19. Jh. die Spree entlastet werden sollte – von rechts mündete damals auch noch der Luisenstädtische Kanal ein. Doch das Gefälle war zu niedrig, der Kanal versumpfte und das Projekt erwies sich generell als unfunktionell – so wurde schließlich auch der ursprünglich riesige Urbanhafen zurückgebaut. Heute liegen hier ein Restaurantschiff und ein Bar-Kutter vor Anker. Auf der ehemaligen Ladeinsel steht seit den 60er Jahren das monumentale Hochhaus des Urbankrankenhauses.

**Trattoria il Casolare**
Grimmstr. 30
(030) 69 50 66 10
Tägl. 12–24 Uhr
Pizza und Atmo wie in Italien

**Eiscafé Isabel**
Böckhstr.1
Tägl. 10–24 Uhr
Nähe Admiralbrücke

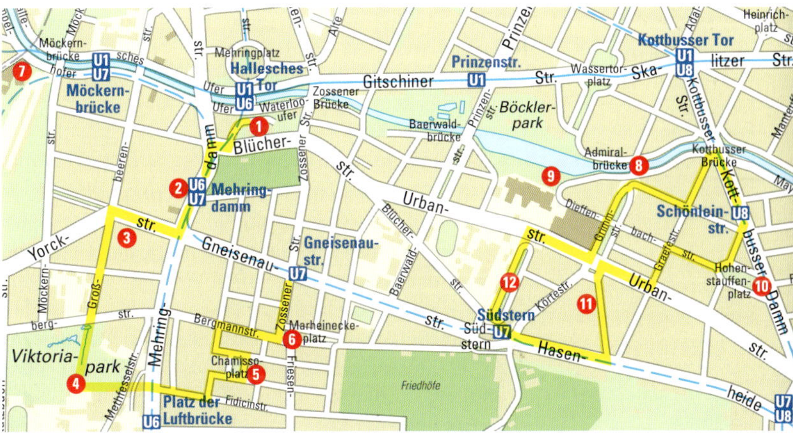

*Ein bisschen schräg sind die Kreuzberger schon*

Ebenfalls am Platze: Ein gutes Café, schon in der Böckhstraße. Hier geht man an einer altehrwürdigen Grundschule vorbei und auf die nächste Kreuzung zu, an der es wiederum einige Bars und Restaurants gibt. Wir ziehen einen Kreis: Gehen erst links die Graefestraße hinunter, an weiteren kleinen Geschäften vorbei, bis zur Kottbusser Brücke. Hier liegt der „Fuchsbau". Dienstags und freitags ist gegenüber am Ufer lebhaftes Marktgeschehen. Wir halten uns rechts und laufen ein Stück den belebten, leicht schmuddeligen und türkisch dominierten Kottbusser Damm hinauf. Hier gibt es Geschäfte und Gastronomie für die kleine Geldbörse.

Auf Höhe einer sehr tollen, da inzwischen renovierten 50er-Jahre-Apotheke geht's in die Schönleinstraße, wir halten auf den **Hohenstaufenplatz** ⑩ zu. Der hieß früher Zickenplatz, da dort Ziegen geweidet wurden, bevor es den ganzen Stadtteil gab. Eine Skulptur mit kämpfenden Ziegen erinnert daran, einen Spielplatz gibt es auch. Rechts abgebogen in die **Dieffenbachstraße**, die im Kiez wohl die eindrucksvollste ist dank gutbürgerlicher Gründerzeithäuser links und rechts. Links biegen wir wieder in die Graefestraße, schauen im kleinsten Lokal der Stadt vorbei (der „Minibar"), gehen dann weiter in die Urbanstraße, die auf dieser Höhe noch Charakter hat. Auch in der **Körtestraße** und der **Fichtestraße** gibt es gute Lokale, zwischen ihnen erhebt sich die schmiedeeiserne Kuppel des **Gasometers** ⑪, der 1826 zum Zweck der Straßenbeleuchtung errichtet wurde. 1941 wurde der Steinzylinder zu einem sechsgeschossigen Bunker umgebaut, in dem in einzelnen Nächten bis zu 30 000 Menschen unterkamen. Der denkmalgeschützte Gasometer wurde zu Lofts ausgebaut.

Am Ende der Körtestraße steht die Kirche am **Süd-**

**Goldmarie**
Grimmstr. 29
Tägl. ab 12 Uhr
Bagels und mehr

**Grimms Buchladen**
Grimmstr. 29
Mo–Fr 11–19, Sa 11–16 Uhr
www.grimmsbuchladen.blogspot.de

**Minibar**
Graefestr. 27
ab 20 Uhr
DJs am Wochenende

**Fuchsbau**
Planufer 96
(030) 691 75 95
Cocktails und Wirtshaustisch

**Van Loon**
An der Baerwaldbrücke
Carl-Herz-Ufer 7
(030) 692 62 93
www.vanloon.de
Restaurantschiffe am Urbanhafen

**stern,** die 1897 als evangelische Garnisionskirche eingeweiht wurde – das katholische Pendant steht ein paar Meter die Lilienthalstraße hinauf. Ein feines italienisches Restaurant ist am Platz. Die **Fontane-promenade** ⓬, mit üppig grünem Mittelstreifen und diversen denkmalgeschützten Gebäuden führt zurück Richtung Landwehrkanal. An der Urbahnstraße rechts und links in die Grimmstraße liegt die Admiralbrücke wieder vor uns. *RENÉ HAMANN*

## Oranienstraße

# Der Mariannenplatz war blau, soviel Bullen waren da

Karte Seite 115

**Start**
U Kochstraße

**Ziel**
U Görlitzer Bahnhof

**Länge**
3,5 km

Die **Oranienstraße,** auch liebevoll O-Straße genannt und von Außerirdischen, Touristen und Hinzugezogenen oft mit der Oranienburger Straße in Mitte verwechselt, zieht sich durch **Kreuzberg 36** und ist besonders im Abschnitt zwischen Oranienplatz und Skalitzer Straße Fressmeile, Publikumsmagnet, die Ausgehstraße überhaupt auf dieser Seite der Spree.

Sie beginnt als Fortsetzung der ehemaligen Kochstraße, dort, wo das **Springer-Hochhaus** ❶ steht. Und wo nach einem gewonnenen Bürgerbegehren jetzt die **Rudi-Dutschke-Straße** auf die Axel-Springer-Straße trifft. Dort dürfen sich der Wortführer der Studentenrebellion von 1968 und der antikommunistische Verlagsmogul noch post mortem ein Besserwisserduell liefern. Wir allerdings schauen kurz nach rechts

*Im posthumen Duell mit dem Verleger Springer hat der Studentenführer Dutschke die Vorfahrt*

**Jüdisches Museum Berlin**
Lindenstraße 9–14
(030) 25 99 33 00
www.jmberlin.de
Tägl. 10–20, Mo bis 22 Uhr

**Berlinische Galerie**
Landesmuseum
für Moderne Kunst,
Fotografie und Architektur
Alte Jakobstraße 124–128
Tägl. außer Di 10–18 Uhr
www.berlinischegalerie.de

**Aufbau-Haus**
Am Moritzplatz
Kreativzentrum mit Läden und Werkstätten, Buchhandlung und Café
www.aufbauhaus.de

und gehen die Lindenstraße hinunter, wo sich das **Jüdische Museum** ❷ befindet. Dieses wurde 2001 eröffnet und kombiniert das barocke Kollegienhaus mit der Metallfassade des dekonstruvistischen Baus von Daniel Libeskind. Die reiche Sammlung dokumentiert jüdisches Leben in Deutschland. Gleich um die Ecke gibt es ein weiteres interessantes Museum: Die **Berlinische Galerie** ❸. Nachdem die Sammlung Berliner zeitgenössischer Kunst jahrelang heimatlos war, fand sie 2004 ihr Domizil im ehemaligen Glaslager.

Von der Lindenstraße weist ein Wegweiser zur Alten Jakobstraße. Diese entlang kommt man zum Museum und auch daran vorbei wieder zur Oranienstraße. Rechts eingebogen, passiert erst einmal eine Weile nichts. Es gibt Nachkriegs-Wohnblöcke, kleine Parks, Supermärkte, Bushaltestellen. Interessant wird es kurz vor dem **Moritzplatz,** dort macht sich linker Hand eine weiland innovative Wohnsiedlung breit, die **Otto-Suhr-Siedlung** ❹, erbaut zwischen 1956 und 1960. Nach den fünfziger Jahren sieht sie auch aus. Gegenüber liegt die römisch anmutende Kirche St. Jacobi Luisenstadt. Ein Hinweis darauf, dass dieser Kiez ursprünglich **Luisenstadt** hieß. Zur Luisenstadt gehören auch die Teile von Mitte, die diesseits der Spree liegen.

Am Moritzplatz wurde aus dem ehemaligen Gebäude der Klavierfabrik Bechstein jüngst das Aufbau-Haus: Ein Zentrum für Kulturschaffende rund um den Aufbau-Verlag – rund 60 Betriebe und Werkstätten aus dem Kreativbereich sind in den modernen Umbau mit eingezogen, darunter Galerien und eine Buchhandlung. In Richtung **Oranienplatz** ❺ liegt rechter Hand das Brauhaus „Max & Moritz“, wo es neben Wiener Schnitzel regelmäßig Lesungen gibt. Für den autonom bewanderten Kiezgänger bietet sich das „Tante Horst“ auf der anderen Straßenseite an.

Der Oranienplatz überzeugt mit einem preußisch akkuraten Parkstreifen, der entlang des ehemaligen Luisenstädtischen Kanals (in den dreißiger Jahren wegen mangelnder Fließgeschwindigkeit und Geruchsentwicklung zugeschüttet) verläuft. Davor war die Luisenstadt fast ein kleines Venedig! Hier kann man jetzt entweder in Richtung **Engelbecken** 6 oder zum **Landwehrkanal** flanieren. Der Oranienplatz weist ein großes leer stehendes altes Kaufhaus auf und wirkt ebenfalls noch nicht ganz aufgeweckt. Aber nun beginnt der lebhaftere Teil der Oranienstraße: eine Bar neben der anderen, Restaurants, kleine Galerien, schmucke, leicht prärenovierte Altbauten und Buchhandlungen.

Bevor wir rechts in der „Luzia“ halt machen, um uns unter jungen Leuten cool zu fühlen, ein kleiner Ausflug in die Soziologie dieses Stadtteils. Das SO 36 und mit ihm die Hauptschlagader des Kiezes ist ein Patchwork der Kulturen. Der Charme des Kaputten, die türkischen Männerclubs, das auch architektonisch schwierige Problemviertel „Neues Kreuzberger Zentrum“ (NKZ) am Kottbusser Tor, Hippies und Studenten, Autonome und Künstler, alles an einem Ort. Die Hausbesetzervergangenheit ist noch spürbar, zahlreiche Altbauten wurden durch Besetzungen gerettet und eine geplante Stadtautobahn verhindert. Inzwischen gibt es andere Zuwanderungen und viele Touristen hier. Behutsam und mit Widerständen erfährt der Kiez seine kleine Gentrifizierung – was weitaus langsamer vor sich geht als anderswo in der Stadt. Eine lebendige Szene hat sich gebildet, ein großes Gewimmel, was sich besonders in den stadtfestartigen Feiereien am 1. Mai, dem „Myfest“, zeigt.

Der letzte Teil der O-Straße beginnt mit dem **Heinrichplatz** 7, an dem sich ebenfalls viele ansprechende Lokale befinden (SO 36, Bateau Ivre u. a.). Nach links geht es zum in pink gehaltenen **Mariannenplatz** 8. Im ehemaligen Krankenhaus und heutigen Kulturzentrum Bethanien ist noch die Apotheke erhalten, in der einst Fontane arbeitete.

Zurück auf der Oranienstraße gibt es noch eine Waffel in der „Cassonade“. Vor uns liegt schon der Görlitzer Bahnhof. *RENÉ HAMANN*

**Max & Moritz**
Oranienstraße 162
(030) 69 51 59 11
www.maxundmoritzberlin.de
Tägl. ab 17 Uhr
Eisbein!

**SO36**
Oranienstraße 190
(030) 61 40 13 06
www.so36.de

**Kreuzberg Museum**
Stadtteilmuseum
Adalbertstraße 95a
(030) 50 58 52 33
Mi–So 12–18 Uhr
www.kreuzbergmuseum.de

**Cassonade**
Oranienstraße 199
(030) 61 65 23 35
Tägl. 10–22 Uhr
www.cassonade.de
Köstliche Waffeln und Crèpes

*Wo schon David Bowie tanzen ging: Das SO36 in der Oranienstraße*

Karte Seite 119

**Start/Ziel**
U Görlitzer Bahnhof

**Länge**
3,5 km (mit Abstecher zum Badeschiff 4 km)

**Eisdiele und Pizzeria Aldemir**
Falckensteinstr. 7
Tägl. 10–24 Uhr

**Café Sofia**
Wrangelstraße 93
Mo–Fr ab 9, Sa ab 11, So ab 20 Uhr
www.sofia-berlin.blogspot.com

## Wrangelkiez
# Leben und leben lassen

Der Wrangelkiez erstreckt sich im östlichen Kreuzberg zwischen Görlitzer Park und Schlesischer Straße, sowie jenseits der Skalitzer Straße zwischen Lausitzer Platz und Köpenicker Straße. Es ist ein lebhaftes und abwechslungsreiches Stadtviertel, hier ist wirklich eine Menge geboten.

Steigt man am Görlitzer Bahnhof aus, muss man sich links halten, dann ein kleines Stück die Skalitzer Straße hinuntergehen. Gegenüber der Lausitzer Kirche schlüpfen wir kurz in den Görli, den **Görlitzer Park** ❶, um großstädtisches Parkleben zu sehen. Er befindet sich auf dem Gelände des ehemaligen Kopfbahnhofs der Berlin-Görlitzer Eisenbahn, der allerdings im Krieg schwer beschädigt und nach und nach abgewickelt wurde. Bahnschuppen und vereinzelte Gleise sowie der alte Bahndamm, der nach Treptow hinüberführt, erinnern daran. Heute ist es ein Hügelgelände mit ruinöser Brunnenlandschaft, um die juristisch gestritten wird. Viele Verstecke, türkische Familien mit Campingausstattung und Grillfieber, Akrobaten, schlechte Gitarreros, Picknickgesellschaften meist jüngerer Couleur, vollgetagte Gemäuer, diese komische Mischung aus Stein und Gras, die so typisch ist für Berliner Parks, all das und noch viel mehr gibt es hier zu erleben. Bevor wir aber den gigantischen Bombenkrater in der Mitte des Parks hinabwandern, biegen wir lieber links ab und gehen in Richtung Görlitzer Straße.

*Qual der Wahl im Eiscafé Aldemir: „Omas Apfelkuchen", „Quark-Sesam-Honig" oder „Schoko-Chili", „Ingwer" oder „Keks", oder alle?*

Auch hier herrscht die hübsche Kreuzberger Mischung aus vernachlässigten Altbauten, Restaurants, Jugendkultur und alternativ-bürgerlichem Dasein. Wir passieren einige

Lokalitäten, sehen tätowierte Erwachsene und besprühte Gemäuer (ohne Bekritzelung geht es nicht) und kehren in die verkehrsberuhigte Cuvrystraße ein. Hier sieht es fast noch aus wie in den achtziger Jahren, als Kreuzberg ein verschlafener Randbezirk war. Am Ende der Cuvrystraße beginnt auf einer Brachfläche die Zukunft in Form eines großen Schildes, das ein großes Bauprojekt anpreist (Das Bauschild steht schon seit einigen Jahren hier). Rechts geht es Richtung Schlesische Brücke zu den netten Bars am Kanal, die wir heute mal ignorieren, stattdessen gehen wir links die **Schlesische Straße** hinauf. Im „Lido", der ehemaligen Probebühne der „Schaubühne", finden Konzerte statt. Auf der Straßenseite gegenüber gibt es das „Mysliwska", eine polnische, sehr nette Bar. Daneben noch nicht gentrifizierte Häuser und in Blickweite den U-Bahnhof Schlesisches Tor.

Aber soweit gehen wir nicht. Stattdessen biegen wir links in die **Falckensteinstraße** ❷, der nettesten Straße in diesem Kiez. Sympathische Läden (Bücher, Kleider), beliebte Pizzerien und mit dem „Ademir Eiscafé" eine Anlaufstelle für Eisschlecker, das alles gibt dem Kiez eine fast mediterrane Atmosphäre. Kauft man sich ein Eis oder ein Stück Pizza, kann man sich damit auf einen der Betonpoller niederlassen. Das machen hier alle so.

Und dann kommt sie endlich, die dem Kiez den Namen gebende **Wrangelstraße.** Wrangel ist übrigens der Name eines baltischen Adelsgeschlechts, das so manchen Kriegstreiber hervorgebracht hat, aber entgegen anders lautender Gerüchte, die rund um Migration und Widerstand gegen die Gentrifizierung ranken, geht es im Wrangelkiez eigentlich recht friedlich zu. Überzeugen kann man sich davon im „Sofia", einem netten, leicht hippiesken Café,

**Mysliwska**
Schlesische Str. 35
Tägl. ab 19 Uhr

**Weltrestaurant Markthalle**
Pücklerstraße 34
(030) 617 55 02
Tägl. ab 10 Uhr
www.weltrestaurant-markthalle.de
Herr Lehmann lässt grüßen

oder auch im allerersten McDonald's Kreuzbergs auf der anderen Seite der Skalitzer Straße (die „kapitalistische Gefahr“ übernimmt auch Kreuzberg, allen McWiderstands zum Trotz). In diesem Teil des Wrangelkiezes warten noch das **Eiszeit-Kino,** eine Schule, hinten der **Bethaniendamm,** und quasi mittendrin die alte **Eisenbahnmarkthalle** ❸. Die wurde 1891 erbaut und ist, zumindest von außen, schön wie viele der alten Markthallen der Stadt. Drinnen herrschen je nach Stimmung Ruhe oder Tristesse, es gibt Billigkaufmärkte und eine krumme Spelunke, im Sommer ist es hier allerdings sehr angenehm. Auf der anderen Seite gibt es ein dazugehörendes Restaurant. Hier wurden Szenen des Spielfilms „Herr Lehmann“ gedreht. Das Ziel ist erreicht.

**Abstecher** von der Schlesischen Brücke – um die netten Bars am verwunschenen Kanal doch aufzusuchen. An den einstigen Mauerverlauf zwischen Kreuzberg und Treptower Park erinnert nur noch ein Wachturm. Links und rechts am **Flutgraben-Ufer** ❹ ducken sich zwei lauschige Etablissements in Baracken. Der Freischwimmer, in den 30er Jahren als Bootswerkstatt entstanden, ist wohl Berlins längstes Café, 100 Meter, kleine Terrassen mit Liegestühlen sind angedockt. Von der anderen Seite des Wassers schallen gedämpfte elektronische Rhythmen herüber. Der Club der Visionäre ist nicht so winterfest wie das Café, doch des Sommers lagern auf einer Reihe von schwimmenden Pontons, Flößen und einem Boot dichtgedrängte Open-Air-Clubber.

Am Club vorbei weiter Richtung Treptow und Spreeufer gelangt man zum **Badeschiff** ❺, das unter dem Namen „Spreebrücke“ 2004 als Kunstprojekt entstanden ist. Es ist Ergebnis der Zusammenarbeit des spanischen Architektenbüros AMP und der Berliner Künstlerin Susanne Lorenz im Rahmen eines Wettbewerbs des Berliner Vereins Stadtkunstprojekte. Das Becken, 32 Meter lang und knapp 9 Meter breit, ist ein ehemaliger Lastkahn und schwimmt in der Spree. Schwimmen mit Panoramablick auf Berlin, im Winter Sauna, rund ums Jahr Bar und Entertainment.

*RENÉ HAMANN*

*Liegt zwischen Kreuzberg und Treptow: Das legendäre Badeschiff*

**Freischwimmer**
Vor dem Schlesischen Tor 2a
(030) 61 07 43 09
Di–Fr ab 16, Sa/So ab 10 Uhr Brunch
www.arenaberlin.de/freischwimmer.aspx

**Club der Visionäre**
Am Flutgraben 1
(030) 69 51 89 44
www.clubdervisionäre.com
Mo–Fr ab 14, Sa/So ab 12 Uhr

**Badeschiff**
Eichenstraße 4
(0 15 78) 594 77 13
www.arena-berlin.de
Täglich geöffnet, im Winter als Sauna mit beheiztem Pool

**Kunstfabrik am Flutgraben**
Am Flutgraben 3
Infos zum Programm:
www.flutgraben.org

## Bezirk: Charlottenburg-Wilmersdorf

# Charlottenburg

### Steckbrief

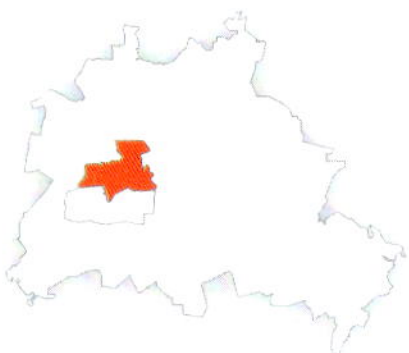

**Einwohner**
177 581

**27–45 Jahre**
26 %

**Über 65 Jahre**
21 %

**Teufelsberg**
115 m. ü. NN

Charlottenburg genießt einen guten Ruf. Besonders außerhalb Berlins verbindet man mit dem Stadtteil, der sich vom Zoologischen Garten bis hin zum Olympiastadion erstreckt, Schmuck, Design und Bürgerlichkeit. Wer hier wohnt, gilt als wohlhabend, zugezogen oder Architekt. Eben West-Berlin. Dabei ist Charlottenburg ein wahres kulturelles Herzstück, das viele Epochen und Umbrüche gebraucht hat, um das zu werden, was es heute ist. Seinen Namen verdankt der Stadtteil Königin Sophie-Charlotte. 1705 ließ die Gattin von Friedrich I. und Mutter von Friedrich Wilhelm vor den Toren der Stadt das Schloss samt Park bauen und brachte nach Berlin, was eine Stadt so kulturell macht: Hof und Adel, Kultur und Konsum. Charlottenburg wuchs schnell zu einer kleinen und unabhängigen Residenzstadt heran. Während der Soldatenkönig nur wenig Wert auf Schloss Charlottenburg legte, brachte Friedrich der Große den Adel zurück in die kleine Stadt. Charlottenburg stand zunehmend im Rampenlicht – bekannt für rauschende Hoffeste und als beliebte Grünfläche zum Erholen. Zu Beginn des 20. Jh. schossen Biergärten und Gutshäuser aus dem Boden. Für Industriebetriebe wurde Charlottenburg zu einem angesehenen Dienstsitz: Siemens, Schering – viele Unternehmen, die von der Dynamik dieser selbstbewussten kleinen Stadt profitieren wollten, zog es nach Charlottenburg. Neben dem Residenz-Charme rund um das Schloss entstand ein Stadtleben, das schick, modern und reich war.

Das KaDeWe am Wittenbergplatz ist bis heute das Wahrzeichen dieser Zeit. Kaum eine Flanier- und Einkaufsmeile erzählt eine so spannende Geschichte des kulturellen und wirtschaftlichen Aufschwungs wie der Kurfürstendamm. Aus 100 000 wurden 300 000 Einwohner, aus einer Kleinstadt wurde die größte Provinz um Berlin. Charlottenburg baute seine eigene Technische Universität, demonstrierte die Eigen-

*1835 vom preußischen Hofkonditor eröffnet und ein Jahrhundert später am Ku'damm etabliert, ist das Café Kranzler eine Legende der Caféhauskultur. Nach der Umgestaltung zum Neuen Kranzler Eck musste es sich allerdings ins Obergeschoss der Rotunde zurückziehen*

ständigkeit mit einem eigenen Elektrizitätswerk.

1920 wurde Charlottenburg eingemeindet und Teil Groß-Berlins. Es war die Geburtsstunde des „Neuen Westens“ – noch heute erinnern zahlreiche Orte an den Aufschwung der Goldenen Zwanziger Jahre. Der Nationalsozialismus überschattete Salonkultur und Freidenkertum und hinterließ monumentale Spuren: Das Olympiastadion wurde für die Olympischen Spiele 1936 erbaut. Im Bombenkrieg um Berlin wurde auch die Gedächtniskirche zerstört, die Ruine blieb als Mahnmal stehen. Während der Teilung Berlins war Charlottenburg zumindest für West-Berliner das Zentrum. Diesen Status hat es nach der Wende an die alte und neue Mitte im Osten der Stadt abtreten müssen. Eines hat Charlottenburg aber mit in die Gegenwart genommen: Den Stolz und das Wissen, immer schon ein Prachtstück von Berlin zu sein.

*Kerstin Müller*

**Karte Seite 124**

**Start**
U Uhlandstraße

**Ziel**
U Wittenbergplatz

**Länge**
1 km

**Kaiser-Wilhelm Gedächtniskirche**
Breitscheidplatz
Tägl. 9–19 Uhr geöffnet
www.gedaechtniskirche-berlin.de

**Story of Berlin**
Kurfürstendamm 207-208
(030) 88 72 01 00
Tägl. 10–20 Uhr
www.story-of-berlin.de
Ausstellung durch 800 Jahre Berliner Geschichte

## Kurfürstendamm

# Auf dem Kurfürstendamm sagt man „Liebe“

Ausgewählte Einkaufstüten tragen in historischer Kulisse – das lässt sich am besten rund um den **Ku‘damm** machen. 3500 Meter Geschäfte, Ladenzeilen, Einkaufspassagen. Hier, wo im 16. Jahrhundert noch Kurfürsten mit ihren Pferden entlang ritten, hat sich seit 1886 ein Boulevard des Konsums entfaltet, der seinesgleichen sucht und noch heute als Symbol für die Goldenen Zwanziger Jahre dient. Ein Spaziergang entlang des **Kurfürstendamms** über die Tauentzienstraße bis hin zum Wittenbergplatz bietet die Gelegenheit, gleich in mehrere Epochen West-Berliner Geschichte einzutauchen. Als Start eignet sich die U-Bahnstation Uhlandstraße. Straßenschilder führen auf der einen Seite zur bekannten und empfehlenswerten Ausstellung „Story of Berlin“ sowie zu Theater und Komödie am Kurfürstendamm. Richtung Osten geht es zur Flaniermeile für den gehobenen Geschmack. Weit entfernt hat man die Ruine der **Kaiser-Wilhelm-Gedächtniskirche** schon im Blick. Dieser folgend, läuft man vorbei an den Auslagen der einschlägigen Nobel-Boutiquen.

Von der Ausgeh- und Amüsiermeile, für die der Kurfürstendamm bis zum Mauerfall bekannt war, ist jedoch nicht mehr viel zu erleben. Die alte und neue Mitte Berlins mit Alexanderplatz und Potsdamer Platz hat dem Ku‘damm den Rang abgelaufen. Ein Paradies zum Einkaufstüten tragen hingegen – das

*„Berliner Tempo, Betrieb und Tamtam“ waren der Grund für Hildegard Knefs „Heimweh nach dem Kurfürstendamm“*

braucht die Hauptstadt auch im westlichen Teil. Willkommen im Jetzt – es bleiben keine Träume offen. Wer Geschmack an Kaffee findet und Lust auf ein Kontrastprogramm hat, sollte in die Fasanenstraße einbiegen. Das in einer Gründerzeitvilla versteckte **Literaturhaus Berlin** ❶ bietet wundervolle Ausstellungen, Vorträge und Lesungen. Es ist Teil des Wintergartenensembles, zu dem auch die beiden Häuser der Nachbarschaft gehören: Das Käthe-Kollwitz-Museum und die Villa Grisebach, die ein Auktionshaus und Galerien beherbergt. In den 80er Jahren wurden die drei Gründerzeitvillen, Baujahr 1871 bis 1897, liebevoll restauriert. 1986 zog dann die Kultur ein. Das Café im Garten und im namensstiftenden Wintergarten und der gut sortierte Buchladen im Souterrain machen das Literaturhaus zum Rast- und Ruhepol des Wintergartenensembles.

Zurück auf dem Ku'damm lassen die Designer-Läden langsam nach. Schaufenster an Schaufenster reihen sich nun die eher sportlichen Marken. In der Meinekestraße logiert das Hard Rock Café. Wer es bis hierhin geschafft hat und Appetit verspürt: Eine gute und günstige Suppen- oder Eintopf-Mahlzeit gibt es in der „Soup Kultur“, ebenfalls in der Meinekestraße. Augenmerk an der Ecke Ku'damm/Joachimsthaler Straße ist ein 54 m hoher Glasbau: das **Neue Kranzler Eck** ❷. Das von Helmut Jahn entworfene 16-stöckige Gebäude ragt spitz in den Ku'damm und beherbergt auf seinem Dach eine Openair-Joggingbahn. Hinter dem Glasbau liegen mindestens 40 000 m² Bürofläche und 22 000 m² Einkaufsparadies. Vor dem Neuen Kranzler Eck befindet sich noch heute das der Ecke seinen Namen gebende **Café Kranzler** mit der rot-weißen Terrasse, direkt über dem Modegeschäft Gerry Weber. Das Café, ein geistiges Erbe vom Wie-

**Literaturhaus Berlin**
Fasanenstraße 23
(030) 8 87 28 60
www.literaturhaus-berlin.de

**Café Wintergarten**
im Literaturhaus
(030) 8 82 54 14
Tägl. von 9.30–1 Uhr

**Soup Kultur**
Kurfürstendamm 224
(030) 88 62 92 82
Tägl. 12–18.30 Uhr
www.soupkultur.de

**Café Kranzler**
Kurfürstendamm 18
(030) 8 87 18 39 25
Tägl. 8.30–20 Uhr
www.cafekranzler.de

*Die Kaufhauslegende lebt – das Angebot des KaDeWe erfüllt mit Ehrfurcht*

ner Zuckerbäcker Johann Georg Kranzler, war zu seiner Eröffnung 1835 ein Anziehungspunkt für den hohen Adel. Dem Denkmalschutz sei Dank, dass das Kranzler nach mehreren Zerstörungen, Umbauten und Renovierungen heute in moderner Form am Ku'damm Nummer 18 seinen Platz gefunden hat. Spätestens seit seiner Wiedereröffnung 1957 ist das Promi-Café zum Wahrzeichen des Berliner Westens geworden. Ebenso die **Gedächtniskirche** ❸ am Breitscheidplatz. Nach der Zertrümmerung im Zweiten Weltkrieg erinnert die Ruine noch heute daran, was Bombardierung bedeutet. Dass die Ruine noch Bestandteil des wiedererbauten Gotteshauses mit den unverkennbaren blauen Glaswänden ist, kann man dem Entscheid der Berliner Bevölkerung zuschreiben. So thronen heute Ruine und Neubau nebeneinander. Inmitten von Kommerz und Touristen-Klamauk ist die neue Gedächtniskirche zu einem Ort der Stille geworden.

Hinter dem Breitscheidplatz erhebt sich das **Europa-Center** ❹, 1965 durch Willy Brandt eröffnet, und mit seinem Mercedes-Stern auf dem Dach ein markanter Hingucker. Das Center bietet mehr als nur Geschäfte. Im westlichen Innenhof findet man die „Uhr der fließenden Zeit" – ein Rohrsystem, gefüllt mit grünem Wasser, das sich über 3 Etagen hinweg erstreckt. In einem zweiten Innenhof findet man den „Lotus-Brunnen", ein Wasserspiel mit Farb- und Musikelementen, das man in einem Einkaufszentrum so wohl nicht erwartet. Und noch ein Tipp: Hoch oben auf den Dächern, neben dem großen Stern, kann man in den „Thermen am Europa-Center" baden und saunieren.

Wer zum **Zoologischen Garten** ❺ samt Aquarium möchte, sollte nun über die Budapester Straße

**Käthe-Kollwitz-Museum**
Fasanenstr. 24
(030) 8 82 52 10
www.kaethe-kollwitz.de
Mi–Mo 11–18 Uhr
Di geschlossen

**Thermen am Europa-Center**
Nürnberger Str. 7
(030) 2 57 57 60
Mo–Sa 10–23, So bis 21 Uhr
www.thermen-berlin.de
Mit begrünter Terrasse

**Zoologischer Garten**
Hardenbergplatz 8
Tägl. 9–19 Uhr
(030) 25 40 10
www.zoo-berlin.de

zum „Elefanten-Tor" gehen. Im 1844 eröffneten innerstädtischen Zoo lassen sich knapp 14 000 Tiere bestaunen, hier im weltweit größten Tiergarten leben allein 1500 Tierarten.

Zurück auf der Tauentzienstraße bildet das **Kaufhaus des Westens** 6 am Wittenbergplatz den Schlusspunkt des Spaziergangs. Das größte Warenhaus Europas wurde 1907 von einem jüdischen Kaufmann gegründet. Es ist auf ihn zurückzuführen, dass die Tauentzienstraße auch für andere Groß- und Einzelhändler an Attraktivität gewann und so zu einem verlängerten Ku'damm wurde. Höhepunkt im KaDeWe: Die Feinkostabteilung im obersten Geschoss – ein Highlight für alle, die zu Hause experimentell kochen oder vor Ort exklusiv essen möchten.

Der Spaziergang endet am U-Bahnhof **Wittenbergplatz,** der 1983 nach dem historischen Vorbild von 1913 originalgetreu restauriert wurde. Heute zählt dieser Bahnhof, entworfen vom Hausarchitekten der U-Bahn, Alfred Grenander, zu einem der beeindruckendsten Berliner U-Bahnhöfe.

*KERSTIN MÜLLER*

**Kaufhaus des Westens**
Tauentzienstraße 21–24
(030) 2 12 10
10–20 Uhr
www.kadewe.de

**Grandezza**
Passauer Str. 8–9
(030) 21 91 24 83
Mo–Fr 11–19, Sa 11–16 Uhr
www.grandezza-shoes.de
Seltene Gelegenheit für Frauen, in Berlin an große Schuhe zu kommen

## Savignyplatz

# Kunst, wohin man blickt

Karte Seite 124

**Start/Ziel**
S Savignyplatz
**Länge**
2 km

Wer das Viertel rund um den Savignyplatz bis hin zur Hardenbergstraße erkunden möchte, sollte Lust auf gutes Essen und schöne Kunst mitbringen. Denn das sind die beiden Themen, die in den kleinen Straßenzügen rund um den 1861 zur „Stadtentlüftung" erbauten Platz vorherrschen. Benannt ist er nach dem preußischen Minister und Juristen Friedrich Carl von Savigny. Fünf Straßen münden in den Platz, die Kantstraße läuft mitten hindurch.

Die **S-Bahnstation** 7 am Savignyplatz, deren Satteldach auf gusseisernen Säulen ruht, steht unter Denkmalschutz. Startet man hier, so lässt die erste Versuchung nicht lange auf sich warten. Direkt vor dem Ausgang lockt das „12 Apostel", eine der bekanntesten Steinofen-Pizzerien Berlins mit uriger Wandbemalung. Käse und Wein-Sünden können

**12 Apostel**
Bleibtreustraße 49/
Savignyplatz
(030) 3 12 14 33
www.12-apostel.de

**Bücherbogen**
Stadtbahnbogen 593/
Savignyplatz
(030) 31 86 95 11
Mo–Fr 10–20, Sa 10–18 Uhr
www.buecherbogen.com

**Dicke Wirtin**
Carmerstr. 9
(030) 3 12 49 52
Tägl. ab 12 Uhr
Mittagstisch 12–17 Uhr
www.dicke-wirtin.de

**Filmkunst 66**
Bleibtreustr. 12
(030) 8 82 17 53
www.filmkunst66.de

**Stilwerk**
Kantstr. 17
(030) 31 51 50
www.stilwerk.de

**Paris Bar**
Kantstr. 152
(030) 3 13 80 52
Tägl. 12–2 Uhr
www.parisbar.net

im Anschluss leicht beim Schaufenster-Schlendern vergessen werden. Kleine Galerien, Boutiquen und Schmuckgeschäfte präsentieren ihre Auswahl an Luxusgütern.

Die Bleibtreustraße ist nichts für kleine Geldbörsen, aber auch zu schön zum Vorbeigehen. Eine Empfehlung für Filmfreunde ist das Programmkino **Filmkunst 66** 8. Hier laufen internationale Independent- und Low-Budget-Filme, kleine Meisterwerke auf großer Leinwand. Hier trifft Kunst auf Film, auf der gegenüberliegenden Straßenseite trifft Kunst auf Tasse und Teller. Im Kreativ-Laden „Paint your Style" kann jeder seine eigene Keramik bemalen und als Unikat mit nach Hause nehmen.

Folgt man der Mommsenstraße in die Knesebeckstraße, läuft man direkt auf den **Savignyplatz** 9 zu. 1926 wurde der Platz in einen Garten mit einem ausgeklügelten Blütensystem, das monatlich die Farbe wechselt, umgewandelt. So ähnlich wurde er in den 1980er Jahren zum 750-jährigen Stadtjubiläum auch wieder hergestellt. Platanen, Linden und laubenartige, mit Rankpflanzen besetzte Sitznischen gibt es ebenfalls, außerdem zwei identische Bronzeskulpturen „Knabe mit Ziege" von August Kraus (1928).

Eine Sehenswürdigkeit am Platze ist ein kleines, rundes Häuschen mit einem spitzen Dach: Der Kiosk ist rund 100 Jahre alt und stammt von dem schwedischen Architekten Alfred Grenander. Sein winziges Bauwerk am Savignyplatz dient heute als Currywurstbude.

*Knaben mit Ziegen auf dem Savignyplatz*

Rund um den Platz finden sich unzählige kleine und größere Geschäfte. Fachlektüre für Architektur, Kunst und Photografie bietet der **Bücherbogen.** Hier türmen sich dutzende Bücher unter und neben den zahlreichen S-Bahnbögen – ein echter Hingucker. Die Eisenwarenhandlung C. Adolph am anderen Ende des Platzes bietet seit 120 Jahren alles an Haushaltswaren, was einem im Fall der Fälle fehlen kann. Ein richtiger Trödel-Laden mit meterhohen Regalen voller Schrauben, Kordeln, Bohrern und vielen kleinen Seltsamkeiten, die es in keinem Baumarkt mehr gibt.

In der Carmerstraße im Kneipen-Restaurant „Dicke Wirtin" kann man zünftige Hausmannskost zu sich nehmen. Wer der Carmerstraße folgt, entdeckt Geschäfte für Tee, Kinderbekleidung, Bilder oder Bücher. In der Kantstraße/Ecke Uhlandstraße erhebt sich mit geschwungener Fassade das Designkaufhaus **Stilwerk** ⑩. Unter seinem Dach haben sich verschiedene Einrichtungs- und Designerläden der höheren Preiskategorie angesiedelt. In der Nähe finden sich zwei „Dinosaurier" des Westberliner Nachtlebens: Zum einen die **Paris Bar** ⑪, wo sich Promis aus Kunst, Theater und Politik gemeinsam betrinken. Die Szene liebt aber auch das eher schlicht gehaltene Restaurant Florian in der Grolmannstraße 52, das trotz ernsthafter, mediterraner Speisekarte mitten in der Nacht noch Nürnberger Würstchen serviert. Und eine Ecke weiter westlich gibt es täglich hochkarätige Jazzkonzerte im A-Trane. *Kerstin Müller*

*Omen est Nomen: Bücher und Bogen*

## Schloss Charlottenburg & Klausener Kiez

# Königlicher Kiez

Karte Seite 131

**Start**
S/U Jungfernheide

**Ziel**
S Messe Nord/ICC

**Länge**
3 km

Wer in Berlin den Charme einer in sich ruhenden Residenzstadt vermisst, war noch nicht beim **Schloss Charlottenburg.** Auf einer Berlin-Karte fast schüchtern und klein wirkend, bietet dieser königliche Kiez zwischen Jungfernheide und Westend ein kompaktes Angebot an allem, was Hof und Adel einst benötigten und Charlottenburger heute zu schätzen wissen: Grandeza, Parks und kleine Läden, alles vor der Haustür.

Startet man an der Ringbahn-Station Jungfernheide, erreicht man Schloss und Schlosspark durch den Hintereingang. Auf der gegenüberliegenden Spreeseite lädt eine Baumallee zum Eintritt in einen Park ein. Nach nur wenigen Metern entlang eines Spielplatzes öffnet sich der riesengroße, zunächst

*Der repräsentative Eingang zum Schloss Charlottenburg am Spandauer Damm*

**Schloss Charlottenburg**
Spandauer Damm 10–22
(030) 32 09 11
Weitere Informationen unter www.spsg.de

**Museum Berggruen**
Schlossstraße 1
(030) 3 26 95 80
Di–So 10–18 Uhr
www.smb.museum
Wiedereröffnung im Herbst 2012

**Sammlung Scharf-Gerstenberg**
Schloßstraße 70
(030) 34 35 73 15
Di–So 10–18 Uhr
www.smb.museum

**Bröhan-Museum**
Schloßstraße 1a
(030) 32 69 06 00
www.broehan-museum.de
Di–So 10–18 Uhr

wild-romantisch bewachsene **Schlosspark** ❶. Breite Spazierwege wechseln sich ab mit kleinen Trampelpfaden. Wer letzteren folgt, wird die Perlen des einst als französischen Barockgarten angelegten Schlossgartens schnell finden: Nur wenige Meter von der Spree entfernt, ruht das einstige Teehaus und heutige **Museum Belvedere** ❷ inmitten meterhohen Rasens. Zu sehen gibt es hier eine der herausragendsten Fachsammlungen an königlichem Porzellan der Hauptstadt. Weiter mittig im Park, zwischen großen Bäumen, versteckt sich das unter Schinkels Beteiligung erbaute **Mausoleum** ❸ der 1810 jung verstorbenen Königin Luise, Gattin des Königs Friedrich Wilhelm III. Und schließlich kann man es von einer kleinen Brücke schon von weitem und wenig später in voller Pracht begutachten: Das **Schloss** ❹ selbst. Umgeben von einem perfekt getrimmten englischen Vorgarten ist man angekommen, wo alles einmal angefangen hat.

Ende des 17. Jahrhunderts gab die damalige Fürstin und spätere Königin Sophie-Charlotte den Kern des italienisch-barocken Bau beim Architekten Nering in Auftrag – damals als Schloss Lietzenburg. Sie lud hier Geistesgrößen wie Leibniz zum Gespräch ein oder veranstaltete rauschende Bälle. Eosander von Göthe ergänzte das Schloss um seine Kuppel. Es ist der Liebe von König Friedrich I. zu seiner bereits 1705 verstorbenen Gemahlin zu verdanken, dass Charlottenburg als Stadt samt Schloss kurze Zeit später erst zu seinem Namen und dann zu seinem Stadtrecht kam. Auch Ehrenhof und Westflügel stammen aus dieser Zeit. In den folgenden Jahrzehnten wurde das Schloss mal mehr, mal weniger leidenschaftlich von den preußischen Königen genutzt. Friedrich II. ließ von Knobelsdorff den Rokoko-Flügel anbauen, und noch um 1806 fand sogar Napoleon hier vorübergehend eine Residenz, während seine Truppen ihr Heereslager dort aufgebaut hatten, wo heute die S-Bahn ihren Gleisen folgt.

Das Schloss beherbergt ein Museum. Zu sehen gibt es hier die größte Sammlung französischer Malereien des 18. Jhs. außerhalb Frankreichs. Beeindruckende Festsäle und Raumfluten entführen einen an authentische Orte in die Vergangenheit höfischer Kulturgeschichte. Zurück im Freien und vorbei an kleiner und großer Orangerie kann man das Schloss samt Garten hinter sich lassen und den Blick auf die Bauten auf der anderen Straßenseite richten: Einst von August Stüler erbaute Gardekasernen des Regiments „Garde du Corps", heute Herberge zweier Museen zur klassischen Moderne. Im östlichen Stüler-Bau befindet sich die **Sammlung Scharf-Gerstenberg** 5, im westlichen das **Museum Berggruen** 6. In einem an den westlichen Bau angrenzenden Gebäude ist ein weiteres Museum untergebracht, das **Bröhan-Museum** für Jugendstil und Art Déco.

Über den Klausener Platz (im 19. Jh. Reitplatz des Corps) tauche man in den angrenzenden **Klausener Kiez** 7 ein. Bummelt man entlang der Nering- und Seelingstraße, so findet man keine hochkarätigen Schmuck- und exklusiven Designer-Geschäfte, wie man es nahe zum Schloss vermuten würde. Hier reiht sich Bäcker an Fleischer an Apotheke an Schuhmacher an Buchhandel. Ruhig und bescheiden, still und schlicht, elegant wie eine fertige Filmkulisse. Den Spaziergang kann man über die Schloßstraße und Witzlebenstraße bis zum **Lietzensee** 8 ausklingen lassen. Der sichelförmige See liegt südlich des Kaiserdamms äußerst idyllisch in einem Park, in dem sich einige Skulpturen befinden. Beim Rückweg via S-Bahnhof Messe Nord fällt noch das ICC sowie das Messegelände ins Auge. Auf letzterem steht der **Berliner Funkturm** 9, von dem von 1924 bis 1973 gesendet wurde. *KERSTIN MÜLLER*

Karte Seite 133

**Start**
DRK-Kliniken Westend, Bus M45

**Ziel**
S Olympiastadion

**Länge**
4 km

**Ausstellungs- und Besucherzentrum Glockenturm**
Mit Aussichtsplattform auf dem Glockenturm und Langemarckhalle
Ausstellung zum „Geschichtsort Olympiagelände 1909 – 1936 – 2006“
(030) 3 05 81 23
Tägl. ab 9 Uhr
www.glockenturm.de

## Westend & Olympiastadion

# Stadtteil der Rekorde

Der Berliner Ortsteil Westend entstand Ende des 19. Jahrhunderts – es ist ein friedliches Villenviertel, das wir von der Haltestelle DRK-Kliniken Westend aus durchqueren, um zum Olympiastadion zu gelangen.

Ein paar Meter am lärmigen Spandauer Damm, dann eingetaucht in das Viertel der Bäume. Egal ob entlang der Nussbaumallee, der Akazienallee, der Ulmenallee – Hauptsache, das Spazieren durch dieses beschauliche **Westend** ❶ endet irgendwann am **Steubenplatz** ❷. Von hier aus ist es nur ein kurzer Abstecher die Reichsstraße hinauf zum Brix-Platz. Er hieß noch Sachsenplatz, als hier eine Künstlerkolonie rund um den Kabarettisten, Dichter und Maler Joachim Ringelnatz bestand. Der Boxer Max Schmeling, Hausnummer 11, lernte hier seine Gattin Anny kennen – sie wohnte im Nachbarhaus. Im Haus Nummer 2 erinnert eine Tafel an den Komponisten Paul Hindemith. Alle besuchten die heute noch existierende Kneipe „Westend-Klause“ am Steubenplatz. Folgen wir ihnen und gehen wieder zurück.

Vom Platz aus führt die Olympische Straße zur Olympischen Brücke. Nun tut sich geradeaus schon der riesige Parkplatz und das Portal des **Olympiastadions** ❸ auf. Das Stadion ist ein Paradebeispiel nationalsozialistischer Herrschaftsarchitektur. Noch älter auf dem Gelände ist das Sportforum: Trainingsanlagen, die bereits aus den 1920er Jahren stammen und in denen sich heute das Sportmuseum befindet. Das Stadion nebst **Glockenturm** und **Langemarckhalle** ❹ sowie die benachbarte **Waldbühne** ❺ und auch das Maifeld (ein ehemaliger Exerzierplatz), das es umgibt, wurden für die Berliner olympischen Spiele 1936 gebaut und

*Ort des Sports …*

sind seither in Benutzung. Zur Fußball-WM 2006 bekam das Stadion ein neues Dach, auch der Glockenturm wurde saniert und um einen gläsernen Aufzug ergänzt. Von der Plattform des Turms hat man eine herrliche Aussicht weit über das Olympiagelände.

Die Langemarckhalle, integriert in das Tribünengebäude unterhalb des Glockenturms, diente dem Andenken im I. Weltkrieg gefallener Sportler. Heute wird hier eine Dokumentationsausstellung des Deutschen Historischen Museums gezeigt, die die Geschichte des Sports, der Olympiade 1936 und des Gebäudes präsentiert.

Neben dem Olympiastadion liegt der **Parkfriedhof Heerstraße** 6, auf dem viele berühmte Persönlichkeiten liegen, der Bildhauer Georg Kolbe zum Beispiel, der Schriftsteller Felix Hollaender und auch der Schauspieler Klaus Wussow. Der Spaziergang lässt sich auf dem Friedhof fortsetzen, es liegt ein kleiner See auf dem Gelände. An der Flatowallee steht ein denkmalgeschütztes Bauwerk der Moderne: Das langgestreckte **Corbusierhaus** 7, auch Wohnmaschine genannt. Denselben Hochhaustyp baute Corbusier unter anderem auch in Marseilles und Nantes. Dieses hier entstand 1957 für die Internationale Bauausstellung. Die S-Bahnstation Olympiastadion ist gleich nebenan. *JULIA BRODAUF*

*… mit musealen Qualitäten: Das Olympiastadion*

**Corbusierhaus**
Flatowallee 16
Informationen und Führungen unter:
www.corbusierhaus-berlin.de

## Bezirk: Charlottenburg-Wilmersdorf

# Wilmersdorf

Steckbrief

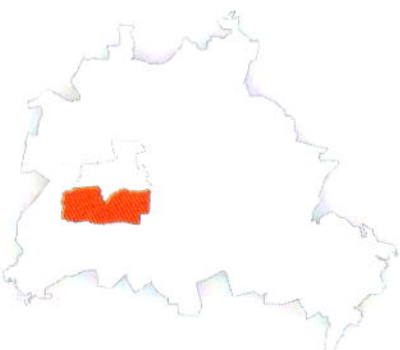

**Einwohner**
139 181
**27–45 Jahre**
17 %
**Über 65 Jahre**
24 %
**Historischer Kern**
Wilhelmsaue

Wenn es einen Bezirk in Berlin gibt, dem es immer wieder misslungen ist, seine Unabhängigkeit zu bewahren, dann ist es Wilmersdorf. 1907 erhielt der aufstrebende Ort als Deutsch-Wilmersdorf das Stadtrecht, fünf Jahre später hieß er Berlin-Wilmersdorf, seit 2001 gehört er zu Charlottenburg-Wilmersdorf. Alphabetisch weit hinten an, gehört dieser Kiez geschichtlich jedoch zu den Schätzen der Hauptstadt.

Mitte des 18. Jahrhunderts erwarben die ersten gut situierten Berliner ihre Sommersitze in der Wilhelmsaue, dem historischen Kern von Alt-Wilmersdorf. Rund herum entstanden weitläufige Grünanlagen und prunkvolle Landhäuser. Mittendrin das älteste Haus des Bezirks: Das Schoeler-Schlösschen von 1752. Die „Millionenbauernfamilie" Blisse, sehr reich geworden durch den Verkauf ihrer Grundstücke an wohlhabende Städter und Namensgeber der U-Bahnstation Blissestraße, ermöglichte 1911 mit einer Stiftung über 3 Millionen Mark den Bau eines Waisenhauses – dem Blissestift, ebenfalls in der Wilhelmsaue. Heute sind verschiedene öffentliche Träger dort beheimatet. Eine Kita, eine Suchtberatung und andere Anlaufstellen für ganz moderne Bedürfnisse und Probleme. Ein Kontrast, der sich durchzieht durch diesen Kiez. In Wilmersdorf treffen Glanz und Sünde der Vergangenheit immer wieder aufeinander. Neugotische Hochkultur in Alt-Wilmersdorf, Nazi-Bauten am Fehrbelliner Platz, prachtvolle Landhäuser rund um die Eichkamp-Siedlung und Gedenktafeln für die Opfer des Nationalsozialismus. 1933 lebten fast 14 % Juden in Wilmersdorf, unter ihnen die Schriftsteller Heinrich Mann und Arnold Zweig, Egon Erwin Kisch und der Künstler George Grozs. In der Königsallee in Grunewald wurde 1922 Reichsminister Walther Rathenau durch einen frühnationalsozialistischen Terrorakt ermordet, auf Gleis 17 des S-Bahnhofs Grunewald erinnert ein Mahn-

*Die halbrunden Verwaltungsgebäude am Fehrbelliner Platz entstanden in den 1930er Jahren. Der Fassadenschmuck zeugt vom Geschmack der nationalsozialistischen Bauherren*

mal an die Deportationen in die Konzentrationslager. Ein Bezirk voller Reichtum und Reue. Außerdem ein Bezirk, der viel Grün zu bieten hat: Neben Grunewald, Volkspark, Preußen- und Schoelerpark laden mit Bäumen bestandene Plätze wie der Ludwigkirchplatz und der Rüdesheimer Platz im Rheingau-Viertel in Schmargendorf zum Verweilen ein.

In Wilmersdorf leben die meisten über 65-Jährigen von ganz Berlin, in der Mehrheit weiblich. Und dennoch findet man sie hier nicht – die Wilmersdorfer Witwen. Die bleiben Teil der glanzvollen Seite dieses Bezirks, besungen im legendären Musical „Linie 1“ – heute noch zu sehen im Grips Theater.

*Kerstin Müller*

Karte Seite 136

**Start**
U Fehrbelliner Platz

**Ziel**
U Berliner Straße

**Länge**
1 km

## Rund um die Wilhelmsaue

# Hinein ins Auenland

Wer aus der Tiefe der U-Bahn-Station **Fehrbelliner Platz** ❶ emporsteigt, erblickt eine einschüchternde Umgebung. Rechts und links thronen Verwaltungsgebäude aus der Nazi-Zeit, in der Mitte springt das knallig-rote Eingangsgebäude der U-Bahn-Station ins Auge. Zweimal in der Woche ist hier Wochenmarkt, dann bekommt man einen Vorgeschmack auf das, was dieses Viertel noch zu bieten hat: Eine lebendige Einkaufsmeile fernab vom Trubel in Mitte.

Ein Spaziergang entlang der Brandenburgischen Straße im Osten des Platzes bis hin zum **Schoelerpark** ❷ führt einen durch das Gewühl der Schaufenster-Bummler. Wache Augen erkennen aber schon bald die verborgene Seite dieses Kiez: Dicht begrünte Seitenstraßen mit Café-Oasen laden zum Anhalten und Entdecken der historischen Wurzeln ein. Über die Berliner Straße führt ein Abstecher in die Mehlitzsstraße weg von blinkenden Supermarkt- und Bankenlogos und hinein in eine grüne Allee. Die **Wilhemsaue,** der alte Kern von Wilmersdorf, öffnet auf der linken Straßenseite mit einem gläsernen Gebäude des ältesten deutschen Druckhauses: dem Schmidt-Römhild Verlag. Die beschauliche Straße teilt sich rund um einen Grünstreifen samt Spielplatz. Einige Gründerzeitvillen verleihen dem Ensemble historisches Flair – sie erinnern nicht mehr an das ursprüngliche Dorf Deutsch-Wilmersdorf, sondern an das 19. Jahrhundert, als die Bauernfamilien durch Landverkäufe zu Geld gekommen waren. Die „Millionenbauern" profitierten vom Platzbedarf der wachsenden Stadt und der Ringbahn und etablierten auf dem Gelände des heutigen **Volkspark Wilmersdorf** einen regen Ausflugsbetrieb für die Berliner.

*Das Schoeler-Schlösschen nach der Restaurierung*

Das Vermögen der Familie Blisse floss in das imposante **Blissestift** in der Wilhelmsaue 116 – ursprünglich ein Waisenhaus, heute unter anderem ein Kinderhort.

Die Wilhelmsaue wird vom 63 Meter hohen Turm der **Auenkirche** ❸ überragt. Sie stammt aus dem Jahr 1895, ihre Orgel gilt als die zweitgrößte Berlins nach dem Instrument im Berliner Dom. Das Glasmosaik, das ihre Fassade schmückt, zählt etwa 70 000 Steinchen. Noch historischer, aber ganz frisch aufgearbeitet, ist das **Schoeler-Schlösschen** ❹ (erbaut 1756) in der Wilhelmsaue 126. Das älteste Gebäude in Wilmersdorf liegt nach der Restaurierung noch im Schönheitsschlaf. Ursprünglich ein Bauernhaus, wurde das Gebäude zum Herrenhaus umgebaut, gehörte dann dem Augenarzt Schoeler und wurde später für die Hitler-Jugend und ihr Heimatmuseum aufgestockt. Alle Umbauten wurden nun rückgängig gemacht und die Barock-Architektur wieder hergestellt. Demnächst findet die Büchersammlung von Altbundespräsident Johannes Rau hier ihren Platz.

Hinter dem Schlösschen befindet sich ein malerischer, kleiner Park, der **Schoelerpark** ❷, der die Wilhelmsaue mit dem großen **Volkspark Wilmersdorf** ❺ verbindet. Mit allerlei Zubehör: Fußball- und Spielplätze, Minigolf und Kiosk, Bänke und Wiesen, Schach-Tische und langen Spazierwegen bildet dieser ein grünes Band vom Fennsee und dem großen Gemeindefriedhof im Westen bis zum Schöneberger Rathaus in östlicher Richtung. Ein ausgedehnter Park-Spaziergang vielleicht gar bis nach **Schöneberg** (▶ Seite 142) bietet sich an dieser Stelle also an. Oder der unerschrockene Rückweg entlang der Bundesallee zur U-Bahn-Station Berliner Straße, wo sich die gefühlte Lebensgeschwindigkeit wieder erhöht.
*KERSTIN MÜLLER*

**Wochenmarkt Fehrbelliner Platz**
Di/Do 11–16 Uhr
U Fehrbelliner Platz

**Vollkornbäckerei Weichardt**
Mehlitzstraße 7
www.weichardt.de
Di–Fr 8–18.30,
Sa 8.30–13 Uhr
www.weichardt.de

**Kaaswinkel**
Biologische Molkereiprodukte
Berliner Straße 36
Do/Fr 12-19, Sa 9-14 Uhr

Karte Seite 139

**Start/Ziel**
S Grunewald

**Länge**
8 km mit Seeumrundung

## Grunewald

# Ruhe. Reichtum. Residenz.

Das Millionärs- und Villenviertel rund um die S-Bahn Station **Grunewald** ❶ macht seinem Ruf alle Ehre. Selbstbewußte Prachtbauten, hohe Zäune und überall Kameras – ein Spaziergang rund um die Winkler-, Wangenheim- und Douglasstraße hat etwas voyeuristisches, aber das macht ja bekanntermaßen Spaß. Hier, wo einst Legenden wie Dietrich Bonhoeffer, Hildegard Knef, Gerhard Hauptmann oder Harald Juhnke lebten, fehlen heute Namensschilder an den Klingeln: Es ist ein Ort der Prominenz. Es lohnt sich, einen Stadtplan einzupacken, Stunden kann man von Straße zu Straße schlendern und einfach nur gucken und staunen. In der **Winklerstraße** ❷ befinden sich noch heute besonders prächtige Villen aus der Gründerzeit. Baudenkmale sind die Nummern 10 bis 15, rechts und links um die „Villa M." herum. Interessanter architektonischer Kontrast ist der Neubau der norwegischen Botschaft. Auf dem Grundstück Winklerstraße 20 ein Stilwechsel: Hier steht die Residenz des Botschafters der Vereinigten Arabischen Emirate. Romy Schneider wohnte in Nummer 22 der Winklerstraße, Hildegard Knef in der Bettinastraße 12 ❸ und in der Brahmsstraße 12 ❹.

*Keine Angst – „der will nur schwimmen!" – Hundebadestelle im Grunewaldsee*

Botschaften verstecken sich vielerorts in Grunewald. Im Kontrast zu den pompösen Grundstücken, Nobelkarrossen fahrender Notare und Rechtsanwälte, fallen die Residenzen von Luxemburg, Äthiopien, Serbien und dem Libanon schon fast spärlich aus und man entdeckt sie eher zufällig an den wehenden Fahnen im Vorgarten. Autokennzeichen weisen auf Diplomaten hin, die hier Haus an Haus wohnen, ihre Autos alle gleich.

Ihre Alarmanlagen alle scharf. Noch etwas macht Grunewald so exklusiv: Nirgends sonst in Berlin reicht eine Seenkette bis in die Gärten hinein. Königs-, Hertha- und Dianasee – Großteile der Ufer, die unterhalb der Königsallee immer wieder Einblicke in die Gewässer gewähren, liegen in Privatbesitz. Hier ist sogar die Natur käuflich.

Natur im Großen und für alle zugänglich hat Grunewald nur wenige Meter parallel zur Hagenstraße zu bieten. Der **Grunewaldsee** mit Jagdschloss und großem Hundeauslaufbereich ist einen Ausflug wert. Nirgends sonst können Hund und Herrchen in der Hauptstadt so ausgelassen toben, baden und spielen. Für Hundebesitzer ein Paradies, für Hundeliebhaber ein aufregender Schauplatz. Für Menschen mit Angst vor Vierbeinern kann ein Aufenthalt am Grunewaldsee jedoch schnell anstrengend werden. Als Mensch ist man hier in der Unterzahl.

Ein Zufluchtsort vor dem tierischen Gerangel entlang des Seeufers ist da das **Jagdschloss Grunewald** **5**. Seit 1932 Museum, werden heute im Schloss neben Möbeln und Porzellanen bedeutende Gemälde des 15. bis 18. Jahrhunderts ausgestellt. Am Museum angekommen, bieten sich zwei Rückwege zum Ausgangspunkt: Ein Rundweg führt um den See – ohne Hundebereich, dafür entlang des FKK-Ufers.

Zurück am Hagenplatz, lädt das „Bosco Verde" zum Dinner. Saftige Preise, nobles Ambiente, exotisches Angebot aber auch günstige Pasta und Pizza. Das Promi-Gefühl gibt's gratis dazu. Wer es rusti-

**Jagdschloss Grunewald**
Hüttenweg 100 (am Grunewaldsee)
(030) 8 13 35 97
Mai–Okt. Di–So 10–18 Uhr
Nov.–Apr. Sa/So 10–16 Uhr
www.spsg.de

**Bosco Verde**
Menzelstr. 1/Hagenstr. 2
(030) 89 74 60 74
Tägl. 12–24 Uhr
www.bosco-verde.de
Italienische Speisen in gehobenem Ambiente

kaler mag, findet gleich hinter der S-Bahn-Station Grunewald zwei Biergarten-Restaurants: Die „Scheune“ mit einer empfehlenswerten deutschen Küche auf der linken und die „Oase“ auf der rechten Seite. Beide liegen an der S-Bahn-Trasse und nahe zur Autobahn – eine gute Einstimmung für den Weg zurück in die Metropole, die man hier für einige Stunden vergessen hat. *KERSTIN MÜLLER*

Karte Seite 141

**Start/Ziel**
S Nikolassee und Bus 218, Haltestelle Grunewaldturm

**Länge**
5 km

## Grunewald II

# Ein Waldausflug

Der Grunewald mauserte sich im Laufe der Jahre vom fürstlichen Jagdgebiet zu einem der beliebtesten Naherholungsgebiete Berlins. Wege führen kreuz und quer durch den Forst, die Grunewaldseenkette zieht sich hindurch. Oben heraus ragt 120 Meter hoch der Teufelsberg – ein Trümmerberg. An der Havel ist das Ufer nicht von Privatgrundstücken verbaut und lädt immer wieder zum Baden ein. Da möchten wir hin und nehmen deshalb den Bus zum ziegelroten **Grunewaldturm** ❶. Der thront auf einem 79 Meter hohen Hügel namens „Karlsberg“, fügt dem noch einmal 56 Meter hinzu. Nach 204 Stufen öffnet sich der Blick in alle Richtungen, auf die unzähligen immergrünen Wipfel des Grunewalds, das Olympiastadion im Norden und den Wannsee im Süden, die Havel erstreckt sich im Westen und im Osten ist die blaue Silhouette Berlins zu sehen. Der Grunewaldturm wurde zum 100. Geburtstag Kaiser Wilhelms I. erbaut und 1898 fertiggestellt. Im Sinne der märkischen Backsteingotik ist er mit Türmchen und spitzgiebeligen Fenstern verziert. Im Fuß befindet sich ein Café mit Havelblick und Terrasse.

*Der Grundewaldturm steht auf dem Karlsberg und ragt 56 Meter in die Höhe*

Von hier aus führt der Havel-Höhenweg am Wasser entlang zur Spitze der Landzunge **Schildhorn.** Unterwegs tun sich verschiedene stille Buchten zum Baden auf, immer wieder öffnet sich der Blick auf das gegenüberliegende Gatow. Am Schildhorn erinnert die stülersche **Schildhornsäule** ❷ an die Jaczo-Sage: Der Wendenfürst ritt 1157 durch die Havel, erreichte das Ufer gerade so und hängte dann sein Schild und sein Horn (sic!) an einen Baum.

Wo von der Havel der Stößensee abzweigt, liegt ein Segler-Hafen und das 35 Meter lange Schiff **Alte Liebe** ❸. Es ist genauso alt wie die Titanic und fuhr bis Mitte der 1960er Jahre als ein Fährschiff auf der Elbe zwischen Hamburg und Helgoland. Nun ist der Kahn ein zünftiges Ausflugslokal mit Seeblick, Fischgerichten und Blick gen Sonnenuntergang.

Nun kann man entweder sofort den Bus zurück nehmen (Haltestelle Postfenn). Oder an der Haltestelle Havelweg noch einmal aussteigen (zu Fuß ist es auf dem Weg entlang der Havelchaussee etwa 1 km bis hierhin) und auf dem Schildhornweg in den Wald hineingehen. Der **Selbstmörderfriedhof** ❹ ist hier ausgeschildert. Er entstand, weil wer immer (sich) in die Havel stürzte, der Strömung wegen am Schildhorn angespült wurde. Da die kirchlichen Friedhöfe die Selbstmörder nicht annahmen, wurden sie hier im Wald begraben. Später kamen Opfer der Weltkriege dazu und Berliner, die den verwunschenen Ort schätzen. Der „Freiwilligen" berühmteste ist Nico, Sängerin von Velvet Underground und Muse der Popart-Ikone Andy Warhol. Noch ein paar andere halbwegs prominente Namen sind auf den Grabsteinen zu finden, darunter der Schriftsteller Clemens Laar und der Rundfunksprecher Götz Clarén. *JULIA BRODAUF*

**Schiffsrestaurant Alte Liebe**
Havelchaussee 107
(030) 304 82 58
Apr.–Okt. tägl. 12–22 Uhr
Nov.–März Do–So 12–19 Uhr
www.alte-liebe-berlin.de

**Waldhaus an der Havelchaussee**
Havelchaussee 66
(030) 304 05 95
Di–So 10.30–22 Uhr

**Restaurant im Grunewaldturm**
Havelchaussee 61
(030) 41 72 00 01
Tägl. ab 10 Uhr
www.restaurant-grunewald-turm.de

## Bezirk: Tempelhof-Schöneberg

# Schöneberg

**Steckbrief**

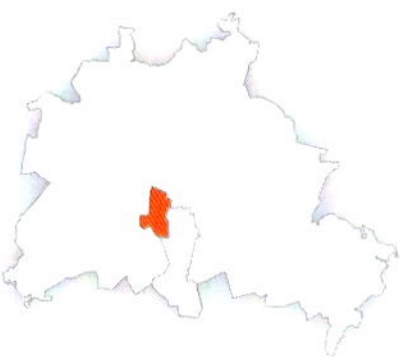

**Einwohner**
141 252

**27–45 Jahre**
28 %

**Über 65 Jahre**
15 %

**Fläche**
12,3 km²

Schöneberg hat ein gutes Image. Rund 115 000 Menschen leben heute in dem Stadtteil, der wie kaum ein anderer für Vielfalt und Toleranz steht. Auf den Straßen sieht man Lederschwule, Studienräte, türkische Großfamilien, schöne Schauspielerinnen, Öko-Freaks und Rapper-Kids. Sie alle zusammen machen Schöneberg zu einer Gegend, in der ganz verschiedene Lebensstile ohne große Probleme nebeneinander existieren.

1264 wurde das Dorf Schöneberg erstmals urkundlich erwähnt. Der Siedlungskern lag entlang der Hauptstraße zwischen heutiger Dominicus- und Akazienstraße. Ende des 19. Jahrhunderts, im Zuge von Industrialisierung und Reichsgründung, entwickelte sich das märkische Dorf explosionsartig von der Landgemeinde zur Großstadt. Im Jahr 1871 betrug die Einwohnerzahl Schönebergs 4500. Knapp fünfzig Jahre später, im Jahr 1919, hatte Schöneberg 175 000 Einwohner.

Mit der Bildung von Groß-Berlin 1920 verlor Schöneberg seine Selbstständigkeit, punktete aber in den Goldenen Zwanziger Jahren mit dem schillernden Nachtleben rund um den Nollendorfplatz. Legendär waren die Transvestitenlokale „Eldorado“, die in der Lutherstraße und der Motzstraße lagen. Die Gegend um den Nollendorfplatz steht bis heute im Zeichen von gay pride – aus Tradition.

Nach dem II. Weltkrieg gehörte der Bezirk Schöneberg zum Amerikanischen Sektor von Berlin. Während der Teilung der Stadt hatten das Berliner Abgeordnetenhaus und der Senat von West-Berlin ihren Sitz im Rathaus Schöneberg. Im Turm des Gebäudes wurde 1950 die Freiheitsglocke, ein Geschenk der Amerikaner, installiert. „Sie leben auf einer verteidigten Insel der Freiheit“, hatte US-Präsident John F. Kennedy in seiner Rede am 26. Juni 1963 gesagt und sie mit dem berühmten Satz beendet: „Ich bin

*Auf nach Schöneberg – hier lebt man entspannt nebeneinander*

ein Berliner.“ Schöneberg wurde zum Symbol für westliche Standfestigkeit im Kalten Krieg.

Am Hans-Rosenthal-Platz, wo heute das Deutschlandradio Kultur sendet, strahlte jahrzehntelang der von der amerikanischen Regierung gegründete RIAS (Rundfunk im amerikanischen Sektor) seine Sendungen aus, die in West und Ost gehört wurden.

Heute ist Schöneberg so etwas wie der Prenzlauer Berg des Westens, nur entspannter. Kneipen und Cafés gibt es in der Gegend um die Goltzstraße unzählige, nur der Coolness-Zwang ist nicht so ausgeprägt wie in den Szenevierteln des Ostens. Ein großer Vorteil. *ELISABETH SCHWIONTEK*

Karte Seite 147

**Start**
U Nollendorfplatz

**Ziel**
S Julius-Leber-Brücke

**Länge**
2 km

## Nollendorfkiez

# Dichters Delight: Das Viertel der Intellektuellen und Bunten

Das Herz Schönebergs pulsiert zwischen **Nollendorfplatz** und **Akazienstraße.** Wer Zeit und Muße hat, kann es bei einem Streifzug durch dieses entspannte Viertel voller Lebenslust und Toleranz entdecken.

Der Nollendorfplatz ist das Eingangstor nach Schöneberg. Kultur, schwule Subkultur und Amüsement gehörten in diesem Kiez schon immer zusammen. 1899 soll hier der „Nachtbetrieb des Westens" mit der Eröffnung der „Nollendorfbar" an der Ecke Maaßenstraße seinen Anfang genommen haben. Unübersehbar ist das **Metropol** ❶ am Nollendorfplatz. Der fünfgeschossige Bau mit der Jugendstilfassade wurde 1906 als Neues Deutsches Schauspielhaus eröffnet, mit „proletarischem Aktionstheater" von Regisseur Erwin Piscator. In den Goldenen Zwanzigern war das Theater auch Kabarett und Künstler-Treffpunkt. Nach dem Zweiten Weltkrieg in Metropol umbenannt, begann in den 1970ern seine legendäre Ära als Diskothek und Konzerthalle. An die glanzvollen Zeiten, als hier David Bowie, Joe Cocker oder Tom Waits auf der Bühne standen, konnte das Metropol seither nicht mehr anknüpfen. Heute beherbergt der schöne Theaterbau das **goya,** einen prunkvollen Veranstaltungsort mit regelmäßigen Clubbetrieb.

**goya**
Am Nollendorfplatz 5
(030) 419 93 90 00
www.goya-berlin.com

Wir folgen der Motzstraße, die rechts vom Metropol abgeht. In der Nr. 7, dem heutigen **Hotel Sachsenhof** ❷, lebte bis 1933 die Dichterin Else Lasker-Schüler, in der Nr. 38 wohnte der Schriftsteller Robert Musil im Jahr 1927, und im Haus Nr. 30 gründete Rudolf Steiner 1913 die Anthroposophische Gesellschaft. Gleich um die Ecke, in der Nollendorfstraße 17, erinnert eine Gedenktafel an den Schriftsteller Christopher Isherwood, der 1929–33 hier lebte. Motive seiner Romane wurden zur Grundlage für das Erfolgsmusical „Cabaret". Fetischgeschäfte und einschlägige Bars säumen den Weg durch den Schwulen-Kiez entlang der Motzstraße, bis die Szenerie am **Viktoria-Luise-Platz** gediegen bürgerlich wird. Billy Wilder wohnte Ende der 20er Jahre an dem mit schmucken Gründerzeithäusern bebauten Platz (Haus

**Café M**
Goltzstr. 33
(030) 216 70 92
Tägl. 8–2 Uhr
www.cafe-m.de

**Mamsell**
Goltzstr. 48
(030) 92 12 29 00
www.mamsellberlin.de
Mo–Fr 10–19, Sa 10–17, So 14–18 Uhr
Café und Laden für Schokoladen de luxe, Torten und feine Accessoires

*Das einstige Metropol war in den 1970ern eine beliebte Diskothek und Konzerthalle. Heute beherbergt es das goya – einen exklusiven Veranstaltungsort*

Nr. 11), Albert Einstein ging hier spazieren, und Erich Kästners „Emil und die Detektive" jagten den Dieb Grundeis über diesen Platz.

Die Winterfeldtstraße mit Antiquitätenläden, Antiquariaten und Cafés führt zum **Winterfeldtplatz** 3, der immer samstags zu Hochtouren aufläuft: Dann findet hier der berühmte, quirlige Wochenmarkt statt. Die **Goltzstraße** 4 mit indischen und arabischen Restaurants und dem unverwüstlichen Szene-Treff „Café M" stößt auf die **Akazienstraße** 5, deren Charme in ihrer entspannten Vielfalt liegt. Gospelkonzerte bringen von Zeit zu Zeit die **Apostel-Paulus-Kirche** 6 zum Vibrieren, der Zeitungshändler frühstückt an seinem kleinen Klapptisch am Gehsteig. Die Strumpfverkäuferin unterhält sich mit dem libanesischen Gemüsehändler, der bärtige Inhaber des Stoffladens scherzt mit der Wein-Verkäuferin nebenan, und wir nehmen zum Abschluss einen Kaffee im winzigen Laden Double Eye, der von einem Barista-Weltmeister betrieben wird. Danach lohnt noch ein Abstecher in die ruhige Crellestraße 7 mit ihren Straßencafés.

ELISABETH SCHWIONTEK

**Double Eye**
Akazienstr. 22
www.doubleeye.de
Mo–Fr 9.31–18.29 Uhr,
Sa 10.05–15.29 Uhr
Kaffee vom Weltmeister

**TTT Tee Tea Thé**
Goltzstr. 2
(030) 21 75 22 40
Mo–Sa 9–19, So 10–19 Uhr
www.teeteathe.de
Teesalon, ca. 200 Sorten
Tee, hausgemachter Kuchen,
Snacks

Karte Seite 147

**Start**
U Bülowstraße

**Ziel**
U Kleistpark

**Länge**
1,5 km

*An der Potsdamer Straße/ Ecke Pallasstraße stand der legendäre Sportpalast. Heute steht hier ein sozialer Wohnungsbau*

## Potsdamer Straße

# Ein rauer Geselle

Man muss nicht schön sein, um zur Legende zu werden. Aber man braucht Charakter und Geschichte. Das beweist die **Potsdamer Straße** 8, die wir ausgehend vom Hochbahnhof **Bülowstraße** 9 erkunden.

1902 wurde der Bahnhof als Jugendstilbau mit Schmuckportalen und Sandsteinpfeilern eröffnet. Er passte in die Gegend, denn zu dieser Zeit prägten herrschaftliche Wohnhäuser und feine Geschäftsadressen die Potsdamer Straße. Dass von diesem Glanz nichts mehr übrig geblieben ist, liegt nicht nur an den Kriegszerstörungen. Nach dem Bau der Mauer 1961 wurde der einst so wichtige Teil der Reichsstraße 1 plötzlich zur Sackgasse. Fatale Folgen hatte auch die Kahlschlagsanierung der 1960er Jahre. Gegen die Zerstörung der preiswerten Altbauquartiere formierte sich Widerstand, in den 70er Jahren wurde die Potsdamer Straße zu einem der Zentren der Hausbesetzer-Szene. Am 22. September 1981 ließ der Senat acht besetzte Häuser räumen. Bei dem Polizeieinsatz wurde der 18-jährige Klaus-Jürgen Rattay in den fließenden Verkehr getrieben und starb unter den Rädern eines BVG-Busses. An seinen Tod erinnert ein kreuzförmiger, in den Gehweg eingelassener Pflasterstein vor der Commerzbank an der Potsdamer Straße/Ecke Bülowstraße.

Als Rotlicht-Meile mit Bordellen und Spielhöllen machte die „Potse" in den 80er Jahren Schlagzeilen. Doch die Straße hat sich wieder hoch gerappelt. Heute ist sie ein Großstadt-Kaleidoskop: Im „Birlik Market" türmen sich Obst und Gemüse, bei Woolworth werden Grabbeltische inspiziert, Dealer drücken sich am Bahnhof herum, und die Beamten im schwarzen Kasten des Finanzamts erstellen ungerührt ihre Bescheide.

Der raue Charme der Potsdamer Straße zieht Kunst und Künstler an. Zwischen Kurfürstenstraße und Schöneberger Ufer haben inzwischen namhafte Galerien eröffnet. Eine Institution in der Gegend ist die Joseph-Roth-Diele, wo es deftiges Essen zum bodenständigen Preis gibt. Die Wände der Gaststube sind eine Hommage an den Schriftsteller Joseph

Roth, der kurze Zeit im Haus nebenan wohnte. Einen Besuch wert ist auch der angrenzende Devotionalien-Laden Ave Maria, den der Heilige Geist zu durchwehen scheint. Es gibt mehr als 40 Sorten Weihrauch, Rosenkränze und Bibeln. Schräg gegenüber liegt das Wintergarten-Varieté, wo Akrobaten, Jongleure und Zauberer das Publikum unterhalten.

Eisrevuen, rauschende Ballnächte, Boxkämpfe mit Max Schmeling und Radrennen zur Melodie des „Sportpalastwalzers": Amüsement wurde auch im Sportpalast groß geschrieben. 1910 wurde die legendäre Halle in der Potsdamer Straße eröffnet. 1943 war sie Schauplatz von Goebbels' Aufruf zum „totalen Krieg", dreißig Jahre später wurde sie abgerissen. Ihr Standort befand sich im südlichen Teil der Potsdamer Straße/Pallasstraße, da, wo heute der „Sozialpalast" ⑩ steht, ein mit Satellitenschüsseln gepflasterter Wohnkomplex aus den 70er Jahren.

Einige Meter weiter südlich liegt der **Heinrich-von-Kleist-Park** ⑪, der zum 100. Todestag des Dichters 1911 nach ihm benannt wurde. 1801 war hier ein Botanischer Garten angelegt worden, den der Dichter und Naturforscher Adelbert von Chamisso (1781–1838) als Kustos betreute. Das mächtige Gebäude am Park wurde 1909–1913 als Preußisches Kammergericht gebaut. In der Nazizeit tagte hier der Volksgerichtshof unter Roland Freisler und sprach unter anderem die Todesurteile gegen die Widerstandskämpfer des 20. Juli. Nach dem Krieg war das Gebäude Sitz des Alliierten Kontrollrats, der von Mai 1945 bis 1949 die oberste Regierungsgewalt in Deutschland innehatte. Am Kleistpark endet die Potsdamer Straße – und mit ihr auch unser Streifzug durch ihre Geschichten und Metamorphosen.

*ELISABETH SCHWIONTEK*

**Joseph-Roth-Diele**
Gast- und Lesestube
Potsdamer Str. 75
(030) 26 36 98 84
Mo–Fr 10–24 Uhr
www.joseph-roth-diele.de

**Ave Maria**
Potsdamer Str. 75
(030) 2 65 22 84
Mo–Fr 12–18, Sa 12–15 Uhr
www.avemaria.de

**Wintergarten-Varieté**
Potsdamer Str. 93
(030) 588 43 40
Ticket-Hotline:
(030) 58 84 33
Musik, Varité & Show

**Kumpelnest**
Lützowstr. 23
(030) 2 61 69 18
www.kumpelnest3000.com
Schräge Institution für Nachtschwärmer

Karte Seite 148

**Start**
S Friedenau

**Ziel**
S/U Bundesplatz

**Länge**
2,8 km

Friedenau

## Auf den Spuren der Künstler

Friedenau liegt mitten in der Großstadt und ist doch fern von jeder Hektik. Das zog immer auch Künstler und Schriftsteller an. Wir erkunden das Friedenauer Lebensgefühl ausgehend vom S-Bahnhof Friedenau.

Wer sich zuvor noch stärken möchte, kann das gleich im angenehm entspannten S-Café tun. Es befindet sich im Bahnhofsgebäude, das 1874 im Fachwerk-Stil eines „Schweizerhäuschens" errichtet wurde. Der Weg führt dann über die Baumeisterstraße zu der in den 1920er Jahren erbauten Gartenstadt **Ceciliengärten** 1. An der Semperstraße 2 steht der markante Atelierturm, in dem der Maler und Grafiker Hans Baluschek (1870–1935) lebte. Der Turm ist heute ein Wahrzeichen der Gartensiedlung mit ihren Zierkirschen und Kastanien. Die ornamentgeschmückten Fassaden, Brunnen und Skulpturen machen die Ceciliengärten zu einem Freilichtmuseum des Art Déco.

Die Hedwigstraße entlang gelangen wir zum Breslauer Platz, an dem das **Rathaus Friedenau** 3 steht. Das gleichnamige Viertel entstand ab 1871 als Landhauskolonie, und ihr stiller Charme hat sich bis heute erhalten.

Das beweist die **Niedstraße** 4, in die wir einbiegen. Sie wird auch „Grass-Gasse" genannt, denn Schriftsteller fühlten sich von der Straße mit den malerischen Backsteinvillen, den stuckverzierten Jugendstil-Häusern, den schmiedeeisernen Gartenzäunen und prächtigen Kastanien wohl besonders angezogen. Gleich rechts, im Haus Nr. 5, wohnte Erich Kästner. Seine Sekretärin tippte im zweiten Stock unermüdlich seine Texte. Nobelpreisträger und Hobby-Koch Günter Grass kaufte auf dem Friedenauer Wochenmarkt die Zutaten für seine legendären Essen: In den 60er Jahren lebte er mit seiner Familie in der ländlichen Villa mit dem verwunschenen Garten an der Niedstraße 13.

Auf der Veranda des 1881 errichteten Backsteinbaus saßen schon so berühmte Gäste wie Willy Brandt, Egon Bahr sowie die Schriftsteller Max Frisch und Uwe Johnson. Dieser hatte den kürzesten Weg, denn er wohnte von 1959 bis 1968 gleich nebenan im stuckverzierten Haus Nummer 14 – im einstigen Atelier des expressionistischen Malers Karl Schmidt-Rottluff. Das Mitglied der Künstlergruppe „Die Brücke" lebte und arbeitete hier von 1911–1933.

*...und zitiere aus dem Sonett „Abschied vom Leben" von Theodor Körner*

Wir schlendern weiter bis zur Bundesallee und biegen dann nach rechts in die **Sarrazinstraße** 5 ein. In dem Mietshaus Nummer 8 auf der linken Seite, erster Stock rechts, wohnte ab 1972 zeitweilig der Schriftsteller Max Frisch. In seiner autobiografischen Erzählung „Montauk" beschreibt der Schweizer auch Friedenau und berichtet von einem Streit, der ihn in einer Winternacht vor Wut auf die Straße trieb, nur mit einem Pyjama am Leib.

Am Grab von Marlene Dietrich endet unser Spaziergang. Der Weg führt über Straßen, die nach Wagners Opernheroinen benannt sind: Wir biegen von der Sarrazinstraße in die Elsastraße ein, gehen über den Cosimaplatz und die Sentastraße. Wir überqueren die Bundesallee in die Mainauer Straße, kreuzen den Südwestkorso und gelangen zum **Friedhof an der Stubenrauchstraße** 43–45 6. „Hier steh ich an den Marken meiner Tage" steht auf dem Grabstein der Diva, die im Mai 1992 hier beigesetzt wurde. Ein Zitat aus dem Sonett „Abschied vom Leben" von Theodor Körner (1791–1813).

Nicht weit entfernt liegt das Grab des Fotografen Helmut Newton (1920–2004). Wie Marlene Dietrich ist er in Schöneberg geboren, wie sie fand er nach einer internationalen Karriere hier seine letzte Ruhe.
*ELISABETH SCHWIONTEK*

**Städtischer Friedhof Stubenrauchstraße**
Stubenrauchstraße 43–45

**S-Café Friedenau**
Bahnhofstr. 4c
(030) 8 52 06 00
www.s-cafe-friedenau.de
Tägl. 9–1 Uhr
Im historischen Fachwerk-S-Bahnhof

Karte Seite 151

**Start**
U Rathaus Schöneberg
**Ziel**
S Julius-Leber-Brücke
**Länge**
3 km

## Rathaus Schöneberg & Rote Insel

# Die Insel, auf der die Diven wohnten

Vom Goldenen Hirschen zum Gasometer: Diese Tour verbindet zwei Schöneberger Wahrzeichen und führt vom „Rathaus Kennedy" zur Roten Insel, wo große Diven ihre Kindheit als Berliner Gören verbrachten.

Der Spaziergang beginnt am 1911–1914 errichteten **Rathaus Schöneberg** ❶, das eine besondere Karriere hinter sich hat: vom Bezirksrathaus zum Brennpunkt der Weltpolitik und wieder zurück. 1949, nach der Spaltung der Stadt, wurde der viergeschossige Bau Tagungsort des West-Berliner Stadtparlaments und Sitz des Regierenden Bürgermeisters. Mehr als 40 Jahre lang, bis zur Wiedervereinigung, sollte das Rathaus diese Funktionen behalten – und wurde in dieser Zeit zu einem Symbol für die Standfestigkeit West-Berlins als „Insel der Freiheit". Im 70 Meter hohen Turm läutet bis heute die 1950 installierte Freiheitsglocke, ein amerikanisches Geschenk an Berlin. Die legendären Worte „Ich bin ein Berliner" sprach der amerikanische Präsident John F. Kennedy bei seinem Berlin-Besuch im Juni 1963 vor dem Rathaus Schöneberg. Nach seiner Ermordung wenige Monate später wurde der Platz vor dem Rathaus in John-F.-Kennedy-Platz umbenannt.

**Rathaus Schöneberg**
John-F.-Kennedy-Platz
Dauerausstellung zu Willy Brandt
Information und Anmeldung: (030) 7 87 70 70
Tägl. 10–18 Uhr, Eintritt und Führungen kostenfrei

*Vom Rathaus Schöneberg aus wurde zwischendurch auch ganz West-Berlin regiert*

Verschnaufpause im Grünen: Gleich neben dem Rathaus liegt der **Rudolph-Wilde-Park** ❷. Hoch auf einer steinernen Säule thront der Goldene Hirsch, eines der Wahrzeichen von Schöneberg, das sich inmitten eines Brunnens erhebt. Und wer im Sommer Lust auf eine Erfrischung bekommt, kann seinen Durst gleich nebenan im Biergarten PlatzHirsch löschen.

Die nächste Station ist die **Rote Insel.** Das Viertel hat sich aus der Insellage

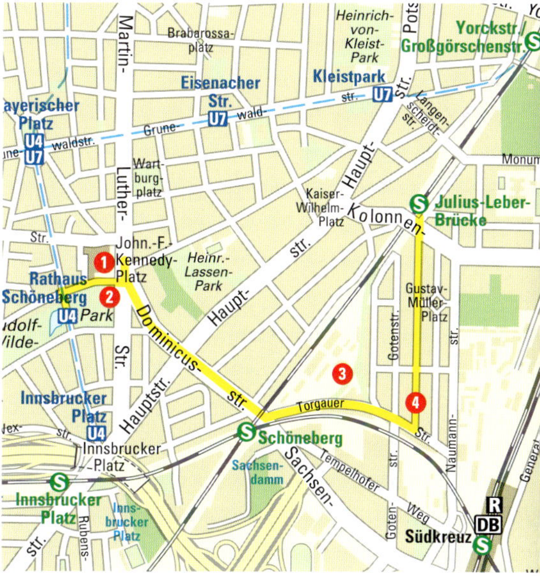


zwischen Gleisen und den Bahnhöfen Schöneberg, Südkreuz und Yorckstraße heraus entwickelt. Die politisch linke Orientierung der Arbeiterbevölkerung, die den Kiez einst prägte, gab ihm seinen Namen. Vom Rathaus Schöneberg aus folgen wir der Dominicusstraße bis zur Torgauer Straße (kein besonders schöner Weg, deshalb kann man ihn auch mit dem Bus M46 zurücklegen). Wir biegen in die Torgauer Straße ein, links steht der 1910 errichtete, 78 Meter hohe **Gasometer** ❸. Das gespeicherte Gas wurde zur Straßenbeleuchtung, zum Heizen und Kochen genutzt. 1993 stillgelegt, ist die Stahlkonstruktion heute das Wahrzeichen der Roten Insel. Im „Kuppelzelt" des Gasometers findet seit September 2011 der sonntägliche ARD-Polit-Talk „Günther Jauch" statt.

Ein Schwenk nach links in die **Leberstraße** ❹, die früher Sedanstraße hieß und jetzt nach Julius Leber (1891–1945) benannt ist, einem der führenden politischen Köpfe der Widerstandskämpfer des 20. Juli 1944. Während der Kriegsjahre arbeitete er zur Tarnung in einer Kohlenhandlung an der Kreuzung Torgauer-/Ecke Gotenstraße. Die berühmteste Tochter der Roten Insel ist Marlene Dietrich (1901–1992), die im Haus Leberstraße 65 geboren wurde. Eine Gedenktafel erinnert an die Filmdiva – und an ihr Credo: „Ich bin, Gott sei Dank, Berlinerin." Dietrichs Kollegin Hildegard Knef (1925–2002) ist zwar in Ulm geboren, verbrachte aber einen großen Teil ihrer Kindheit auf der Insel. Deren Bewohner halten den Kiezgedanken bis heute hoch: Läden, Kneipen und Kitas heißen Bioinsel, Sonneninsel, Schatzinsel, Kinderinsel und Inselnest. *ELISABETH SCHWIONTEK*

**Biergarten PlatzHirsch**
Freiherr-vom-Stein-Str. 20
(030) 7 84 80 76
Apr.–Okt. tägl. ab 11 Uhr
(bei gutem Wetter)
Warme Küche, frisch gebackener Kuchen, Grill

**Mehlstübchen**
(Mehlmanufaktur)
Leberstraße 28
(030) 74 68 41 41
www.mehlstuebchen.de
Mo–Fr 10–18, Sa 9–14 Uhr
Hier gibt's Mehl in allen Sorten – und bereits gebackene Croissants und Teigteilchen

## Bezirk: Tempelhof-Schöneberg

# Tempelhof

**Steckbrief**

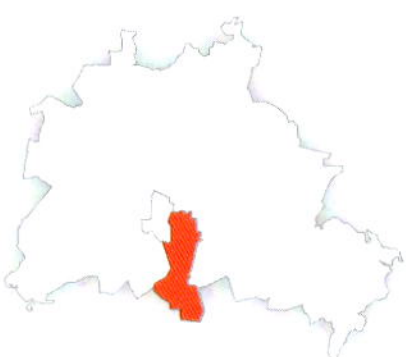

**Einwohner**
186 036

**27–45 Jahre**
22 %

**Über 65 Jahre**
24 %

**Fläche der Tempelhofer Freiheit**
ca. 300 ha

Tempelhof liegt südlich von Kreuzberg, westlich von Neukölln, östlich von Schöneberg. Tempelhof liegt also gar nicht so schlecht, hat außer dem Flughafen auf den ersten Blick aber nicht viel zu bieten. Erst auf den zweiten entpuppt sich dieser Stadtteil im Dornröschenschlaf als lohnenswert: Es gibt sehr viel Grün, es gibt den Teltowkanal, es gibt das Ullstein-Haus, es gibt schöne bürgerliche Ecken in Tempelhof.

Tempelhof hat eine lange Vergangenheit als Dorf, das bereits 1247 gegründet worden war – und zwar offenbar als Komturei, sprich als Verwaltungssitz eines Ritterordens. Ein Ritter des Templerordens war es, der urkundlich erwähnt wird. Im 14. Jh. jedoch übertrug Papst Clemens V. diesen Orden den Johannitern, die auch in der Nachbarschaft einigen Besitz hatten. Die Dörfer Mariendorf und Marienfelde, heute auch Teil Tempelhofs, entstanden ebenfalls im 13. Jh. in der Nachbarschaft des Templerordens und wurden zwischen den Johannitern, Berlin und Cölln gehandelt. Bis zum Bau von Teltowkanal und Stadtbahn blieb die Gegend ländlich. 1920 wurde durch die Berliner Bezirksreform noch das südlich gelegene, ähnlich alte Dorf Lichtenrade dazugefügt und das Ganze als Bezirk Tempelhof eingemeindet.

1895 wohnten immer noch nur rund 10 000 Menschen in Tempelhof. Klar, da gab es den Flughafen auch noch nicht und auch noch nicht den Hafen, der wirtschaftlichen Aufschwung in den Ort brachte. Der berühmte Flughafen in nationalsozialistischer Architektur entstand – nach einem Vorgängerbau aus den 20er Jahren – ab den 30er Jahren auf dem Tempelhofer Feld. Das war im 18. Jahrhundert ein riesiger Exerzierplatz des Soldatenkönigs gewesen und danach ein Freizeitpark. Dann hatten hier verschiedene Pioniere Flugversuche unternommen: 1883 war der Maler Arnold Böcklin mit einem motorlosen Flugzeug gescheitert, 1897 verunglückten Luftschiffkonstrukteur Wölfert und sein Mechaniker mit einem

*In Tempelhof starten und landen keine Flugzeuge mehr. Der Rest wird sich zeigen*

benzinbetriebenen Zeppelin. 1909 stellte der amerikanische Flugpionier Orville Wright mit seinem Doppeldecker schließlich einen Weltrekord im Höhenflug auf und stieg auf sagenhafte 172 Meter.

Trotz jahrelanger Diskussionen und eines Bürgerbegehrens wurde der Flughafen Tempelhof im Oktober 2008 geschlossen. Berlin soll nur noch einen Flughafen haben – den großen Flughafen Berlin Brandenburg in Schönefeld. Nachdem der Hafen Tempelhof am Teltowkanal bereits umfassend umgebaut wurde, stehen in den nächsten Jahren noch ungeahnte Umbauten auf dem Flughafengelände an. Von Freizeitparks, Filmstandorten und einfachen Wohnbezirken ist die Rede. Vielleicht küssen diese neuen Pläne Tempelhof erstmals wach.

Für die Kultur gibt es die Ufa-Fabrik, eine einstmals besetzte Stätte, und die beiden Konzerthallen am Columbiadamm. Was an Tempelhof stört, ist, dass große Straßen (der Tempelhofer Damm, die Autobahn), die S-Bahn-Trasse und der Kanal den Stadtteil durchziehen. Abseits und am Rand dieser Trassen bietet der Tempelhof durchaus schöne Ecken. Und aus allen Nachteilen lassen sich auch Vorteile ziehen: Den besten Blick auf den alten Flughafen hat man von der S-Bahn. *René Hamann*

Karte Seite 156

**Start**
U Platz der Luftbrücke

**Ziel**
S Tempelhof

**Länge**
2,5 km (Flughafen und Fliegersiedlung), mit Abstecher zur Moschee ca. 4,5 km

## Zentralflughafen und Fliegersiedlung

# Rundflug, zu Fuß

Der Flughafen Tempelhof wurde geschlossen. Auch der Rosinenbomber fliegt nicht mehr. Seit dem 30. Oktober 2008, seit den letzten Flügen, zu denen übrigens ein Rosinenbomber Douglas DC-3 und eine Junkers Ju 52 parallel von beiden Startbahnen abhoben, ist der Flughafen offiziell dicht.

Am **Platz der Luftbrücke** erinnert ein Denkmal 1, despektierlich „Hungerharke" genannt, an die Versorgungsflüge der Jahre 1948 und 1949, die teilweise im 90-Sekundentakt das blockierte West-Berlin mit allem Lebensnotwendigen versorgten, besonders mit Brennstoffen und Lebensmitteln. Mit der Berlin-Blockade, einem Höhepunkt des Kalten Krieges, versuchte die Sowjetunion, das geteilte Berlin vollständig für den sowjetischen Sektor zu beanspruchen. Da die Luftbrücke aber die Versorgung der Stadt beinahe ein Jahr lang aufrecht erhielt, wurde die Blockade mit dem Jessup-Malik-Abkommen beendet. Korrespondierende Denkmäler stehen in Frankfurt und Celle. Den Namen Rosinenbomber erhielten die eingesetzten Flugzeuge, weil die Piloten aus Taschentüchern selbst gebastelte Fallschirme mit Süßigkeiten für die vor dem Tor wartenden Kinder abwarfen.

Kommen wir endlich zum Flughafen selbst. Der lohnt natürlich, innen wie außen. Eingerichtet wurde er bereits in den zwanziger Jahren als Flugfeld mit kleinem Abfertigungsgebäude. Aber erst im Dritten Reich gewann der Flughafen die Größe, die er jetzt noch hat: Das bogenförmige Gebäude ist 1,2 Kilo-

meter lang, der überdachte Zustiegsbereich 400 Meter lang und 50 Meter tief. Eine Schwindel erregend hohe **Abfertigungshalle** ❷ ist das Herzstück. Von oben erinnert die Form an einen Adler. Das Hauptgebäude wurde von Ernst Sagebiel konzipiert und verfügt über eine unendliche Anzahl an Räumen, Gängen, Kellern, Stockwerken. Den Baustil nennt man Luftwaffenmoderne, eine späte Abart des Neoklassizismus. Im II. Weltkrieg wurde Tempelhof auch als Luftschutzbunker für große Menschenmassen benutzt. Fertig gestellt wurde das Gebäude erst in den 50ern, solange blieben die alten Betriebsgebäude in Betrieb.

Nach dem Krieg waren es erst die Russen, dann die Amerikaner, die den Flughafen als Militärbasis benutzten. Öffentlicher Flughafen war Tempelhof von 1951–75 sowie von 1985 bis zur Schließung. Nach dem Beschluss von 1996, Schönefeld auszubauen, fiel Tempelhof den Planungen zum Opfer. Da half auch kein Bürgerbegehren (das abgelehnt wurde, weil es das Quorum nicht erreichte). Seit dem 30. Oktober 2008 ist der Flughafen Geschichte. Dafür hat sich das Flughafenfeld zu einem begehrten Freizeitort für Berliner und Touristen entwickelt (▸Seite 157).

Östlich vom Platz der Luftbrücke erstreckt sich der **Columbiadamm,** an dem unter anderem die beiden Konzertspielorte C-Club und Columbiahalle sich befinden. Zwei unter jungen Erwachsenen sehr beliebte Orte. Sitzplätze auf den Trottoirs und Bierverkaufstände ohne Lizenz inklusive. Den Columbiadamm hinunter gibt es im Übrigen den **Islamischen**

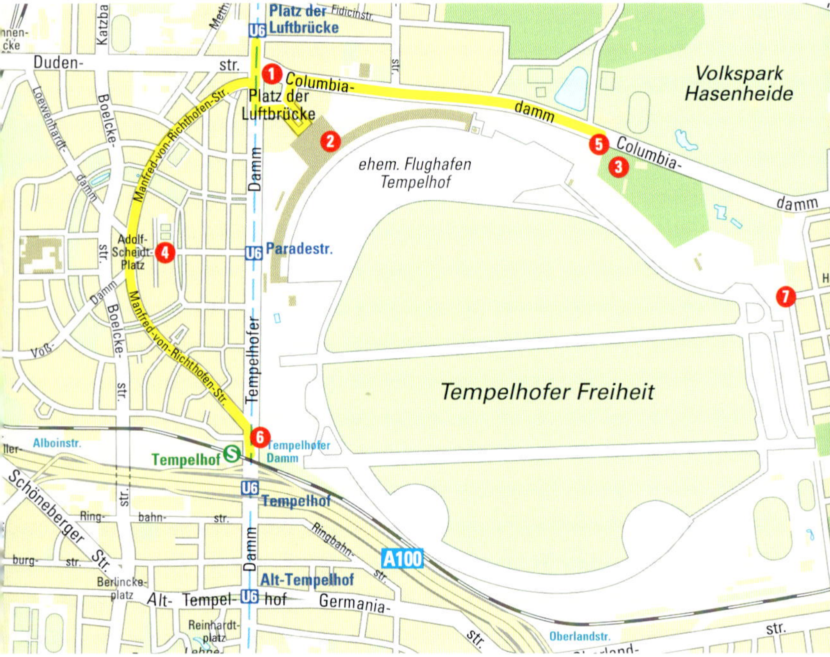


**Friedhof** (3), der seit 1866 besteht und bis 1989 genutzt wurde. Auf dem Gelände wurde 2004 die **Sehitlik-Moschee** eröffnet, allerdings ist der letzte Bauabschnitt noch nicht fertiggestellt.

Auf der westlichen Seite des Tempelhofer Damms gibt es einen meist vergessenen Wohnbezirk, die so genannte **Fliegersiedlung** (4). Die Umbenennung der Straßen nach Piloten des I. Weltkriegs geschah im Dritten Reich. Man folge vom Platz der Luftbrücke der Manfred-von-Richthofen-Straße. Abrupt weichen die großen Mietshäuser dem Reformwohnungsbau der Weimarer Republik. Zentrum der Siedlung aus der Gartenstadt-Bewegung ist der Adolf-Scheidt-Platz. Walmdächer, Reliefe, Zierbögen, kleine Plätze, eine merkwürdige kleine heile Welt, wie aus dem All gefallen. 1919 konzipiert für Beamte oder Abgeordnete, die 7000 Goldmark für eine Eigentumswohnung aufbringen konnten. Baustadtrat Fritz Bräuning entwarf neben der Siedlung auch die „Kirche auf dem Tempelhofer Feld" am Wolffring. Die Manfred-von-

**Sehitlik-Moschee und Islamischer Friedhof**
Columbiadamm 128
Moscheeführungen unter
www.sehitlik-moschee.de

**Kang Feng**
Manfred-von-Richthofen-Str. 6
(030) 77 00 85 18
Tägl. 12–23 Uhr
www.kangfeng.de
Gehobene chinesische Küche in modern-reduzierter Einrichtung

Richthofen-Straße macht einen großen Bogen durch das Gebiet und endet mit einem Portal kurz vor der S-Bahnstation Tempelhof. *René Hamann*

Tempelhofer Freiheit

## Wo nur noch Drachen fliegen

**Karte Seite 156**

**Start/Ziel**
S Tempelhof

**Haupteingang**
Tempelhofer Damm

Flugzeuge steigen hier keine mehr. Nur noch Drachen. Der Flughafen ist schon lange geschlossen, das Tempelhofer Feld ist frei für alle, und auch wenn die Zäune noch stehen, die Eingänge sind geöffnet. Und bis der geordnete Wahnsinn das Feld wieder zurückerobert und für seltsame Veranstaltungen wie die Internationale Gartenschau gebraucht (Randteile des Felds sollen auch irgendwann neu bebaut werden) – sollte man diesen weiten, offenen und in der Weite und Offenheit wunderschönen und zum Durchatmen idealen Platz inmitten der großen Stadt nutzen. Zum Durchatmen eben. Zum Spazierengehen. Zum Drachensteigen. Spielen. Picknicken. Grillen.

Alles ist da: Es gibt Grillzonen und Schrebergartenparzellen, die neudeutsch und euphemistisch der Abteilung „urban gardening" zugerechnet werden; es gibt Infostände mit Eisverkauf und ein Baseballfeld und manchmal auch Kunst und wirklich, wirklich Platz für alle. Für Radfahrer, für Skater, für Fackelwerfer, für Kinder, für Alte, für Leute mit ferngesteuerten Rennwagen, nur einen Teich gibt es (noch) nicht, und Bäume, also Schatten, gibt es auch nur am Rand.

Es gibt sogar Initiativen inzwischen, die sich gegen die Projektplanung der Bezirkspolitiker und Interessensvertreter bilden, um das Tempelhofer Feld Tempelhofer Feld sein zu lassen und nicht eine „Tempelhofer Freiheit", die am Ende keine mehr ist. Überhaupt wird sich hier auf dem Feld einiges für oder gegen Berlin entscheiden – schafft es die Stadt, einen Gegenort zum (werdenden) Stadtschloß zu halten, also auch mal Platz in der Mitte Platz sein zu lassen? Und was andererseits wird dieser Platz, dieser Central Park Berlins, mit den anliegenden Vierteln machen?
*René Hamann*

**Tempelhofer Freiheit**
weitere Infos:
www.tempelhoferfreiheit.de

**Eingänge Tempelhofer Freiheit:**

5 Columbiadamm (Bus 104)
6 Tempelhofer Damm (S Tempelhof)
7 Oderstraße (U Boddinstraße)

**Karte Seite 158**

**Start**
U Kaiserin-Augusta-Straße

**Ziel**
U Alt-Tempelhof

**Länge**
Zwei Spaziergänge, jeweils ca. 2,6 km (mit Franckepark)

## Alt-Tempelhof

# „Die Scene spielt in Tempelhof, einem freundlichen Dorfe unweit Berlin“

Ein kleiner Gang durch die sehenswerten und ruhigen Ecken dieses unterschätzten Stadtteils, der sich im Wandel befindet. Tempelhof ist nämlich mehr als Flughafen, Ullstein-Haus oder Columbiahalle: Tempelhof ist auch ein ruhiges Nest am Rande der Stadt, noch eben städtisch genug, um es hier auszuhalten. Was man deutlich in Alt-Tempelhof sehen kann.

Sagen wir, wir wollen preußisch-monarchisch unterwegs sein. Ein prima Anfangspunkt der kleinen Tournee ist da der U-Bahnhof Kaiserin-Augusta-Straße, bei Straßenmusikanten eine nicht eben beliebte Haltestelle (da zu weit abgelegen und zu zugig), für unseren Ausflug aber der richtige Start.

Die Friedrich-Wilhelm-Straße ist neu asphaltiert. Wir laufen sie zunächst in westlicher Richtung. Wenn wir gut sind, gehen wir die Straße ziemlich weit, bis an die Grenze von Steglitz, denn am Ende der Friedrich-Wilhelm-Straße wartet der schmucke **Alboinplatz** ❶. Hier könnte auch schon alles zu Ende sein – schließlich ranken sich Sagen um den Platz, nach dem der hier befindliche See „Blanke Helle“ ein Zugang zur germanischen Unterwelt sein solle und alljährlich Opfer gefordert habe (zu Zeiten, als solche Zuordnungen noch mehr Relevanz hatten). Außerdem ist der See ein Toteisloch, sein Krater verweist auf eiszeitliches Gletschereis, das hier einst lag, und gehört zur glazialen Rinne voller Seen und Tümpel, die sich bis nach Steglitz hin zieht. Auch inmitten der ewigen Ruhe des benachbarten **Friedhofs Eythstraße** ❷, in der Senke zwischen Gärtnerei und Kapelle, befindet sich ein zweites Toteisloch.

Sind wir nicht so gut oder geologisch weniger interessiert, biegen wir recht früh schon in die Werderstraße ein, und gehen ein Stück nordwärts. In dieser Ecke Tempelhofs sehen wir ähnliche Häuser wie im Prenzlauer Berg, nur dass die Renovierungen weiter zurück liegen. In der Tat könnte das hier auch das Winsviertel sein: Bürgerliche Bauten, krumme Gehsteige, viele Bäume, viel Grün. Und ein wenig hügelig ist Tempelhof tatsächlich auch. Sogar regelrecht alpin, geht man jedenfalls vom bukolischen Bau ausgerechnet der Arbeiterwohlfahrt aus, der sich am **Friedensplatz** 3 befindet. Lustigerweise ist der Bau unter dem Namen "Spukvilla" bekannt.

*Die Dorfkirche Alt-Tempelhof strahlt etwas Verwunschenes aus*

Leicht verschroben geht es auch jenseits des Friedensplatzes zu. Hier findet sich nach der Blumenthalstraße rechter Hand der „Alte Park". Es sind aber nicht nur Senioren, die man hier sieht – auch junge Leute nutzen diesen hübschen Flecken gern zum Entspannen. Enten gibt es auch und eine niedliche Brücke, die den „Klarensee" in zwei Hälften teilt.

Dahinter, zum Reinhardplatz zu, thront die **Dorfkirche Alt Tempelhof** 4. Sie gibt ihrem Namen alle Ehre und strahlt etwas schwer Verwunschenes aus. Ihr Grundriss, ein Apsissaal, ist einzigartig in Berlin, und ihr Vorgängerbau wird in das 13. Jahrhundert zurückdatiert. Da sie Kirche der Tempelritter gewesen sein soll, wurden verschiedentlich unterirdische Geheimgänge zu ihr hin vermutet, bis heute allerdings keiner entdeckt.

Eine märchenhafte Gegend, fürwahr, was man besonders merkt, wenn man die Parkstraße wieder in Richtung Tempelhofer Damm hinab geht. Autos, Autos, Autos. Hier hat man die Wahl, links entlang durch diese Wild-West-Nachkriegswelt aus Flachbauten und billigen Geschäften zu gehen, um endlich die Straße Alt-Tempelhof zu erreichen, die noch entfernt an den Dorfanger erinnert. Oder man geht rechts, nimmt noch das alte, nicht üble **Rathaus** 5 mit und geht durch die Franckestraße in den **Franckepark.** Grün hat es also recht viel abseits der großen Straße in Tempelhof. *René Hamann*

**Karte Seite 158**

**Start/Ziel**
U Ullsteinstraße

**Länge**
1 km

## Ullsteinhaus & Ufa-Fabrik

# Von alten Flagschiffen und neuen Ufan

Tempelhof wird. Tempelhof wird umgebaut, und vielleicht entsteht hier weithin ein ganz neuer, erfrischender, aufregender Stadtteil im westlichen Süden der Stadt. Erste Umbaumanöver sind zurzeit rings um den **Hafen Tempelhof** ❻ zu sehen. Als Umschlagplatz am um 1900 neu gebauten Teltowkanal sorgte der Hafen für den Aufschwung Tempelhofs. Das ursprüngliche Ensemble mit Lagerhaus aus dem Jahr 1908 und drei erhaltenen Kränen steht unter Denkmalschutz. Nun ist hier der „Shopping-Hafen" entstanden, ein Einkaufszentrum mit 70 Geschäften, wobei das Hafenbecken mit einbezogen wurde. Skurriles Verwaltungsdetail: Während Tempelhof selbst seit 1920 zu Berlin gehört, gehörte dieser Hafen weiterhin dem Altkreis Teltow, der von DDR-Bezirken wie Lübben und Luckenwalde beerbt wurde. Seit der Wende war das Hafengelände in Besitz der Landkreise Dahme-Spreewald, Teltow-Fläming und Potsdam-Mittelmark.

*Ullsteinhaus*

Wenden wir uns also nach Süden und beschauen uns das 77 Meter hohe **Ullstein-Haus** ❼, das auf der anderen Seite des Hafens, auf der anderen Uferseite des Teltowkanals liegt, dort, wo Mariendorf fast schon anfängt. Das Ullstein-Haus bietet Geschichte und bildet sie auch ab. Ein eindrucksvoller Backsteinbau, errichtet in den späten zwanziger Jahren und ursprünglich Sitz und Druckerei des Ullstein Verlags. Die Ullstein AG entschied sich in einem Architektenwettbewerb 1924 für den Entwurf von Eugen Schmohl, Mitglied der Akademie der Künste Berlin. Dieser baute daraufhin den ersten Stahlbeton-Skelettbau Deutschlands, dessen extra massive Etagendecken dafür ausgelegt sind, hunderte von Tonnen Papier darauf zu bewegen.

Die jüdische Familie Ullstein wurde von den Nazis enteignet und erhielt das Haus erst 1952 zurück. Später gehörte

*Café Olé in der Ufa-Fabrik*

Ullstein zum Axel-Springer-Verlag, und der hat seinen Sitz in Kreuzberg. Im Ullstein-Haus ist zum Beispiel das „Modecenter Berlin", ein zentraler Fachhandel für die Bekleidungsbranche, und die Schufa untergebracht, aber kein Zeitungs- oder Buchverlag. Trotzdem kann man hier eine Weile herumgehen, und auch innerhalb des Gebäudes sich so manches anschauen. Auch ein Café und ein Restaurant gibt es hier. Und Achtung vor der Eule!

Geht man vom Ullstein-Haus wieder über den Kanal in Richtung Stadt, die lange breite Straße hinauf, die hier Mariendorfer, da Tempelhofer Damm heißt, kann man die erste links hineingehen und den großen Kulturort des Viertels, nämlich die **Ufa-Fabrik** 8 erreichen. Die Universum-Film-AG, gegründet 1917, hatte seit den 20er Jahren auch Ateliers in Tempelhof. Nach ihrer Instrumentalisierung für die Nazi-Propaganda ging die Firma in der Nachkriegszeit in diversen anderen Filmfirmen auf. Am historischen Standort Oberlandstraße werden unter anderem Namen heute noch Filme gemacht. Der Kulturstandort Ufa-Fabrik hingegen ist das ehemalige Filmkopierwerk. Tatsächlich geht die Errichtung dieses knapp 19000 Quadratmeter großen Areals als Kulturzentrum auf eine Besetzung aus dem Jahre 1979 zurück. Eine Kommune entstand und mit ihr ein umfangreiches Kulturangebot und soziale Projekte wie eine freie Schule und eine Nachbarschaftsbetreuung.

Auf dem Gelände der Ufa-Fabrik gibt es Comedy-Programme unter dem Dach oder Freiluft, passenderweise gibt es eine Wetterstation, manchmal gibt es Konzerte, Theater, Kreativ-Werkstätten und ein Sportprogramm. Eine Berliner Institution ist die ansässige Bio-Bäckerei. Das mutet inzwischen etwas familiär an. Das Publikum besteht gern aus bürgerlich gewordenen 68ern und ihren Enkelkindern. Be-

**Ullstein-Haus**
Mariendorfer Damm 1–3

**Ufa-Fabrik Berlin**
Internationales Kulturcentrum
Viktoriastr. 10–18
(030) 755 03-0
Informationszentrale:
Mo–Sa 10–19, So 14–19 Uhr
Café Olé
Tägl. ab 10 Uhr
www.ufafabrik.de

sonders für Kinder ist das Gelände sehr reizvoll, es gibt sogar einen Bauernhof. Für den Großstädter gibt es ein übersichtliches, im Sommer einladendes Café. Und für die Cineasten gibt es gelegentlich Führungen und Schautafeln. Hin und wieder werden auch Filme gezeigt, darunter so mancher, der im Original bestimmt einmal auf diesem Gelände kopiert worden ist.
*RENÉ HAMANN*

**Karte Seite 162**

**Start/Ziel**
S Lichtenrade

**Länge**
4 km

## Lichtenrade
# Zum größten Dorfteich Berlins

Lichtenrade erreicht man am besten mit der S-Bahn. Der Imbiss am S-Bahnhof heißt „Am Mittelmeer", und in etwa so weit entfernt von Berlin fühlt man sich auch, wenn man hier aussteigt.

Mit einem Blick auf die hier aufragende, ehemalige, seit 1984 unter Denkmalschutz stehende **Mälzerei der Schloßbrauerei Schöneberg** ❶ wenden wir uns nach rechts und erreichen über die Bahnhofstraße nach Überqueren des Lichtenrader Damms den Dorfanger ❷ an der Straße Alt-Lichtenrade. Der **Giebelpfuhl** an der Dorfkirche ist der größte Dorfteich Berlins, der ganze Anger ist eine grüne Oase im durchaus von Hochhäusern geprägten Bezirk. Im Zweiten Weltkrieg wurden viele Gebäude durch Luftangriffe stark zerstört. Schöne Altbauten findet man hier daher eher weniger.

Auf der Ostseite zweigt der Bornhagenweg ab, wo an der Ecke zum Hanowsteig eine schlichte Stele ❸ darauf hinweist, das sich seinerzeit eine Außenstel-

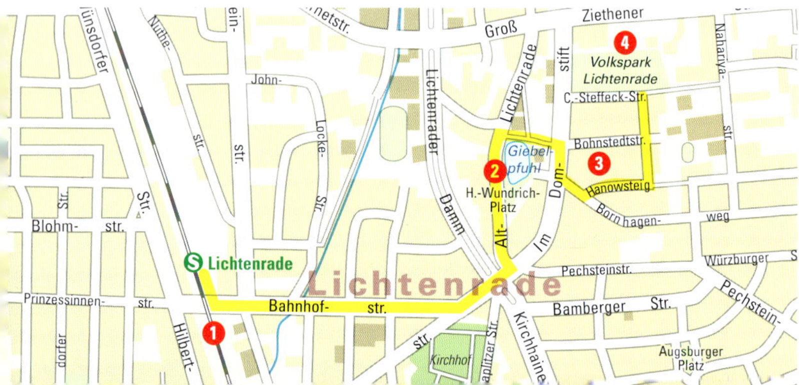

le des KZ Sachsenhausen hier befand. Nördlich von hier wartet auch noch der **Volkspark Lichtenrade** ❹ auf einen Besuch. *JULIA BRODAUF*

Alt-Mariendorf & Marienfelde

## Ausflüge in den Süden Tempelhofs

Tempelhof zieht sich bis zum Berliner Stadtrand im Süden hin. Einzelne Dorfkerne sind als Strukturen erhalten und lohnendes Ziel für Ausflüge.

Am nächsten liegt **Alt-Mariendorf** – nämlich dort, wo die U6 endet. Es wurde im 13. Jahrhundert erstmals erwähnt. Die Reste des alten Dorfangers findet man an der Straße Alt-Mariendorf. Dort stehen einstöckige Bauernhäuser und mehrstöckige Altbauten aus der Gründerzeit inmitten des lebendigen Verkehrs. Ruhe bieten allerdings eine Reihe von Teichen im Volkspark Mariendorf. Im Alten Schulhaus gibt es ein Heimatmuseum und eine Galerie, die vom Haus am Kleistpark bespielt wird. Die **Trabrennbahn Mariendorf,** 1913 gegründet, war in den 20er Jahren eine der wichtigsten Trabrennbahnen Deutschlands. Der Verleger Bruno Cassirer investierte in sie, ihre Blütezeit endete durch das Dritte Reich – vorerst, denn in den 60er Jahren starteten hier berühmte Reiter. Auch heute ist die Rennbahn in Betrieb, kämpft allerdings ständig ums Überleben. Ihre Besonderheit: Das Rennen findet im Uhrzeigersinn statt, also rechts herum.

Den Ortsteil **Marienfelde** erreicht man von Alt-Mariendorf aus mit der Buslinie M77. Marienfelde hat einen der prächtigsten Dorfanger von Berlin, die **Dorfkirche** aus dem Jahr 1220 gilt als das älteste, durchgehend erhaltene Bauwerk Berlins und ist außerdem bekannt für hervorragende Konzerte. In ihrer Nachbarschaft liegen außerdem die alte Schmiede, das Gasthaus Alte Dorfaue mit Wurstfabrik, ein Bauernhof mit Hofladen und die Alte Feuerwache.

Fußläufig erreichbar ist von hier aus auch die **Erinnerungsstätte Notaufnahmelager Marienfelde.** Hier wurden in den Jahren 1949–1990 rund 1,4 Millionen Menschen vorübergehend betreut, die die DDR verlassen hatten. *JULIA BRODAUF*

**Tempelhof Museum**
Alt-Mariendorf 43
www.tempelhofmuseum.de

**Trabrennbahn Mariendorf**
www.berlintrab.de

**Gasthaus Alte Dorfaue**
Alt-Marienfelde 41
(030) 721 80 00
www.altedorfaue.de

**Erinnerungsstätte Notaufnahmelager Marienfelde**
Marienfelder Allee 66/80
(030) 75 00 84 00
Di–So 10–18 Uhr
www.notaufnahmelager-berlin.de

## Bezirk: Neukölln

# Neukölln

„Neukölln rockt“ titelte 2008 die Stadtzeitung Zitty und erklärte den spröden Stadtteil zum neuen In-Bezirk. Damit gemeint war aber keinesfalls der ganze, riesige Bezirk, der sich mit den Vororten Britz, Buckow und Rudow bis an den südlichen Stadtrand erstreckt. Sondern Nordneukölln, das in den letzten Jahren mit seinen Armuts- und Migrationsproblemen bundesweit Berühmtheit erlangte. Allerdings „rockt“ es tatsächlich nur in der nördlichsten Ecke, dort wo Neukölln an Kreuzberg und den Landwehrkanal stößt. Hier haben sich originelle Kneipen und Bars angesiedelt.

Der neue gute Ruf freut auch die Immobilienmakler, die sich vom rockenden Neukölln höhere Einnahmen versprechen. Sind doch die Schlagzeilen, die der Stadtteil normalerweise macht, nicht wertsteigernd, denn sie handeln oft von Millieustreitigkeiten und Kriminalität, vom Drogenhandel in der Hasenheide, von Armut oder von Hauptschulabbrechern. Tatsächlich ist das Klima rund um die Karl-Marx-Straße, die Hermannstraße und den Rollberg auf den ersten Blick eher rau.

Abseits der Hauptstraßen prunkt der Stadtteil Neukölln mit weitgehend erhaltenen Gründerzeitvierteln. Rund um den alten Ortskern Rixdorf wird es sogar freundlich und historisch. Jenseits des S-Bahnrings aber beginnt die Vorstadt: Großwohnsiedlungen, die Baugeschichte geschrieben haben, Einfamilienhaussiedlungen, Kleingärten. Es gibt in Neukölln ein engagiertes städtisches Quartiersmanagement und Kulturprogramm, das sich um Verständigung zwischen den unterschiedlichen Anwohnergruppen und um eine positive Außenwahrnehmung bemüht.

Der Gegend war ihr Image schon 1912 wichtig: Damals hieß es noch nicht „Neukölln rockt“, sondern: „In Rixdorf ist Musike“. Der Name der Stadt vor den Toren Berlins wurde von Rixdorf zu Neukölln geändert, da ersterer zum Synonym für frivole

**Steckbrief**

**Einwohner**
315 652

**Fläche**
45 km²

**Wohnfläche**
17 km²

**Ausländeranteil**
69 414 (22 %)

**Arbeitslosenquote**
18,3 %

*Alles was das mediterrane Herz begehrt, gibt es auf dem Markt am Maybachufer*

Abendunterhaltung geworden war. Dabei stand er in unterschiedlichen Versionen seit dem 14. Jahrhundert für das Dorf des Johanniterordens. Im 18. Jahrhundert siedelte Friedrich Wilhelm I. protestantische Böhmen hier an. Deren Nachfahren leben bis heute im Kiez, und auch ihre niedrigen Häuser stammen zum Teil noch aus dem Ankunftsjahr 1737. So hat die Gegend um Richardstraße, Richardplatz und Kirchgasse ein fast ländliches Flair. Das winzige Museum im Böhmischen Dorf dokumentiert die Geschichte der Siedler.

Am Ende des 19. Jahrhunderts wuchs Rixdorf auf über 15000 Einwohner und damit zum größten preußischen Dorf und wurde ein eigener Stadtkreis. 1920 wurde es zusammen mit Britz, Rudow und Buckow von Berlin geschluckt. Im Süden Neuköllns gibt es zwar sehr viele, aber nicht nur Einfamilienhäuser: Auch an großflächig durchkonzipiertem Wohnungsbau versuchten sich diverse Architekten. Die Gropiusstadt zum Beispiel, eine monumentale Großwohnsiedlung aus den 60er Jahren, konnte sich bisher nicht von ihrem Ruf als sozialer Brennpunkt befreien. *Julia Brodauf*

Karte Seite 168

**Start**
U Hermannplatz

**Ziel**
U Kottbusser Tor

**Länge**
3 km

**Wochenmarkt am Maybachufer**
Di+Fr 12–18.30 Uhr

**Ä**
Weserstraße 40
Tägl. ab 17 Uhr
Programmwirtschaft
www.ae-neukoelln.de

**Croissanterie**
Pannierstraße 56
(030) 624 60 79

## Reuterkiez

# Auf ein, zwei, drei Kaffee nach Kreuzkölln

Ein Spaziergang, den man seines Endpunktes wegen bevorzugt dienstags oder freitags unternehmen sollte, beginnt am **Hermannplatz** und führt im Zickzack nach Norden. Dieses Gebiet, der Neuköllner Norden, wartet weniger mit großen als mit kleinen Sehenswürdigkeiten auf: Es ist der Kiez, der die Nachtschwärmer und die Kreativszene anzieht, unzählige Kneipen, Projekträume, Künstlerhäuser und andere Eigeninitiativen sind in den letzten Jahren eingezogen und locken ein junges und buntes Publikum nach Neukölln. Das mischt sich munter unter die oftmals sehr traditionell auftretende türkische Urbevölkerung.

Den Verkehrsknotenpunkt Hermannplatz beherrscht das **Karstadt-Warenhaus** ❶, das 1930 prunkvoll und siebenstöckig gebaut wurde und mit seiner amerikanischen Kaufhausarchitektur seinerzeit als das modernste Kaufhaus Europas galt. 1945 wurde es von der flüchtenden SS gesprengt, nur ein kleiner Teil an der Südseite blieb erhalten und wurde beim Wiederaufbau in das heutige Kaufhaus integriert.

Am Hermannplatz beginnt der Kottbusser Damm, immer verkehrsreich, immer zugeparkt und mit viel Leben in den sehr günstigen Geschäften. Wir biegen gleich rechts in die schmale **Weserstraße** ❷ ab und drehen eine Runde durch den Reuterkiez. Da der Kiez in zwei Richtungen an Kreuzberg grenzt und von dort auch ein Teil der Szene hinübergeschwappt kam, nennt man die Gegend Kreuzkölln. Schnell stößt man auf den Reuterplatz, eine denkmalgeschützte Grünanlage von 1910. Von hier aus führt die Entdeckungsreise weiter die Weserstraße hinunter. Mindestens bis die Fuldastraße kreuzt, kann man links und rechts Bars und Cafés entdecken. Als Wendepunkt nehmen wir das „Ä“, eine Künstlerknei-

*Das Bittere mit dem Süßen verbinden: In Neukölln trinkt man schwarzen Mokka zum Baklava*

*In der legendären Ankerklause kann man gemütlich am Landwehrkanal sitzen und ein bißchen Hamburg-Feeling genießen*

pe mit wöchentlich wechselndem Kulturprogramm.

Auf dem Rückweg biegen wir in die Pannierstraße ein – nahe der Kreuzung lädt ein Schild mit der Aufschrift „Croissanterie" zu einem frankophilen Ausflug ins alte Neukölln ein – in diesem winzigen Laden treffen sich die Stammgäste schon wesentlich länger, als „Kreukölln" in der Luft liegt. Aber eigentlich geht es nun nach Norden, vorbei an einer Laubenkolonie und bald schon wieder mit Augenmerk auf extravagante Läden vorwiegend auf der rechten Straßenseite.

Wenn die Straße an der Brücke anlangt: Links halten, und zwar schon vor dem hier kreuzenden Landwehrkanal! Bald liegt ein mediterraner Duft nach Kräutern und Ölen in der Luft, denn zwei Ecken weiter tobt, vorausgesetzt, es ist Dienstag oder Freitag, der sogenannte „Türkenmarkt" am **Maybachufer** ❸. Hier gibt es alles zu kaufen, was der Haushalt benötigt, Gewürze, Kräuter, Obst, Brot, Oliven, aber auch Haushaltswaren, Stoffballen und Unterwäsche ... Am Wochenende, jeden 1. und 3. Sonntag im Monat, ist hier auch Markt, aber Flohmarkt. *JULIA BRODAUF*

**Café Ringo**
Sanderstraße 2
(030) 61 50 79 98
Mo–Sa ab 9, So ab 11 Uhr
www.myspace.com/ringo_berlin

**Ankerklause**
Kottbusser Damm 104
(030) 693 56 49
Di–So ab 10, Mo ab 16 Uhr
www.ankerklause.de

**Neukölln-Führungen auf Schwäbisch**
www.reinhold-steinle.de

**Karte Seite 168**

**Start**
U Leinestraße

**Ziel**
U Hermannplatz

**Länge**
2,5 km

**Zapatos de Baille**
Wissmannstraße 4
(030) 62 72 01 47
Mo–Fr 12–19, Sa 10–15 Uhr
www.zapatosdebaille.de
Bekannter Tangoschuhladen

## Schillerkiez & Hasenheide

# Zwischen Friedhof und Volkspark

An der U-Bahn-Station Leinestraße bietet sich ein denkwürdiger Anblick: Friedhofsmauern, soweit das Auge reicht. Gleich acht Friedhöfe liegen an diesem Teil der Herrmannstraße nebeneinander – sie zeugen von der Bevölkerungsexplosion, die Berlin um die Jahrhundertwende erlebte. In der Gründerzeit wuchs die Stadt von rund 500 000 auf das Vierfache an. Das sprengte die Kapazitäten der innerstädtischen Friedhöfe, weswegen vor der Stadt beerdigt wurde.

Von der Leinestraße aus sieht man auch nur die jeweils kürzeste Seite der einzelnen Anlagen. In die Tiefe erstrecken sie sich bis zu 600 Metern. Über den St. Thomas-Kirchhof beispielsweise kann man von hier bis zu den Parkanlagen Thomashöhe und Lessinghöhe spazieren, die als kleine Trümmerberge auf dem Rollberg sitzen.

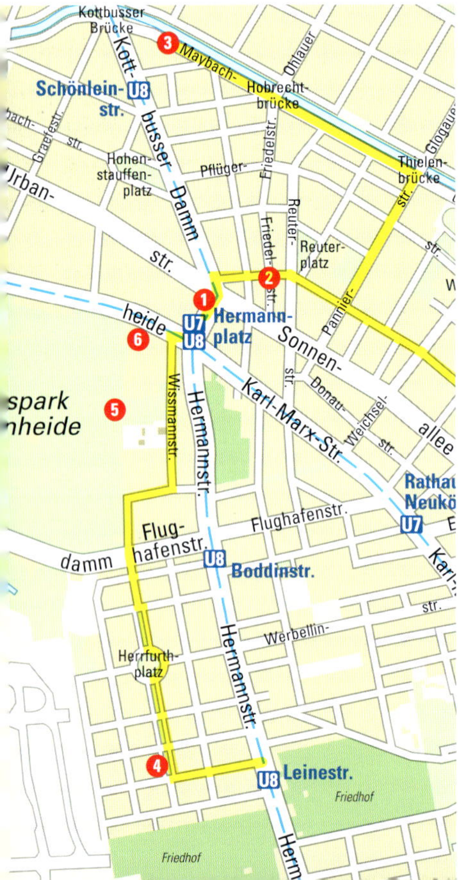


Dies als Auftakt zu einem Spaziergang zu einer weiteren grünen Oase in diesem Kiez. Von der U-Bahnstation Leinestraße gelangt man in den Schillerkiez. An der Carl-Legien-Oberschule, erbaut 1914 als Königlich-Preußische Baugewerkschule, beginnt die **Schillerpromenade** ❹. Links und rechts des grünen Mittelstreifens prachtvolle Gründerzeithäuser: Mit ihrer Erbauung wollte man einen eleganten Gegenpol zu den Arbeitervierteln am Rollberg schaffen. Das gelang nicht.

Auf dem kreisrunden Herrfurth-Platz steht die **Genezareth-Kirche,** erbaut nach Plänen des Baurats Franz Schwächten, der auch die Gedächtniskirche entwarf. Der Kirchturm hat eine besondere Geschichte. Wegen der Einflugschneise zum Flughafen Tempelhof wurde ihm 1939 die Spitze gekappt. Und während der Berlin-Blockade mit den pausenlosen Anflügen der Rosinenbomber verkürzte man ihn noch einmal auf die heutigen 22 Meter.

Die Verlängerung der Schillerpromenade, die Fontanestraße, kreuzt bald die Flughafenstraße und führt zur stillen Karlsgartenstraße am **Volkspark Hasenheide** ❺. Der große Park ist einen Abstecher wert: Hier jagte der Große Kurfürst einst Hasen, außerdem eröffnete Turnvater Jahn hier seinen ersten Sportplatz. Der höchste Punkt des Parks ist der Trümmerberg Rixdorfer Höhe (69 Meter), bei einem Rundgang sind ein Tiergehege, eine angelegte Seenlandschaft, ein Minigolfparcours, Spielplätze, ein Biergarten und viele große Wiesen zu entdecken. Wehrmutstropfen: Die vielen hartnäckigen Drogenhändler vorwiegend im unteren Teil des Parks. Also verlassen wir ihn am besten schon auf der oberen Ebene über die Wissmannstraße und laufen den Berg in Richtung Hermannplatz hinunter. An der Einmündung zur Hasenheide liegt linker Hand die **Neue Welt** ❻, heute ein unschönes Gewerbe-Areal, das neben einem Baumarkt und Supermärkten ein Fitnessstudio, eine Bowlingbahn und einen Konzertsaal beherbergt. Dennoch ist das ein historischer Ort: Die „Neue Welt“ galt bereits 1880 als der letzte Schrei in Sachen Vorstadt-Gastronomie, in den folgenden Jahren wuchs um die ursprünglichen Biergärten ein kompletter Vergnügungspark herum. *JULIA BRODAUF*

*Dem Kirchturm der Genezareth-Kirche am Herfurthplatz wurde wegen der Einflugschneise zum Flughafen Tempelhof die Spitze gekappt*

**Schillerpalais**
Kunst- und Aktionsraum
Schillerpromenade 4
(030) 62 72 46 -70/-73
Mo–Fr 10–18 Uhr
www.schillerpalais.de

Karte Seite 170

**Start**
U Rathaus Neukölln

**Ziel**
S/U Neukölln

**Länge**
2 km

**Stadtbad Neukölln**
Ganghoferstraße 3
(030) 68 24 98 12
www.berlinerbaederbetriebe.de

**Comenius-Garten**
Richardstraße 35
(030) 686 61 06
www.comenius-garten.de

## Alt-Rixdorf

# In Rixdorf is Musike

Ja, man kann auch im Herzen Neuköllns spazieren gehen und zwar sehr schön: Durch das Böhmische Dorf und zum Körnerpark.

Von der Karl-Marx-Straße geht an der Ganghoferstraße die Richardstraße ab. Doch zunächst Augen links: Hier liegt das **Stadtbad Neukölln** ❶, ein prächtiges, historisches Schwimmbad im Jugendstil. Reinhold Kiel baute es im Jahr 1914 nach dem Vorbild einer antiken Therme mit zwei Becken, Travertinsäulen und Mosaiken.

Mit Betreten der Richardstraße befinden wir uns auf dem Weg ins Böhmische Dorf. Der Soldatenkönig Friedrich Wilhelm I. siedelte auch ein Grüppchen böhmischer Protestanten vor den Toren der Stadt an. Nachfahren der Siedler leben bis heute im Kiez, und auch die niedrigen Häuser stammen zum Teil noch aus dem Ankunftsjahr 1737. Richardstraße, Richardplatz und Kirchgasse haben geradezu ländliches Flair. Besondere Aufmerksamkeit gilt den Häusern Nummer 80/81 (originalgetreu wieder hergerichtet), 82 (das älteste Haus im Dorf), 87 (ehem. Haus des Dorfschulzen), und 90 (Gedenktafel für das verheerende Feuer 1849).

Rechter Hand liegt schließlich der Eingang zum Comenius-Garten. Hier wird die Lehre des böhmischen Universalgelehrten Johann Amos Comenius umgesetzt. Schräg gegenüber geht es in die **Kirchgasse** ❷. Dort steht eine Bronze des Soldatenkönigs vor dem ehemaligen Schulhaus, das nun das kleine Museum im Böhmischen Dorf beherbergt.

Geradeaus geht es weiter zum **Richardplatz** ❸ und damit in das Herz der böhmischen Siedlung. Der verkehrsberuhigte Platz liegt unter Bäumen

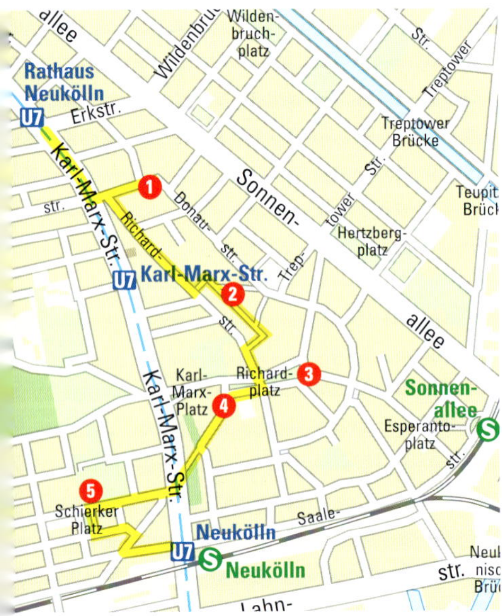

und wird von denkmalgeschützten Häusern gesäumt. In Hausnummer 18 zum Beispiel befindet sich seit 1910 das Fuhrunternehmen Schöne, die historischen Fuhrwerke können in der Remise besichtigt werden. In der Mitte des Platzes liegt die malerische Schmiede aus dem Jahr 1628, in der traditionell gearbeitet wird. Sie ist das Herzstück des Rixdorfer Weihnachtsmarktes, der immer am Wochenende des 2. Advents von den Anwohnern veranstaltet wird.

*Ein böhmisches Dorf mitten in Neukölln*

Sehenswert am Richardplatz sind auch die Stadtvillen in Nr. 24 und 25 und das Bauernhaus Nr. 6. In einer Ecke des Platzes versteckt sich die Bethlehemskirche. Einzelne ihrer Steine stammen noch aus dem 15. Jahrhundert, doch nachdem sie im 30-jährigen Krieg nieder gebrannt wurde, erlebte sie verschiedene Neu-, Um- und Anbauten.

Der Richardplatz geht in den Karl-Marx-Platz über. Hier verschließt ein schmiedeeisernes Tor mit Goldschrift den Durchgang zum **Böhmischen Friedhof** 4, der im Rahmen von Führungen des Museums Neukölln besichtigt werden kann.

Ein kleines Stück die Karl-Marx-Straße links hinunter, dann führt die Jonasstraße zu einem Jugendstil-Kleinod: Der **Körnerpark** 5. Der Kiesfabrikant Franz Körner ließ in einer seiner Kiesgruben zwischen 1912 und 1916 seinen barocken Traum von Klein-Versailles verwirklichen. Es entstand ein von eleganten Treppen umgebener Garten mit Wasserkaskaden, steinernen Putten und hohen, zugewachsenen Arkadenwänden. Unter alten Bäumen und zwischen adretten Blumenbeeten geht man auf die Orangerie zu, hinter deren weinbelaubter Fassade sich eine Galerie befindet. Und ein Café, glücklicherweise mit Sitzplätzen auf der den Park überblickenden Terrasse. An Sommersonntagen ab 18 Uhr werden hier Konzerte gegeben.
*JULIA BRODAUF*

**Museum im Böhmischen Dorf**
Kirchgasse 5
Do 14–17 Uhr und jeden 1./3. So im Monat 12–14 Uhr
www.museumimboehmischendorf.de

**Café Restaurant Villa Rixdorf**
Richardplatz 6
(030) 68 08 60 00
Tägl. 11–1 Uhr
www.villa-rixdorf.com

**Galerie & Café im Körnerpark**
Schierker Str. 8
(030) 56 82 39 39
Di–So 10–18 Uhr
www.kultur-neukoelln.de

Karte Seite 172

**Start**
U Blaschkoallee

**Ziel**
Haltestelle Britzer Garten, Bus M44

**Länge**
4 km und Park-Spaziergang

**Schloss Britz**
Alt-Britz 73
(030) 60 97 92 30
Di–So 11–18 Uhr
www.schlossbritz.de

**Kulturzentrum**
Gutshof Britz
Alt-Britz 73
www.gutshof-britz.de
Konzerte und Ausstellungen

**Britzer Garten**
Sangerhauser Weg 1
(030) 700 90 60
www.britzer-garten.de
Tägl. ab 9 Uhr bis zum Einbruch der Dunkelheit

## Britz

# Von Hufeisen, Eseln und Tulpen

Eine Entdeckungsstour in den grünen Neuköllner Süden: Ausgehend von der U-Bahnstation Blaschkoallee geht es zur Hufeisensiedlung, zu Schloss und Gut Britz sowie dem Britzer Garten.

Ein Blick auf das prächtige **Standesamt von Britz** ❶ an der Blaschkoallee, das ehemalige Krankenhaus im neugotischen Stil, und dann die Fritz-Reuter-Allee hinunter. Wir befinden uns bereits in der **Hufeisensiedlung** ❷, eine der berühmtesten Anlagen von Bruno Taut. Zwischen 1925 und 1932 entstanden hier 1072 Wohnungen im Stil des Neuen Bauens, das Herzstück bildet ein geschwungener Wohnkomplex in Hufeisenform. Sehr grün alles: Den meisten Wohnungen sind Gärten zugeordnet, zwei Teiche sind auch integriert. Durch das Rund gelangt man zu den rot getünchten Häusern am **Hüsung** ❸ und von dort über die von japanischen Zierkirschen gesäumte Onkel-Bräsig-Straße nach Süden zur Ecke Fulhamer Allee. Hier beginnt der **Gutspark** ❹ des **Schlosses Britz** ❺, des Gutshauses derer von Britzik.

Der Schlosspark gilt als einer der schönsten Parks Berlins. An seinem anderen Ende liegt das Fachwerkhaus aus dem 16. Jahrhundert – an das etwa um 1700 steinern angebaut und im 19. Jahrhundert noch ein Neo-Renaissance-Turm hinzugefügt wurde. In dem adretten, weißen Gebäude ist das historische Mobiliar zu besichtigen, im eleganten Ambiente finden hochkarätige Konzerte statt.

Wir passieren das Schloss, um direkt gegenüber ein paar Meter zur **Dorfkirche Britz** ❻ zu gehen. Die Feldsteinkirche aus dem 13. Jahrhundert liegt ausgesprochen idyllisch über dem baumbestandenen Dorfteich. Zum dörflichen Ensemble gehören auch das klassizistische Pfarrhaus und zwei Schulhäuser.

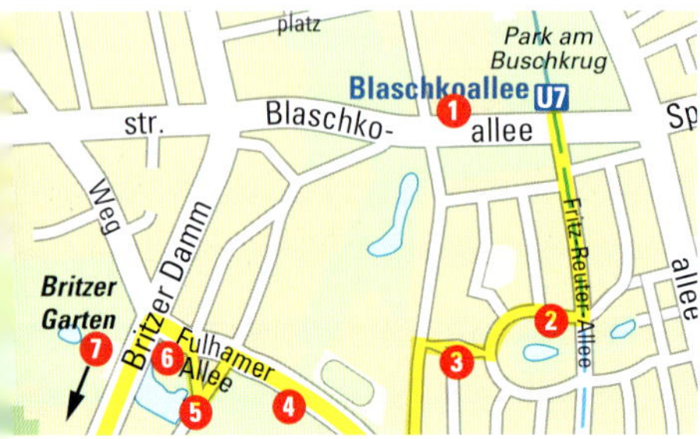


Und auf zur nächsten Idylle: 1,5 km weiter südlich liegt der Haupteingang zum **Britzer Garten** ❼. Dieser, sommers ein

*Wie man sieht: Der Britzer Garten ist spitze*

Blumenmeer samt Hügeln und Seenlandschaft, entstand 1985 als Bundesgartenschau. 875000 Kubikmeter Erde wurden bewegt, es entstanden Seen und Hügel. Heute blüht es auf einladend satten Wiesen, merkwürdiger Kontrast dazu ist die futuristische Architektur der Park-Bauwerke, beispielsweise die Brücke mit dramatisch senkrechten Stelen. Das Ganze ist eingewachsen in Schilf bestandene Ufer und eine charaktervolle Welt für sich. Besonders eindrucksvoll die Blütenflut, die alljährlich zur Tulpenzeit durch den Park schwappt: „Tulipan" verwandelt die Wiesen in ein quietschbuntes Streifenmuster.

Außerhalb des Parks drehen sich bei ausreichendem Wind die 12 Meter langen Flügel der **Britzer Mühle** am Buckower Damm, einer holländischen Windmühle aus dem Jahr 1865. Der Weg des Korns bis hin zum Mehl kann über 5 Etagen hinweg mitverfolgt werden und die daraus hergestellten Brotlaibe werden am Wochenende auch verkauft. Heiraten bzw. sich „vermehlen" kann man hier auch. Oder einfach am Dachdeckerweg den Bus M44 besteigen, der einen zurück Richtung Stadt bringt.

JULIA BRODAUF

**Britzer Mühle**
Buckower Damm 130
Führungen in der Mühle:
So 11–16 Uhr
Brot- und Mehlverkauf:
Fr 12–17, Sa/So 11–16 Uhr
www.britzer-muellerverein.de

**Restaurant Britzer Mühle**
Tägl. ab 9 Uhr
www.britzermuehle.de

**Eingänge Britzer Garten**
Buckower Damm (Bus M44)
Sangerhauser Weg (Bus 179)
Tauernallee (Bus 179)
Mohriner Allee (Bus 181)
Massiner Weg (Apr.–Okt. nur an Wochenenden und Feiertagen, Bus 181)

## Bezirk: Steglitz-Zehlendorf

# Steglitz

In Steglitz, lebendiger Bezirk im Südwesten von Berlin, mischt sich bürgerliches Familienleben mit studentischer Umtriebigkeit. Wohlhabende Villenviertel befinden sich nahe der eher rauhen Schloßstraße. Der Botanische Garten, das Benjamin Franklin Klinikum der Charité und ein Campus der Freien Universität im Ortsteil Lankwitz vertreten die Gelehrsamkeit.

In Steglitz gibt es keine Szene wie in den Innenstadtbezirken, hier wohnen eher Menschen, die es ruhiger lieben. Dafür findet man hier häufiger Berliner Originale als Zugezogene (so scheint es jedenfalls). Das Herz und Zentrum von Steglitz ist die Schloßstraße, die mit ihren vielen Geschäften und Cafés auch die Bewohner aus den umliegenden Vierteln zum Einkaufen und Bummeln einlädt und mit ihrer Kombination aus Historismus und Nachkriegs-Bausünden architektonisch höchst eigenwillige Blickachsen schafft.

Vielleicht, wenn es nicht vom Namen seines Gründers herrührt, bezieht sich der Ortsname „Steglitz“ auf die slawische Bezeichnung „Stygl-its“ für eine Siedlung am Berghang, was angesichts der Lage des Dorfes Steglitz am knapp 70 Meter hohen Fichtenberg schmunzeln lässt. Man nimmt ihn im Vorbeifahren kaum wahr.

Benachbart zu Steglitz waren die Dörfer Lankwitz, Lichterfelde und Giesensdorf, und dies in etwa seit dem 13. Jahrhundert. Als jedoch im 18. Jahrhundert der Verkehr zwischen Berlin und Potsdam immer mehr zunahm, wuchs mit dem wirtschaftlichen Aufschwung die Region zusammen und schließlich an die Stadt Berlin heran. Ausschlaggebend hierfür war die erste gepflasterte preußische Straße nach Potsdam 1792. Zehn Jahre später erwarb der Großkanzler Carl Friedrich von Beyme Gut und Dorf Steglitz und ließ sich an der Straße nach Potsdam nieder – sein Gutshaus, das Wrangelschlösschen, steht immer noch an der Ecke Schloßstraße/Wrangelstraße. Ein weiterer

**Steckbrief**

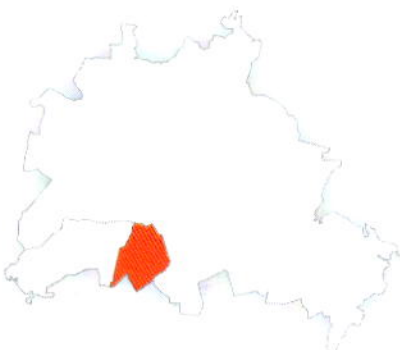

**Einwohner**
194 451

**27–45 Jahre**
34 %

**Über 65 Jahre**
23 %

**Höhe des Steglitzer Kreisels**
119 m

*Der Bierpinsel: Der futuristische Popart-Bau aus den 1970ern ist eigentlich rot. Momentan kann man ihn aber noch in bunt bewundern. Leider nur von außen. Wiedereröffnung ist erst für 2013 geplant – dann mit Gastronomie, Kunst- und Kulturangeboten*

Verkehrs-Meilenstein war 1838 die Inbetriebnahme der Eisenbahn zwischen Berlin und Potsdam.

Am 1. Oktober 1920 wurde aus den ehemaligen Dörfern Steglitz, Lichterfelde, Lankwitz und Südende (Ende des 19. Jahrhunderts als Villenkolonie gegründet) der Bezirk Steglitz, zwölfter Verwaltungsbezirk von Berlin. Im Jahr 2001 wurde Steglitz mit Zehlendorf zu einem einzigen Bezirk zusammengeschlossen. Über die besondere Geschichte des Ortsteils Lichterfelde, Villenkolonie für Offiziersfamilien, wird auf Seite 179 berichtet. Auch hier Verkehrs-Pioniertum: Zwischen der preußischen Hauptkadettenanstalt und dem Bahnhof Lichterfelde-Ost fuhr die älteste elektrische Straßenbahn der Welt. *Stefanie Pott*

Karte Seite 176

**Start**
U Walther-Schreiber-Platz

**Ziel**
S/U Rathaus Steglitz

**Länge**
3 km

## Schloßstraße
# Shoppen und schauen

Dieser Spaziergang durch das Steglitzer Zentrum führt durch die Schloßstraße, die 2 km lange Einkaufsmeile, erkundet in ihren Nebenstraßen Verstecktes wie die Rosenkranzbasilika und erklimmt schließlich den Steglitzer Hausberg, den Fichtenberg.

Die Schloßstraße, schon um 1900 Hauptverkehrsader mit Geschäften, gehört zu den umsatzträchtigsten Shopping-Meilen Berlins. An der Ecke Gutsmuthstraße – fast neben dem Forum Steglitz – steht der **Titania-Palast** ❶, ein Kino aus dem Jahre 1928. Mit seiner Fassade im Stil der Neuen Sachlichkeit und seinem 30 Meter hohen Beleuchtungsturm galt das Gebäude bei seiner Eröffnung als architektonische Sensation. 1951 fanden hier die ersten Internationalen Filmfestspiele Berlins statt, heute ist es ein Multiplex-Kino.

Drei Straßen weiter springt hinter dem neuen Shopping Center „Boulevard Berlin" eine futuristische Konstruktion ins Auge: der **Bierpinsel** ❷. Der Popart-Bau von 1976 thront über Stadtautobahn und U-Bahnhof Schloßstraße. Die derzeitige künstlerische Gestaltung (eine Bemalung durch Grafiti-Künstler, die sich bis in den U-Bahnhof fortsetzt) wird wohl früher oder später wieder dem ursprünglichen Rot weichen, ab 2013 soll es auch wieder Gastronomie im Turm geben.

Rechts und links der Schloßstraße liegt das Steglitz der Gründerzeit mit seinen hübschen Bürgerhäusern. In der Kieler Straße steht die um 1900 nach dem Vorbild frühbyzantinischer Kuppelkirchen erbaute **Rosenkranzbasilika** ❸. Sie erhielt die Bezeichnung Basilika, als sie nach dem Zweiten Weltkrieg als katholischer Bischofssitz fungierte. Nahe der Basilika

**Rosenkranzbasilika**
Kieler Str. 11
www.rosenkranz-basilika.de
Gotteshaus der Spätromantik

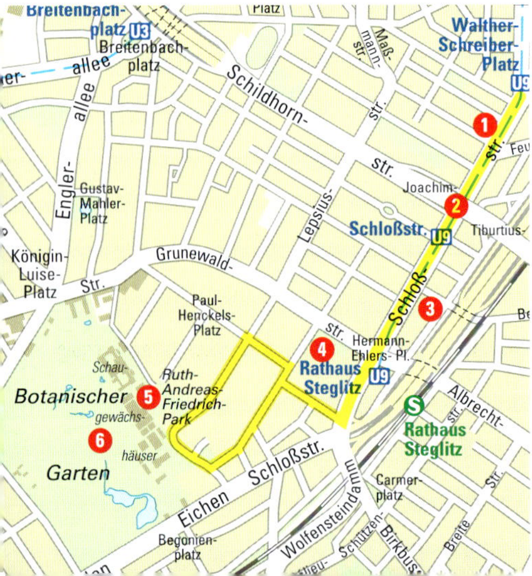

kann man auch gleich die schlimmste Bausünde von Steglitz sehen (und hören): Die in den 70er Jahren gebaute Stadtautobahn, die den Stadtteil in zwei Teile zerschneidet.

Weiter geht's zum Hermann-Ehlers-Platz. Hier steht das Denkmal **Spiegelwand** für die deportierten und ermordeten Mitglieder der jüdischen Gemeinde, deren Synagoge sich in der angrenzenden Düppelstraße 41 befand. Die Namen der Menschen sowie ihr Schicksal sind in die Spiegelwand eingraviert.

An der Ecke zur Grunewaldstraße ragt das neogotische **Rathaus Steglitz** auf, rot mit Ziegeln verblendet und mit Türmchen geschmückt. Ende des 19. Jahrhunderts wurde es als repräsentative Verwaltung von Steglitz, dem größten Dorf Preußens, erbaut. Seit 2005 wird das Rathaus von zwei Seiten vom Einkaufszentrum „Das Schloss" umschlossen.

*Das stolze Rathaus Steglitz wurde Ende des 19. Jahrhunderts gebaut*

Gegenüber sehen wir das 28-stöckige Hochhaus **Steglitzer Kreisel.** Bis Ende 2007 war es Sitz der Bezirksverwaltung, seitdem steht es wegen Asbestsanierung leer. Die Geschichte des Gebäudes war von Anfang an von Bauskandalen begleitet, seine Fertigstellung zog sich über 10 Jahre hin. Nahe des Eingangs zum Hochhaus an der Schloßstraße trotzt ein einsamer Baum den Jahren: die Friedenseiche, gepflanzt 1871 nach dem Deutsch-Französischen Krieg.

Auf dem unscheinbaren Karree gegenüber verstecken sich Ursprung und Sehenswürdigkeiten von Steglitz: An der Ecke Grunewaldstraße, etwas versteckt hinter dem Café-Rondell, steht die **Schwartzsche Villa,** erbaut 1898 als Sommersitz der Bankiersfamilie Schwartz. Sie beherbergt heute ein Café, in dem Menschen mit Behinderung arbeiten sowie ein Kunst- und Kulturzentrum. Etwas weiter südlich, Zugang von der Schloßstraße aus, steht die **Matthäus-**

**Café Schwartzsche Villa**
Grunewaldstr. 54–55
(030) 793 79 70
Tgl. 10–24 Uhr
www.schwartzsche-villa.de
Café mit Terrasse und großem Sommergarten im Park

**Naturkaufhaus Galleria**
Schloßstraße 101
www.naturkaufhaus-berlin.de
Einkaufszentrum mit ökologischem Anspruch

**Botanischer Garten Berlin**
Eingänge:
Königin-Luise-Str. 6–8
Unter den Eichen/
Begonienplatz
(030) 8 38 50-100
www.bgbm.org
Tägl. geöffnet

**Der Botanische Garten** lohnt sommers wie winters den Besuch. Ungefähr 18 000 Pflanzenarten befinden sich hier auf mehr als 6000 Quadratmetern. In 16 Gewächshäusern und im Freien kann der Besucher die Botanik der verschiedenen Klimazonen kennenlernen. Besonders interessant sind auch der Arzneipflanzengarten mit über 200 Heilpflanzen und der Duft- und Tastgarten. Das Ticket für den Botanischen Garten gilt übrigens auch für das Botanische Museum, in dem man noch mehr über die Geschichte der Botanik erfährt.

**kirche** 4, 1880 als Ersatz für die zu kleine Steglitzer Dorfkirche errichtet. Rund um die Backsteinkirche lag ehemals der Dorfkern von Steglitz. Auf dem Areal befindet sich ein Teil des alten Steglitzer Friedhofs.

Ein Karree weiter liegt an der Ecke Schloßstraße/Wrangelstraße das Gutshaus Steglitz, nach einem seiner früheren Bewohner, dem Generalfeldmarschall von Wrangel, **Wrangelschlösschen,** genannt. Nebenan, im ehemaligen Wirtschaftstrakt, spielt das **Schlosspark-Theater** unter der künstlerischen Leitung von Dieter Hallervorden.

**Schlosspark-Theater**
Schloßstraße 48
(030) 78 95 66 71 00
www.schlossparktheater.de

Nach Einbiegen in die Wrangelstraße gelangt man bergauf durch Steglitzer Villenstraßen auf den Fichtenberg und zum schönen **Ruth-Andreas-Friedrich-Park** 5. Ein Gedenkstein erinnert an die namensstiftende Schriftstellerin und Journalistin, die zusammen mit ihrem Lebensgefährten, dem Dirigenten Leo Borchard, die Widerstandsgruppe „Onkel Emil" im Dritten Reich mitbegründete. Die Zeunepromenade führt uns den Fichtenberg wieder bergab, links in der Rothenburgstraße befindet sich das Blindenhilfswerk Berlin. Hier lädt ein **Garten der Sinne** Besucher ein, die Natur wie ein blinder Mensch zu erfahren. An der nächsten Ecke geht es rechts in die Wrangelstraße, die wieder auf die Schloßstraße und zum S- und U-Bahnhof Rathaus Steglitz führt.
*Stefanie Pott*

**Garten der Sinne**
(auf dem Gelände des Blindenhilfswerks)
Rothenburgstr. 14–15
Im Sommer Mo–Fr 9–15 Uhr
Besucher bitte im Werkstattladen melden
Anmeldung für Gruppen unter (030) 792 50 31
www.blindenhilfswerk-berlin.de

## Lichterfelde

# Zum ältesten Villenviertel Berlins

Karte Seite 180

**Start**
S Lichterfelde-West

**Ziel**
Krahmerstraße/Stockweg, Bus M85

**Länge**
3 km

Die älteste und vielleicht verwunschenste Villenkolonie Berlins findet sich in Lichterfelde-West. Sie wurde 1865 vom Bauunternehmer Johann Anton Wilhelm von Carstenn gegründet, der repräsentatives Wohnen im Grünen ermöglichen wollte. Carstenn kaufte großflächig Land und investierte in Villenkolonien auch in Wilmersdorf und Friedenau. Erhalten ist aber nur diese Siedlung in Lichterfelde, in der viele Häuser von Gustav Lilienthal, dem häufig in Vergessenheit geratenen Bruder von Flugpionier Otto Lilienthal, errichtet wurden. Lilienthal baute seine „Burgen von Lichterfelde" im neogotisch-englischen Tudor-Stil. Sie sind über die ganze Kolonie verteilt zu finden.

Am S-Bahnhof Lichterfelde West angekommen, sind wir schon mittendrin in der Villenkolonie. Das Bahnhofsgebäude selbst wurde von Carstenn im Stil einer norditalienischen Renaissancevilla entworfen. An der Ecke zur Curtiusstraße steht links das reich verzierte **Emisch-Haus** (1). Weiter in der Curtiusstraße

*Motive aus der Bibel und eine kleine Paulusfigur schmücken das Emisch-Haus*

ist bald eines der ältesten Gebäude der Siedlung zu finden: Die **Villa Holzhüter** ❷, wegen ihrer Bauweise auch „Florentinische Villa“ genannt, stammt aus dem Jahre 1875.

Nicht nur Villen finden sich in Lichterfelde-West, auch die Präsenz des Militärs hat den Ortsteil geprägt. Davon zeugt unter anderem das **Rother-Stift** ❸ an der Ecke Friedrichstraße/Kommandantenstraße. Das Stift wurde Ende des 19. Jahrhunderts für unverheiratete Offiziers- und Beamtentöcher im Stil der märkischen Backsteingotik errichtet. Interessant auch die **Johanneskirche** ❹ weiter südlich am Johanneskirchplatz, ein klassizistischer Kuppelbau.

Besonders spektakulär sind die Häuser in der **Potsdamer Straße.** Die Nr. 22 ❺ wurde von Alfred Grenander und Otto Spalding im Jugendstil erbaut. Die Nr. 6 ist einem englischen Landhaus nachempfunden, die Nr. 9, das „Potsdamer Schlößchen“, beherbergt heute eine Kita. Die Hausnummern 57a und 63 sind von Lilienthal im Burgcharakter entworfene Villen. Das gleiche gilt für Nr. 4 und 5 der Marthastraße, die Nr. 5 war gar **Lilienthals Wohnhaus** ❻, woran eine Gedenktafel im Vorgarten und ein Namensschild

**Führungen durch die Villenkolonie z.B. durch**
Stadtverführung Kultur Büro
(030) 4 44 09 36
www.stadtverfuehrung.de

**Nachbarschaftscafé Gutshaus Lichterfelde**
Hindenburgdamm 28
(030) 84 41 10 40
Mo–Fr 9–17 Uhr
www.stadtteilzentrum-steglitz.de
Frühstück, Kaffee und Kuchen, Snacks

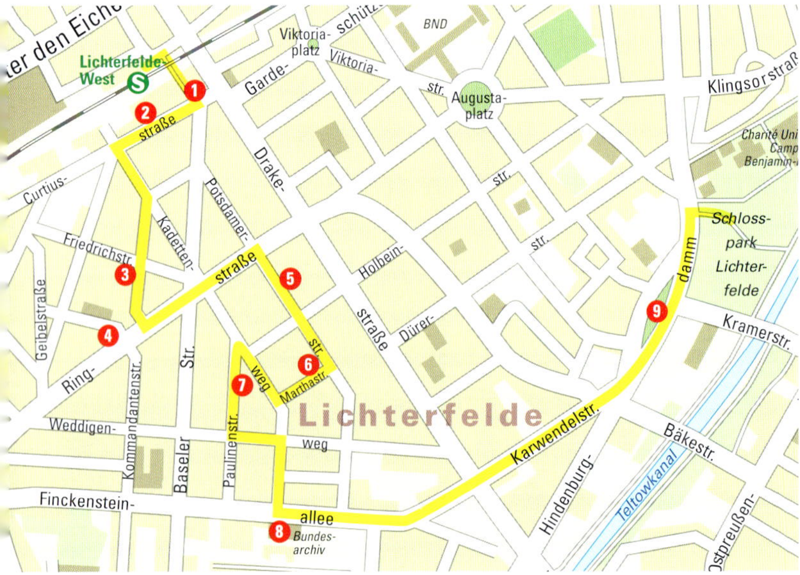

am Tor erinnern. Heute soll dort immer noch seine Enkelin leben.

In der **Paulinenstraße** treffen wir weitere Lilienthal-Burgen. An den Hausnummern 24–28 7 kann man die Details im Tudorstil wie Zinnen und Türmchen und sogar Brücken über den „Burggraben" bestaunen. Interessanterweise sind alle diese Verzierungen keine Spielerei, sondern funktionell: Der Burggraben erlaubt Tageslicht im Untergeschoss und in den Türmchen verstecken sich Lüftungsschächte oder Schornsteine. Im **Weddigenweg** sind die Villen mit den Nummern 8, 9, 16 und 17 von Lilienthal geschaffen worden, sie haben aber bis auf Nr. 17 keinen so offensichtlich burgähnlichen Charakter wie die vorigen.

*Die Johanneskirche ist ein klassizistischer Kuppelbau und wurde 1914 eingeweiht*

Zum militärischen Erbe Lichterfeldes zählt die ehemalige **Preußische Hauptkadettenanstalt** 8 in der Finckensteinallee Nr. 63, 1872 erbaut. Heute ist hier das Bundesarchiv untergebracht.

Über die Karwendelstraße (oder quer durch die Villenkolonie) gelangen wir zum alten **Dorfanger** 9 von Lichterfelde am Hindenburgdamm. Wie eine Mittelinsel liegt er in der mehrspurigen Straße. Hier steht die alte **Dorfkirche** aus dem 14. Jahrhundert mit dem Friedhof, auf dem sich Carstenns Grab befindet, sowie die um 1900 erbaute Pauluskirche.

Zum Schluss lohnt ein Abstecher in den nahen **Schlosspark.** Hier begegnen wir Carstenn noch einmal. Im **Gutshaus Lichterfelde,** auch genannt „Carstenn-Schlösschen", residierte er ab 1862. Heute kann man hier werktags im Nachbarschaftscafé des Stadtteilzentrums Steglitz Kaffee und Kuchen mit Blick auf den Park genießen. STEFANIE POTT

## Bezirk: Steglitz-Zehlendorf

# Zehlendorf

**Steckbrief**

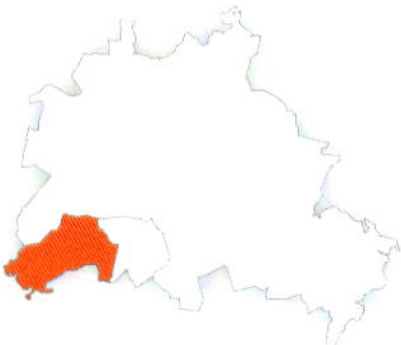

**Einwohner**
99 724
**27-45 Jahre**
18 %
**Über 65 Jahre**
27 %
**Fläche**
70,5 km²

Viel Grün, viel Wasser und jede Menge Kultur, das ist der alte Bezirk Zehlendorf auf einen kurzen Nenner gebracht. Er bietet Bewohnern wie Besuchern viel Lebensqualität und Abwechslung.

Das alte Zehlendorf weist eine mehr als 750-jährige Geschichte auf und ist damit nur ein paar Jahre jünger als Berlin selbst. Der frühere Bezirk, der im Rahmen der Verwaltungsreform 2001 mit Steglitz zusammengeführt wurde, umfasst neben Zehlendorf selbst auch die Ortsteile Wannsee, Nikolassee und Dahlem. Mit einer Fläche von gut 7 Hektar gehört Zehlendorf zu den großen Alt-Bezirken in Berlin, verfügt dabei aber mit nicht einmal 100 000 Einwohnern über eine geringe Bevölkerungsdichte. Nur zum Vergleich: Steglitz ist nicht einmal halb so groß, hat aber gut die doppelte Einwohnerzahl.

Dieser Eindruck bestätigt sich, wenn man durch Zehlendorf läuft, radelt oder fährt. Hier hat man sich viel Platz gelassen, in vielen Lagen überwiegt Villenbebauung, wie etwa am Schlachtensee, am Wannsee oder in Dahlem. Neun Parkanlagen verteilen sich über diesen Stadtteil, weiteres Grün liefern der Grunewald, der teilweise zu Zehlendorf zählt, der Düppeler Forst sowie die unzähligen Bäume, die überall die Straßen schmücken. Die Zehlendorfer Seelandschaft bietet Wasserratten und Erholungssuchenden vielfältige Möglichkeiten. Wannsee, Schlachtensee oder Krumme Lanke – um nur einige zu nennen – sind ja als Berlin-Klassiker weit über die Stadtgrenzen hinaus bekannt und auch das Havel-Ufer lädt zu Sport und Freizeitvergnügen ein.

Kulturinteressierte kommen hier ebenfalls voll auf ihre Kosten. 17 Museen findet man in Zehlendorf – von A wie Alliierten-Museum über B wie Brücke-Museum und L wie Liebermann-Villa bis Z wie Zehlendorfer Heimatmuseum. Ein besonderes Highlight bietet Dahlem mit dem Museum für Asiatische Kunst,

*Rund um den heutigen Mexikoplatz in Zehlendorf entstanden Anfang des 20. Jahrhunderts viele Villen. Einige wurden von Architekten gebaut, die später berühmt wurden, darunter Walter Gropius und Mies van der Rohe*

dem Ethnologischen Museum und dem Museum Europäischer Kulturen. In den Schlössern in Glienicke, im Grunewald oder auf der Pfaueninsel lässt sich die Pracht vergangener Zeiten bewundern. Auch die Wissenschaft steht in Zehlendorf hoch im Kurs, viele bedeutende Einrichtungen haben hier ihren Standort. Neben der Freien Universität zum Beispiel die Max-Planck-Gesellschaft, das Konrad-Zuse-Zentrum für Informationstechnik oder das Deutsche Institut für Wirtschaftsforschung.

Kurz und gut: Zehlendorf hat viel zu bieten, und das für so gut wie jeden Geschmack. Erleben und genießen Sie diesen vielseitigen Kiez. Viel Spaß dabei!
*TINA SPESSERT*

Karte Seite 184

**Start**
U Dahlem-Dorf

**Ziel**
U Thielplatz

**Länge**
2,5 km

**Museum für Asiatische Kunst & Ethnologisches Museum**
Lansstraße 8
(030) 8 30 14 38
Di–Fr 10–18,
Sa/So 11–18 Uhr

**Museum Europäischer Kulturen**
Arnimallee 25
(030) 830 14 29
Di–Fr 10–18,
Sa/So 11–18 Uhr

## Dahlem

# Vom Leben auf dem Lande und in anderen Ländern

Nomen est omen – so jedenfalls, wenn man in Dahlem-Dorf aus der U 3 steigt und sich plötzlich in einem reetgedeckten Bauernhaus im Fachwerkstil befindet. Die vielen jungen Leute, die hier wochentags aus der U-Bahn strömen, geben einen Hinweis darauf, dass die Freie Universität gleich um die Ecke liegt. Doch unser Weg ist zunächst ein anderer: Von dem schönen Bahnhofsgebäude aus geht es nur wenige hundert Meter links die Königin-Luise-Straße herunter und schon steht man vor dem Eingang der **Domäne Dahlem** 1.

Die Domäne ist ein Freilichtmuseum auf dem Gelände eines ehemals staatlichen Landgutes. Hier lässt sich für den verwöhnten Großstädter erfahren, wie unsere Grundnahrungsmittel in die Tüte und auf den Teller kommen. Der Rundgang beginnt im Herrenhaus, eines der ältesten erhaltenen Gebäude Berlins. Neben wechselnden Ausstellungen erhält man dort einen Einblick in Leben und Wirtschaften der 20er Jahre. Der original erhaltene Tante-Emma-Laden lässt nicht nur Kinderherzen höher schlagen. Weiter geht's zu Stallungen, kleinen Werkstätten, glücklichen Hühnern, Musterfeldern und dem Hofladen, in dem man sich mit den Bio-Produkten der Domäne versorgen kann.

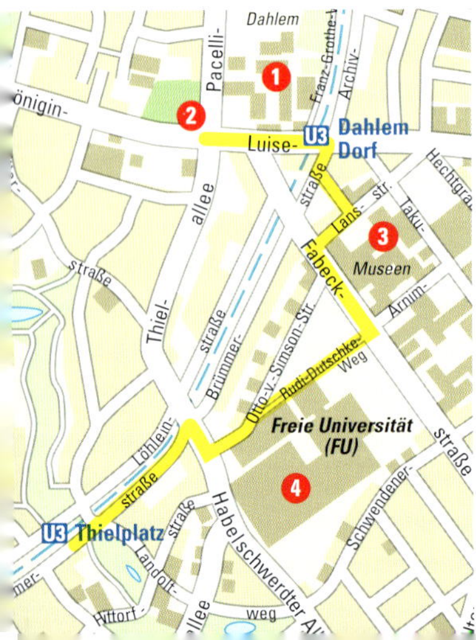


Soviel Landwirtschaft kann hungrig machen – schräg gegenüber bietet sich der Alte Dorfkrug mit einem urig-gemütlichen Schankraum und dem Biergarten unter Bäumen an. Vielleicht machen Sie anschließend noch einen weiteren kleinen Spaziergang – an der Domäne vorbei kommen Sie an der nächsten Kreuzung zur beschaulichen Kirche **St. Annen** 2, deren Ursprünge auf das 14. Jahrhundert zurückgehen. Auf dem Friedhof liegt im Schatten hinter der Kirche Rudi Dutschke begraben. Vom Dorfanger aus sind es auch nur ein paar Schritte die Iltisstraße hinunter

*Das Herrenhaus der Domäne Dahlem ist eines der ältesten Gebäude Berlins*

zu den **Museen Dahlems** 3. Hier sind die Museen für Völkerkunde und Asiatische Kunst in einem Ensemble von schlichter 60er-Jahre-Eleganz nahezu im Grünen angesiedelt. Ergänzt wird die spannende Sammlung durch einen Streifzug durch viele Tausend Jahre Geschichte im Museum für Europäische Kulturen.

In der Nähe des Museumskomplexes sind an der Fabeckstraße die Hauptgebäude der **Freien Universität** 4, Rost- und Silberlaube, zu sehen. Der in den 70er Jahren erbaute weitläufige Gebäudekomplex ist eine Welt für sich. Der Name Rostlaube bezieht sich auf die rostig aussehende, metallische Außenhaut des ersten Gebäudeteils an der Habelschwerdter Allee. Beim zweiten Bauabschnitt hat man dann eine silbrig-glänzende Aluminiumverkleidung verwendet. 2014 soll die Holzlaube folgen – mit einer hölzernen Fassade. Die Hauptattraktion des Gebäudekomplexes aber ist die 2005 von Sir Norman Foster errichtete **Philologische Bibliothek** mit dem gläsernen Kuppeldach. Weitere Gebäude der FU sind über ganz Dahlem verstreut. Von der Universität ist es dann auch nicht mehr weit zum schönen Thielpark. *Tina Spessert*

**Freilichtmuseum Domäne Dahlem**
Königin-Luise-Straße 49
(030) 6 66 30 00
www.domaene-dahlem.de
Öffnungszeiten (Museum):
Tägl. außer Di 10–18 Uhr

**Alter Krug Dahlem**
Königin-Luise-Straße 52
(030) 83 27 00
Tägl. 10–23 Uhr
Sonntagsbrunch: 10–14 Uhr

**Immer wieder sonntags** lädt das Museumsdorf Düppel zu einer Zeitreise ein, rund 800 Jahre zurück ins Mittelalter. Am Anfang dieses Museumsprojektes standen ein paar Scherben, die spielende Kinder auf dem Gelände gefunden hatten. In den 60er Jahren sahen Archäologen sich die Sache näher an und fanden Überreste einer Ansiedlung aus dem 12./13. Jahrhundert. Nach und nach ist dieses Dorf nun wieder auferstanden und dort kann man heute viel darüber erfahren, wie mühevoll das Leben unserer Vorfahren war – und wie findig sie es gemeistert haben. Teerschwele, Schmiede, Weberei und andere Gewerbe geben Auskunft darüber. Sehr empfehlenswert ist die Teilnahme an der – kostenlosen – Führung, die um 11 Uhr startet. *TINA SPESSERT*

**Museumsdorf Düppel**
Clauerstraße 11
(030) 8 02 66 71
www.dueppel.de
März bis Okt.
So/Fei 10–17, Do 15–19 Uhr
Anfahrt: Ludwigsfelder Straße, Bus 115 (ab S Zehlendorf)

Karte Seite 187

**Start**
S Zehlendorf

**Ziel**
U Onkel Toms Hütte

**Länge**
3,5 km

### Zehlendorf-Mitte

## Das Dorf, die Eiszeit und ein Architektenstreit

Rund um den alten Ortskern von Zehlendorf ist mit Schulhaus, Dorfkirche und einem prächtigen Baum noch ein Stück Vergangenheit lebendig. Und wie immer in diesem grünen Bezirk ist es auch nicht weit bis zu einem besonderen Naturgenuss. Schauen wir uns das doch etwas näher an!

Ein Abstecher führt über den Teltower Damm am evangelischen Gemeindehaus vorbei und links in die Kirchstraße. Mit ihrer warmen Backsteinoptik setzt dort die **Pauluskirche** ❶ einen lebendigen Kontrapunkt zum Grau des Rathauses auf der anderen Seite. Sie wurde zu Beginn des 20. Jahrhunderts im Rahmen des kaiserlichen Kirchenbauprogramms im neugotischen Stil errichtet. Über die Martin-Buber-Straße kommen wir wieder zurück an die Potsdamer Straße.

Eine quirlige Ecke, nur ein paar Schritte vom S-Bahnhof Zehlendorf entfernt, dort, wo sich Clayallee und Potsdamer Straße kreuzen. Genau hier schlug auch das Herz des alten Zehlendorfs. Wie beschaulich es in der früheren Landgemeinde zugegangen ist, davon zeugt der „historische Winkel", der vom **Dorfkern** **2** noch erhalten ist.

Zunächst fällt die gewaltige Eiche ins Auge, die 1871 zum Gedenken an das Ende des deutsch-französischen Krieges gepflanzt wurde. Erstaunlich eigentlich für die Zeit, dass man sie nicht Sieges-, sondern Friedenseiche genannt hat. Das gelbe Gebäude hinter dem prachtvollen Baum ist das alte Schulhaus aus dem Jahr 1828, in dem heute das **Heimatmuseum** zu Hause ist. Hier können Sie sich in einer ständigen Ausstellung anschaulich über die Ortsgeschichte informieren, im Obergeschoß befindet sich das Archiv des Heimatvereins. Auf dem angrenzenden Grundstück steht die **Dorfkirche,** die 1768 auf Weisung des Alten Fritz gebaut wurde. Der kleine, achteckige Bau wird auch heute noch für Gottesdienste genutzt und ist als romantischer Ort für Trauungen beliebt.

Schräg gegenüber beginnt die Onkel-Tom-Straße. Ihren literarischen Namen verdankt sie „Onkel Toms Hütte", einem früheren Ausflugslokal in der Nähe, dessen Wirt – mit Vornamen natürlich Thomas – seine Kneipe nach dem berühmten Roman benannt hatte. Rechts von der Onkel-Tom-Straße erhält man immer wieder Einblicke in ein gediegenes Villenviertel, während sich linker Hand still unter alten Bäumen der Städtische Friedhof erstreckt.

Nicht weit hinter der Kreuzung Schützallee beginnt dann ein reizvolles Stück Natur, ein Berliner Gartendenk-

*In Zehlendorf-Mitte liegen Historisches und Modernes nah beieinander*

**Pauluskirche**
Kirchstraße 4–6
Mi 16–18, Sa 11–13 Uhr

**Heimatmuseum Zehlendorf**
Clayallee 355
(030) 8 02 24 41
www.heimatmuseum-zehlendorf.de
Mo und Do 10–18 Uhr
Di und Fr 10–14 Uhr

**Alte Dorfkirche Zehlendorf**
Potsdamer Straße 1
Geöffnet Do 16–18 Uhr
Mo 7 Uhr Morgenandacht

mal, das den Besuch lohnt: der **Fischtalpark** 3. In den 20er Jahren wurde dieser Volkspark in der hügeligen Landschaft rund um eine eiszeitliche Rinne angelegt – mit Baumgruppen, großen Wiesen und dem idyllischen Teich in der Senke. Eine Plattform lädt dazu ein, im Sommer die Seerosen zu betrachten und einen Moment die Seele baumeln zu lassen. Für Spaß im Winter sorgt eine kleine Rodelbahn.

Die angrenzende Siedlung „Im Fischtal" hat übrigens ein kurioses Stück Architekturgeschichte ausgelöst – den „Zehlendorfer Dächerstreit", in dem sich Ende der 20er Jahre weit über Berlin hinaus die Anhänger des traditionellen Bauens (Satteldach) und der Moderne (Flachdach) erbittert befehdeten. Die Häuser im Fischtal stehen für die konventionelle Architektur, die in der gegenüberliegenden Wohnanlage **Onkel Toms Hütte** 4 für das Neue Bauen, wie es hier von Bruno Taut und seinen Mitstreitern verwirklicht wurde. Die Zehlendorfer von einst spotteten eher über „Onkel Tauts Hütten", da auf ein Haus nun mal ein ordentliches Dach gehöre. Doch überzeugen Sie sich selbst – beide Siedlungen sind erhalten.
*TINA SPESSERT*

## Krumme Lanke

# Natur pur und jede Menge Kultur

Karte Seite 189

**Start/Ziel**
U Krumme Lanke

**Länge**
5 km

Abwechslung steht auf dem Programm dieses Spaziergangs – ein Seerundgang um die Krumme Lanke, aktuelle Kunst im Haus am Waldsee und eine Tour zur Villenarchitektur der klassischen Moderne.

Beginnen wir diesen Spaziergang an der **U-Bahn-Station Krumme Lanke ①**. Hier lohnt der Blick auf den Bahnhof. Es ist ein originalgetreuer Nachbau des Gebäudes, das Ende der 20er Jahre im Stil der Neuen Sachlichkeit von dem schwedischen Architekten Grenander errichtet wurde, der wie kein anderer das bauliche Bild der Berliner U-Bahnhöfe geprägt hat.

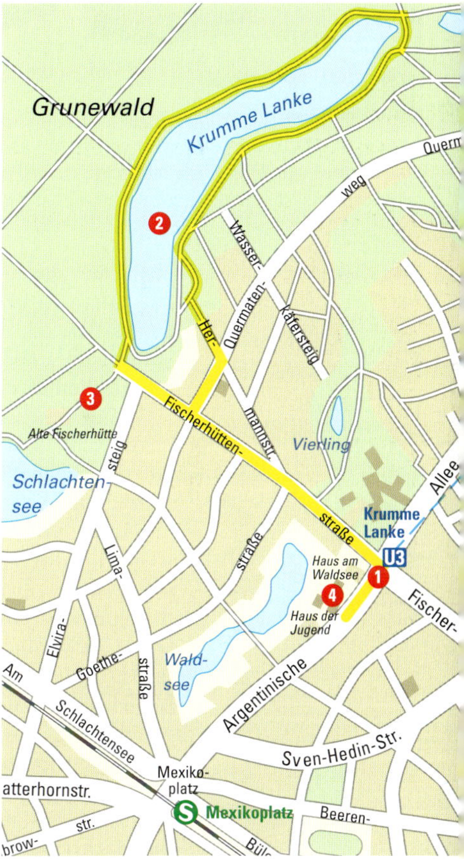


Nun überqueren wir die Argentinische Allee und gehen einen knappen Kilometer auf der Fischerhüttenstraße entlang. Dann eröffnet sich nach rechts bereits ein idyllischer Blick auf den tiefer liegenden See. Gut riecht es an der **Krummen Lanke ②**, frisch und würzig, nach Wasser und Wald. In etwa einer halben Stunde lässt sich der See umrunden, ein gemächlicher Spaziergang direkt am Ufer, auf angenehmem Waldboden, der den harten Asphalt der Großstadt eine Weile vergessen lässt. Baden ist hier auch erlaubt, die Wasserqualität sogar sehr gut und es macht wirklich Spaß, auf den baumumstandenen See hinaus zu schwimmen. Erstaunlich, wie viele Unverfrorene sich selbst an weniger heißen Sommertagen in die Fluten stürzen. Ein Sandstrand, eine Badewiese (FKK), kleine Buchten und viele Bänke laden dazu ein, einen Moment – oder auch länger – zu relaxen und den Blick auf

*Im Haus am Waldsee erfand sich in der Nachkriegszeit die Berliner Kultur neu. Hier spielte die Philharmonie, das Theater und namhafteste Künstler der Moderne wurden ausgestellt. Auch heute noch richtet sich die Ausstellungstätigkeit nach dem Zeitgeschehen*

**Haus am Waldsee**
Argentinische Allee 30
(030) 8 01 89 35
Di–So 11–18 Uhr
Audioguide/Architektur-Tour:
Di–So 11–16 Uhr
Radverleih: 2 Stunden 5 €
www.hausamwaldsee.de

den stillen See zu genießen. Wer kein Picknick dabei hat, kann sich auf halber Strecke im Café/Restaurant im Wasserwerk Riemeisterfenn stärken oder nach vollständiger Seeumrundung in die nahe gelegene **Alte Fischerhütte** 3 am Schlachtensee einkehren.

Weiter geht es wieder zurück über die Fischerhüttenstraße in Richtung U-Bahnhof. Das Haus 106 auf der Fischerhüttenstraße – der weiße Kubus – wurde von Walter Gropius gebaut. Dann rechts in die Argentinische Allee und hier kommen wir nach wenigen Schritten zum **Haus am Waldsee** 4. Nach dem Ende des Zweiten Weltkrieges hat sich diese Fabrikantenvilla aus den 20er Jahren zu einer festen Größe im Berliner Kulturleben entwickelt. Dort hat man sich der internationalen Gegenwartskunst verschrieben, die sich in wechselnden Ausstellungen erleben lässt. Etwa alle 4–8 Wochen wird eine neue Ausstellung eröffnet, sodass sich ein Wiederkommen für Kunstfreunde lohnt.

Hier startet auch die Architektur-Tour, die sich die Macher vom Haus am Waldsee ausgedacht ha-

ben. Für fünf Euro plus Pfand kann man sich einen Audioguide ausleihen, der über 12 Stationen zu herausragenden Beispielen der Villenarchitektur zwischen Waldsee, Schlachtensee und Mexikoplatz führt. Nirgendwo sonst in Deutschland haben zwischen 1907 und 1930 so viele berühmte Architekten Privathäuser entworfen wie hier im Viertel. Neben Walter Gropius haben sich auch Mies van der Rohe, Hermann Muthesius oder Peter Behrens verewigt. Dem Geschmack der Zeit entsprechend überwiegt der britische Landhausstil. Wer des Gehens müde geworden ist, schwingt sich für die Tour einfach auf eines der Räder, die hier vermietet werden. So vergeht ein Tag am Rande des Grunewalds mit viel Bewegung, guter Luft und jeder Menge Sehenswertem.
*TINA SPESSERT*

**Alte Fischerhütte**
Fischerhüttenstraße 136
(030) 30 80 49 83 10
Tägl. Biergarten ab 9 Uhr,
Restaurant ab 10 Uhr
www.fischerhuette-berlin.de

## Wannsee
# Die Villenkolonie Alsen

Karte Seite 193

**Start/Ziel**
S Wannsee

**Länge**
5 km, mit Glienicker Park 9 km, Fahrrad empfehlenswert

Der Ortsteil Wannsee liegt idyllisch zwischen Wäldern und Seen. Besonders schön ist die Lage der Villenkolonie Alsen am westlichen Ufer des Großen Wannsees. 1863 wurde sie vom Bankier Wilhelm Conrad als Sommervillenkolonie gegründet. Es entstanden prachtvolle Villen, eingebettet in eine parkähnliche Kulturlandschaft. Wenige Häuser sind heute erhalten, sodass das damals entstandene Gesamtkunstwerk nur noch erahnt werden kann. Doch es gibt hier einiges zu sehen:

Start am S-Bahnhof Wannsee. Vom Kronprinzessinnenweg aus führt die Königsstraße über die Wannseebrücke und nach 500 Metern wird „Am Großen Wannsee" rechts abgebogen. Sanft schwingt sich die Straße und folgt dem Uferverlauf, rechts und links Villen und Einfamilienhäuser. Nach etwas mehr als einem Kilometer geht es rechts in die kleine Colomierstraße, Nr. 3 ist die **Liebermann-Villa** ❶, erbaut in den Jahren 1909/1910. Das sandfarbene Haus mit den grünen Fensterläden zeigt Bilder des Berliner Impressionisten, Ehrenbürgers und Ehrenpräsidenten der Preußischen Akademie Max Liebermann am Ori-

**Strandbad Wannsee**
Wannseebadweg 25
(030) 78 73 25
Apr.–Sept.
www.strandbadwannsee.de

**Liebermann-Villa**
Colomierstr. 3
(030) 80 58 59 00
Okt.– März
Mi–Mo 11–17 Uhr
Apr.–Sept. tägl. außer Di
10–18, Do+So 10–19 Uhr
www.liebermann-villa.de

**Haus der Wannsee-Konferenz**
Am Grossen Wannsee 56–58
(030) 80 50 01-0
www.ghwk.de
Tägl., außer an Feiertagen,
10–18 Uhr, Eintritt frei

ginalschauplatz: Neben einfühlsamen Porträts von Familie und Freunden entstanden in knapp 25 Jahren rund 200 „Gartenbilder".

Kaum zu glauben, dass die Teilnehmer der Wannseekonferenz einen ganz ähnlichen Ausblick gehabt haben müssen, als sie 1942 kaltblütig die Deportation und Ermordung der verbliebenen jüdischen Bevölkerung beschlossen. Beide Grundstücke trennen nur etwa 500 Meter. Im **Haus der Wannseekonferenz** 2 dokumentiert eine Ausstellung die Vorgeschichte und die erschreckende Stringenz der nationalsozialistischen Verbrechen.

Hinter den geschichtsträchtigen Häusern schüttelt ein großes Tier die Mähne. Das Denkmal **Flensburger Löwe** 3 am Heckeshorn ist der Abguss einer Bronzeplastik, die ursprünglich auf dem alten Friedhof von Flensburg stand und nun, nach einem Umweg über Berlin, im Kopenhagener Zeughaus. Wer es dem Tier gleichtut und den Blick über den See schweifen lässt, kann bis hinüber zum Sandstrand des Strandbads Wannsee sehen.

Von hier aus lässt sich der Ausflug weiter fortsetzen bis zum Glienicker Park (► Seite 193). Der Weg

*Sein „Schloss am See" nannte Max Liebermann seine Villa am Wannsee*

führt 6 Kilometer am Havel-Ufer entlang, mit herrlichem Blick auf das gegenüberliegende Ufer nach Kladow, zur Pfaueninsel und zur Sacrower Heilandskirche.

Oder aber wir nehmen einen anderen Weg zurück in Richtung Wannsee-Zentrum und passieren noch in der Lindenstraße den **Friedhof der Villenkolonie** 4, ein verwunschener Ort, ein konfessions-übergreifendes Gräberfeld mit durchaus prominenten Namen.

Vom S-Bahnhof Wannsee aus führt ein neu angelegter Weg zum Ufer des kleinen Wannsees, wo der Dichter Heinrich von Kleist und seine schwerkranke Gefährtin Henriette Vogler 1811 Selbstmord begingen. Sie wurden an Ort und Stelle begraben, der **Grabstein** 5 allerdings wurde von den Nationalsozialisten ersetzt und 2011 überarbeitet. Am S-Bahnhof Wannsee sind Audioguides erhältlich, die unterwegs über Kleist und über die Ereignisse rund um den Doppel-Suizid informieren.
*Julia Brodauf*

**Hörspiel-Parcours zum Kleist-Denkmal**
Souvenirladen am S-Bhf Wannsee (Ausgabestelle der Audioplayer)
Apr.–Sept.
Mo–So 10–16.30 Uhr
www.kleistdenkmal.de

**Glienicker Park** Von der Klassik beseelt kehrte der junge Prinz Carl von Preußen, dritter Sohn Friedrich Wilhelms III., aus Italien zurück und schuf sich an der Havel sein eigenes Arkadien. 1824 begann er mit dem Bau, der damit beauftragte Gartenarchitekt Peter Joseph Lenné schuf daraufhin die planvoll verwilderte Waldlandschaft und einen eleganten Schlosspark. Carl Friedrich Schinkel baute Gebäude dazu im Geiste des Klassizismus. Hauptattraktion im Park ist das von Schinkel und Perseus im italienischen Stil ausgebaute Schloss Glienicke.

**Schloss Glienicke**
Königstraße 36
(030) 805 30 41
Mai–Okt.
Sa/So/Fei, 10–17 Uhr
Nov.–Apr.
Sa/So/Fei nur mit Führung um 11, 13 und 15 Uhr
Bus 316 ab S Wannsee

## Bezirk: Spandau

# Spandau

Kommt man aus dem Nordwesten, ist Spandau das erste, was man sieht von Berlin. Ein ins Nichts gestelltes, großes Hotel, dann irgendwann ein windiger Bahnhof. Aber Spandau hat mehr zu bieten: Eine reiche Seelandschaft, eine fast historische Altstadt, viele kleine Ortschaften, einen Industriepark mit Wohngegend, die gleich Siemensstadt heißt und sich inzwischen UNESCO-Welterbe nennen darf. Und die Zitadelle. Es gibt also reichlich was anzuschauen hier.

Die ehemalige Stadt Spandau gehört erst seit 1920 zur Stadt Berlin, nach dem II. Weltkrieg dann zum britischen Sektor der geteilten Stadt. Eine interessante Ausnahme bildet der Ortsteil Staaken, dessen westliche (!) Hälfte der Sowjetzone und also später der DDR zugeschlagen wurde. 1990 fand in Staaken also gleich eine dreifache Wiedervereinigung statt: Die deutsche, die Wiedervereinigung der beiden Staakens und die Wiedervereinigung West-Staakens mit Berlin.

Spandau hieß ursprünglich Spandow und fand im Jahr 1197 erstmals urkundliche Erwähnung. Es gab eine Burg, und dann gab es Stadtrechte, und dann wurde die Festung vor der Stadt erbaut. Besonders im Zuge der Industrialisierung, aber auch als militärische Hochburg gewann Spandau zunehmend an Bedeutung, was sich auch nach der Eingemeindung nach Berlin 1920 nicht wesentlich änderte. Eine der Hauptattraktionen des Bezirks ist natürlich die Zitadelle, eine der bedeutendsten Renaissance-Festungen Europas. Hier finden auch zahlreiche Kulturereignisse wie Konzerte, Ausstellungen oder Freiluftkino statt.

Und natürlich hat Spandau viel Grün und viel Blau zu bieten. Schließlich ist sie die Vorstadt Berlins im Westen (nicht mit der Spandauer Vorstadt zu verwechseln, die bekanntlich in Mitte liegt ▸ Seite 32)

**Steckbrief**

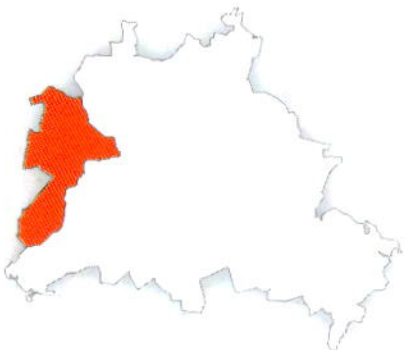

**Einwohner**
221 417

**27–45 Jahre**
22 %

**Fläche**
91,88 km²

**Kleingartenkolonien**
79

*Die Stadt neben der Stadt: Spandau ist sogar älter als Berlin*

mit Anschluss an den Tegeler See und die Havel, die sich in Spandau dünn macht und mitten durch die Altstadt fließt. Eine manchmal verschlafene, selten aufregende, aber sehr anschauliche und erholsame Vorstadt.

Die grünen Ortsteile Kladow und Gatow, die bis heute eigentlich Dörfer sind, liegen direkt an der Havel. Hier führen überall idyllische Uferwege mit Blick auf den Grunewald entlang. Zwischen Industrie, Welterbe, Renaissance, Nachkriegszeit, Wald, Wiesen und Seen liegen in Spandau oft nur wenige hundert Meter. *René Hamann*

Karte Seite 196

**Start**
S/U Spandau

**Ziel**
U Zitadelle

**Länge**
ca. 3 km (ohne Abstecher in die Spandauer Wasserstadt)

## Altstadt Spandau

# Eine kleine Stadt mit großer Burg

Das Zentrum von Spandau, ganz schön „jwd", janz weit draußen, ist eine leicht verbaute, aber immer noch ordentliche ehemalige Kleinstadt mit historischem Flair. Mit einer Altstadt im Kern, einem Vorposten des Zolls am bzw. im Wasser, der noch verdächtig nach Mittelalter riecht, und eine noch ältere Festungsanlage, die Zitadelle. Da lohnt sich einmal ein Spaziergang.

Der, wie sollte es anders sein, natürlich am Bahnhof Spandau beginnt. Hier muss man etwas aufpassen, dass man auch an der richtigen Stelle rauskommt. Nehmen wir an, die Stelle heißt Stabholzgarten. Ein lustiger Name. Dass man bereits in Berlin ist, kündigt sich durch die Ampelmännchen an, die an diesem Ort vor zwanzig Jahren natürlich noch undenkbar waren. Wir orientieren uns in Richtung Altstädter Ring, den wir erst einmal beflissen abgehen, um rechts das von Wilhelm II. beauftragte **Spandauer Rathaus** ❶ (das nur wenige Jahre einen Sinn hatte, denn Spandau wurde zwei Jahre nach der Abdankung des Kaisers Groß-Berlin zugeschlagen) und links das Monte Carlo Berlins, das große Spielbank-Rondell, zu bewundern.

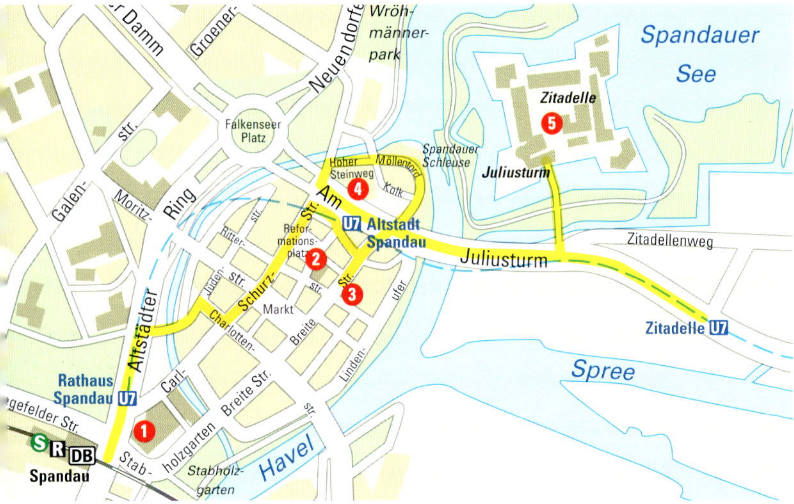

*Auf seinen Wunsch hin wurde die Nikolaikirche 1539 evangelisch: Kurfürst Joachim II.*

Schließlich sollte man sich ob des mächtigen Autoverkehrs doch entscheiden, in die Altstadt einzukehren. Zunächst geht es in die Jüdenstraße, die von 1933 bis immerhin 2002 Kinkelstraße hieß, über eine kleine putzige Brücke, die über einen Ausläufer der Havel führt. Auf der anderen Seite findet sich ein Stück alte **Stadtmauer,** aber davon gibt es in Spandau mehrere zu sehen. Gehen wir also wiederum rechts in die Charlottenstraße, um endlich auf die Carl-Schurz-Straße zu treffen, dem Zentrum der Altstadt. Carl Schurz war tatsächlich ein Revolutionär und Zeitungsmann, der es bis nach Amerika und dort als erster Deutscher in den Senat geschafft hat. In Spandau leiht er seinen Namen einer gefälligen Fußgängerzone, die sich so trotz des leicht historischen Anstrichs allerdings in jeder deutschen Kleinstadt finden lässt.

Immerhin gibt es aber eine sehenswerte Kirche, nämlich **St. Nikolai** ❷. Sie ist dreischiffig, mehr als 600 Jahre alt und gotisch. Außerdem evangelisch. Zur Kirche gehört ein kleines, historisches Museum nebst Café im Innenhof in Hausnummer 12. Geht man um die Kirche herum in die Havelstraße, stößt man schnell auf die Breite Straße, in der sich das älteste Gebäude des Stadtteils, das **Gotische Haus** ❸, befindet. Hier finden Ausstellungen statt, außerdem bekommt man einen Überblick, wann wo was stattfindet in Spandau.

Am Ende der Breiten Straße treffen wir auf die Straße Am Juliusturm, die wir wieder links heruntergehen und schließlich überqueren, um in den ältesten Stadtteil Spandaus, dem etwas vorgelagerten **Kolk** ❹, zu kommen. Kolk heißt eigentlich Behnitz und ist der der Burg am nächsten gelegene Ortsteil und das älteste Siedlungsgebiet der Stadt. Hier sind auch noch Reste der Stadtmauer aus dem 14. Jh. zu sehen. Den Hohen Steinweg jedenfalls gehen wir

**Kirche St. Nikolai**
Havelstraße 16
Mo–Fr 12–16, Sa 11–15,
So 14–16 Uhr
www.nikolai-spandau.de
Museum und Café
Reformationsplatz 12
Mi, Fr–So 15–18 Uhr

**Gotisches Haus**
Breite Str. 32
(030) 3 33 93 88
Mo–Sa 10–18 Uhr
Stadtgeschichtliche Ausstellung und Touristinformation, Altstadtführungen jeden 1. und 3. Montag im Monat (Apr.–Okt.)

*Heimat vieler Fledermäuse: Zitadelle Spandau*

**Zitadelle Spandau**
Am Juliusturm
(030) 35 49 44-0
www.zitadelle-spandau.de
Museum, Juliusturm, Ausstellungen:
Mo–So 10–17 Uhr
Freilichtbühne an der Zitadelle
www.freilichtbuehne-spandau.de

**Fledermauskeller**
Haus 4
(030) 36 75 00 61
www.bat-ev.de
Tägl. 12–17 Uhr
Fledermausführungen nach Anmeldung

**Zitadellen-Schänke**
(030) 3 34 21 06
www.zitadellenschaenke.de
Di–Sa ab 11, So ab 10 Uhr

entlang, bis wir den Möllentordamm erreichen und an die Ausbuchtung der Havel gelangen. Nach dieser Ausbuchtung hat sich der Stadtteil Kolk benannt.

In diesem Fischerdorf gibt es allerlei Schrulliges zu sehen. Ein Restaurant mit tschechischer Küche, das Böhmerland, ein weiteres Stück alte Stadtmauer und die restaurierten Rudimente eines kleinen Dorfes namens Damm am Möllentordamm. Wir gehen einmal im Kreis, bis wir wieder fast an der Havel sind, um einen Blick in die ansässige Kirche zu werfen. **St. Marien** ist zwar nicht annähernd so alt wie St. Nikolai, dafür aber katholisch, und als katholische Kirche dann wiederum die zweitälteste in Berlin. Dabei wurde sie nach mehrmaligen Auf- und Rückbauten erst im Revolutionsjahr 1848 geweiht.

Rund um den **Spandauer See** hat die Stadt Berlin seit 1994 fleißig Wohnungen gebaut – nun ist das Projekt fertiggestellt und zieht vor allem Senioren an. Vom Kolk aus über die kleine Brücke an der Spandauer Brauerei vorbei nach Norden erreicht man die Spandauer Wasserstadt schon nach einem guten halben Kilometer entlang des Ufers. Seit neuestem gibt es einen Uferweg, der rund um den ganzen Spandauer See führt. Doch auch, wenn man über die Insel im See abkürzt, braucht man dafür etwa ein Stunde.

Alternativ geht es direkt über die Straße Am Juliusturm über die Havel, ehe wir links über die Zitadellenbrücke auf die **Zitadelle** 5 zugehen. Diese ist eine Kulturereignishochburg.

Früher ist sie einmal Festung gewesen, erbaut unter der Leitung eines italienischen Baumeisters namens Chiaramella de Gandino zur Zeit der Renaissance. Der Grundriss der Zitadelle ist ein Musterbeispiel der Renaissance, das System mit den vier vorgelagerten, dreieckigen Bastionen verhindert tote Winkel und ließ die Festung lange Zeit als uneinnehmbar gelten.

Auch Spuren einer slawischen Befestigungsanlage aus dem 11. Jh. sind auf dem Burggelände zu finden, das älteste erhaltene Bauwerk ist der 36 Meter hohe **Juliusturm,** dessen Basis aus dem 13. Jh. stammt. Nach Erklimmen der 154 Stufen zur Aussichtsplattform liegt einem Spandau zu Füßen. Die 3,60 Meter dicken Mauern des Turms beschützten über 40 Jahre lang einen Schatz: Der aus französischen Reparationszahlungen stammende „Reichskriegsschatz" wurde hier aufbewahrt. Aber das war erst Ende des 19. Jahrhunderts.

In späteren Jahren war die Zitadelle Gefängnis (unter anderem hat hier der Turnvater Jahn eingesessen), unter den Nazis Waffendepot besonders für chemische Waffen („Heeresgasschutzlaboratorium"), nach dem Krieg Drehort für Edgar-Wallace-Filme und schließlich Schauplatz für ein reichhaltiges kulturelles Angebot.

Hier können wir einmal rundherum gehen und uns je nach Programm das eine oder andere antun. Für alle sichtbar sind Wasserumgebung, Graben, das Palais und der Juliusturm, mithin das Wahrzeichen Spandaus. Die Eckpfeiler der Festung werden Bastion genannt. Die Höfe sind italienisch. Es lohnt sich, sich vorher gut zu informieren und viel Zeit einzuplanen, denn die Zitadelle Spandau braucht Zeit, um eingenommen zu werden. Tote Winkel gibt es hier nicht.
*RENÉ HAMANN*

## Siemensstadt
# Arbeiterwohnen als Weltkulturerbe

Karte Seite 200

**Start**
U Rohrdamm
**Ziel**
U Siemensdamm
**Länge**
3,5 km

Die Siemensstadt ist nicht nur der interessanteste Teil Spandaus, sondern auch eine der interessantesten Ecken in ganz Berlin. Ein Spaziergang lohnt in jedem Fall: Ein Gang durch das frisch gekürte **Weltkulturerbe**, ein Gang durch eine industrielle Arbeitersiedlung, die gleichzeitig etwas Modernes, Städtisches, Dörfliches und Natürliches hat.

Beginnen wir am Rohrdamm und schauen uns das Kriegerdenkmal vor einem der großen Gebäude der **Firma Siemens** ❶ an. Hier sind tatsächlich alle Siemensarbeiter verzeichnet, die im I. Weltkrieg ihr Leben lassen mussten (so auch Wilhelm und Erich Hamann). Obenauf sitzt einer dieser Furcht erregenden Adler auf einer Säule. Die Toten des II. Weltkriegs werden hingegen mit namenlosen Betonquadern geehrt.

Davon erschüttert, läuft man den Rohrdamm in

**Gaststätte zum Rohreck**
Jungfernstieg 5
(030) 3 83 15 07

Richtung Hohenzollernkanal. Die sympathisch wirkende Schänke namens „Zum Rohreck" lassen wir rechts liegen. Stattdessen geht es unter dem **stillgelegten S-Bahnhof** ❷ der Siemensstadt hindurch, der bereits das Flair der frühen Dreißiger und auch der Fünfziger Jahre atmet. Was nun folgt, ist ganz was Besonderes: Während auf der einen Seite die Firma Siemens ihre Tore öffnet (oder auch nicht), lockt auf der anderen ein kleiner Wald, der so genannte **Wilhelm-von-Siemens-Park** ❸. Hier geht man in einer kleinen Diagonalen kurz in den Wald hinein.

Zeit zum Durchatmen. An dieser Stelle der erste kleine Geschichtsexkurs: Die erste Fabrik entstand hier um das Jahr 1900. Jenseits der Schlote wurden nach und nach modernste Architekten ans Werk gelassen. So entstand dieses einzigartige Konsortium interessanter, moderner Arbeitersiedlungsbauten. Den Anfang macht die Siemens-Siedlung am Rohrdamm, die wir hier an der Dihlmannstraße und in der Rapsstraße sehen können und die unter der Leitung von Hans C. Hertlein in den zwanziger Jahren entstand.

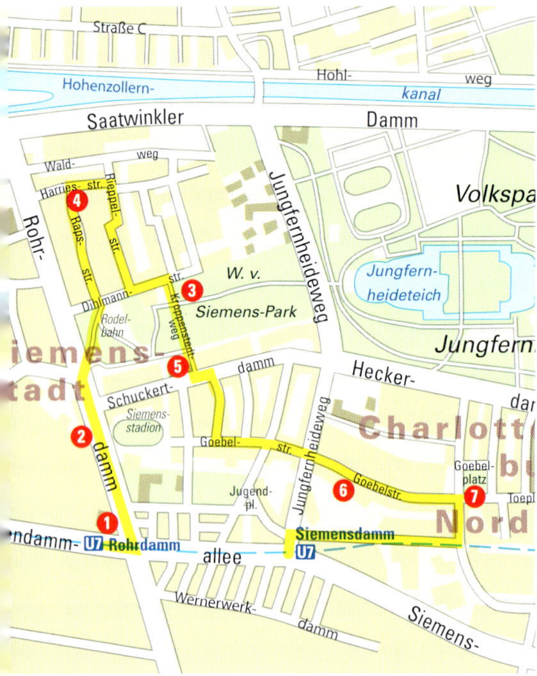


In der Harriesstraße kann man es kaum glauben: Ein niedlicher Brunnen plätschert vor sich hin, **Genoveva-Brunnen** ❹ genannt, ansonsten herrscht himmlische Ruhe. Wer in Berlin nach Orten der Stille sucht, ist ausgerechnet hier richtig. Natürlich nur vor Feierabend. Aber auch sonst: Außer putzigen Wohnungen in halbniedrigen Häusern, die wie ausgedacht aussehen, gibt es hier nichts. Keine Bars, keine Geschäfte, keine Mehrfachhaltestellen. Kaum Touristen. Außer uns.

*Die Bauten in der Rapsstraße stammen aus den Zwanziger Jahren*

Gehen wir die Rieppelstraße wieder runter und die Dihlmannstraße links hinauf, ehe wir wieder das Waldabenteuer, die Waldeinsamkeit suchen und durch den Kroppenstedtweg mitten durch den Park gehen. Am Ende wartet der Schuckertdamm und mit ihm die **Christophoruskirche** ❺. Aber zum Beten geht man nicht in eine Arbeitersiedlung (die übrigens nur etwas mehr als 11 000 Einwohner hat). Also nehmen wir eine der Querstraßen, um endlich auf die Goebelstraße zu treffen.

Passend, dass dort **Der Lange Jammer** ❻ zu finden ist. Der ist ein endlos scheinender geschwungener Bau von Mietwohnungen, errichtet von Otto Bartning, dem wegen der Bahn im Rücken nichts anderes übrig blieb, als das schmale, aber lange Grundstück auf diese Art bebauen zu lassen. Beeindruckend, aber hier leben? Ebenso auf der Goebelstraße: ein Bau von Walter Gropius. (Die Wohnungsbaugesellschaft GSW hat übrigens überall so schöne Tafeln mit Erklärungen aufgestellt. Darauf sei an dieser Stelle hingewiesen.)

Schließlich verlassen wir die Spandauer Seite der Siemensstadt, steigen über den Jungfernheidenweg hinweg und betreten Charlottenburg-Nord. Hier staunen wir über die Bauten am seltsam wirkenden **Goebelplatz** ❼, die mehrheitlich von Fred Forbat und Paul Rudolf Henning, in dem Teil nach Süden hin vor allem von Hans Scharoun konzipiert wurden.

*RENÉ HAMANN*

**Bau von Walter Gropius**
Jungfernheideweg 18, Ecke Goebelstraße

**Der Lange Jammer**
Architekt Otto Bartning
Goebelstr. 11–113
Infotafel vor Nr. 65

**Bau von Hans Scharoun**
Heilmannring 60

Karte Seite 203

**Start/Ziel**
Kladow, Hafen
BVG-Fähre 10

**Länge**
3,5 km

## Kladow

# Über Wasser- und Luftbrücken

Kladow schrieb sich einstmals mit C und war ursprünglich – die Silbe „ow" verrät es – eine slawische Siedlung, die besonders im Dreißigjährigen Krieg oftmals zerstört wurde. Kladow, von slawisch „cloda" für Baumstamm, gehörte später zu Spandau und kam im Zuge der Erweiterung Berlins erst 1920 in das heutige Land- und Stadtgebiet.

Eine Reise ist der kleine Ort allemal wert. Wo doch die Reise selbst schon lohnenswert ist: Wer nämlich aus der Innenstadt kommt und nicht über Spandau anreisen möchte, der darf eine Schifffahrt machen, und die ist bekanntlich lustig, vor allem, wenn sie nahezu umsonst ist.

*Die kleine protestantische Dorfkirche Kladows sieht aus wie aus einem Film geklaut*

Die BVG betreibt die Fähre „F10" von Wannsee nach Kladow jede Stunde. Auf ihr tummeln sich Touristen, Stadtausflügler, Fahrradfahrer und Anwohner. Am anderen Ufer, nachdem die Fähre die menschenleere Insel **Imchen** ❶ (Naturschutzgebiet!) direkt vor dem Hafen von Kladow umfahren hat, trennt man sich, je nach Bedürftigkeit und Reiseziel.

Die Anwohner fahren mit dem 135er Bus weiter, die Stadtausflügler stärken sich in der angeschlossenen Hafengastronomie, die sich von zünftig bis italienisch gibt oder laufen ein wenig den Kai entlang, also die Imchenallee in Richtung **Gutspark Neu-Kladow** ❷, in dem das „Café Louise" derzeit leider geschlossen ist, Kultur und Konzerte (viel gemütlicher Cocktail-Jazz, hauptsächlich) aber weiter regelmäßig stattfinden sollen. Ein Spaziergang durch den idyllischen Landschaftspark lohnt sich.

Die Fahrradfahrer machen sich vielleicht in Richtung **Sacrow** auf. Sacrow liegt bereits außerhalb der Stadt, gehört nämlich schon zu Potsdam, hat aber einen sehr schönen See, einen Königswald, ein Schloss und vor allem die schmucke Heilandskirche an der Havel zu bieten.

Wir aber bleiben vorerst in Kladow, gehen das Dorf hinauf und schauen uns die evangelische **Dorfkirche** ❸ an. Die ist nämlich klein und gemütlich, protestantisch simpel und sieht doch aus wie aus einem Film geklaut. Anschließend geht es den Ritterfelddamm hinauf. Unser nächstes Ziel ist der **Flugplatz Gatow** ❹, hinten an der „Landstadt Gatow" gelegen. Der war einst einer der drei Westberliner Flughäfen, über den die amerikanische Luftbrücke lief. Heute gibt es dort ein militärhistorisches Museum, das jede Menge historisches Flugmaterial bietet. Das Museum bemüht sich um Sachlichkeit besonders der schwierigen deutschen Geschichte gegenüber. In den Hangars und draußen auf dem Flugfeld gibt es jedenfalls eine Menge zu sehen – vom Doppeldecker über Hubschrauber bis zur Raketenabschussrampe.

Zurück geht es dann mit dem 135er Bus ab Kurpromenade oder zu Fuß. Am Hafen noch eine Wurst, dann geht's zurück nach Berlin mit der Fähre.
*René Hamann*

**Flughafenmuseum Gatow**
Kladower Damm 182
Di–So 10–18 Uhr
www.luftwaffenmuseum.de

**Fähre F10**
S Wannsee – Kladow zwischen 5 und 20 Uhr jeweils zur vollen Stunde,
ab Kladow nach Wannsee zur Minute 31
www.bvg.de

## Bezirk: Reinickendorf

# Reinickendorf

Wie viele der großen Bezirke Berlins ist Reinickendorf ein aus ehemals eigenständigen märkischen Bauerndörfern zusammengeschlossener Stadtteil. Durch die Eingemeindung 1920 wurden Lübars, Frohnau, Wittenau, Tegel und Heiligensee zu einem Stadtbezirk – trotzdem haben diese Orte sich einigen ländlichen Charme erhalten.

Reinickendorf ist ein Stadtteil der Gegensätze: in Lübars malerische Dorfidylle, daneben die Hochhäuser des Märkischen Viertels. Im Norden die Gartenstadt Frohnau und die Vororte Hermsdorf und Waidmannslust mit ihrer villenähnlichen Bebauung. Das namensstiftende Dorf Reinickendorf mit vorstädtischem Charakter, das weitläufige Wittenau mit dem Rathaus Reinickendorf. Im Nordwesten schließlich Tegel, das viel zu bieten hat: Seen, Schloss und Einkaufsstraße, Hafen, Borsigwerke und – Gefängnis. Und hinter dem Tegeler Forst, die beiden grünen Siedlungen Heiligensee und Konradshöhe. Alles in allem ist Reinickendorf eine ganze Welt für sich.

Verschiedene kleine Kirchlein erinnern an die einstigen Dörfer, diverse Wohnungsbauprojekte hingegen an die Zeit der Industrialisierung. Ein Beispiel hierfür ist die „Weiße Stadt", erbaut um 1930, auch sie eine der sechs Siedlungen der Moderne, die seit 2008 auf der Liste des UNESCO-Weltkulturerbes stehen. Der Ortsteil Frohnau wurde im ersten Jahrzehnt des 20. Jahrhunderts durch eine Gartenstadt städtebaulich erschlossen. Rund um Lübars das Gegenteil von Planung: Aus ehemaligen Datschen wuchsen eigenwillige Einfamilienhaussiedlungen. Und dann das Märkische Viertel, eine ganze Stadt für sich, in den 60er und 70er Jahren realisierter Wohnungsbau, der in die Höhe strebte.

Reinickendorf ist auch Standort der ältesten russisch-orthodoxen Kirche Berlins – die Kirche des Heiligen Konstantin und der Heiligen Helena, ge-

**Steckbrief**

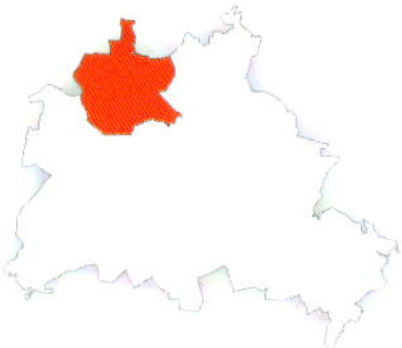

**Einwohner**
245 947

**27-45 Jahre**
20 %

**Fläche**
89,5 km²

**Durchschnittliches Einkommen**
1675 Euro

**Voraussichtliche Schließung des Tegeler Flughafens**
Herbst 2013

*Das Reinickendorfer Rathaus steht am Eichborndamm im Ortsteil Wittenau. Es wurde 1911 gebaut und hat einen 55 Meter hohen Turm*

schmückt mit blauen Kuppeln und orthodoxen Kreuzen, steht auf dem russischen Friedhof in Tegel. Zwischen Großmärkten und der Autobahn versteckt sich ein stilles und schönes Fleckchen russischer Erde – 4000 Tonnen Erdreich schickte Zar Alexander III. zur Friedhofsgründung 1894 in vier Eisenbahnwaggons. Den Friedhof gründete eine Wohltätigkeitsorganisation ursprünglich für arme Exilrussen – später, nicht zuletzt im Zuge der Oktoberrevolution, fanden auch viele Adelige, Offiziere und andere prominente Russen hier die letzte Ruhe. *Julia Brodauf*

Karte Seite 207

**Start**
U Franz-Neumann-Platz

**Ziel**
U Paracelsus-Bad

**Länge**
1,5 km

## Rund um Alt-Reinickendorf

# Weiße Stadt und Dorfidyll

Das eigentliche Reinickendorf durchwandern wir von Süd nach Nord: Am Schäfersee vorbei zur Weißen Stadt und zur Dorfaue.

Start an der U-Bahnstation Franz-Neumann-Platz. Bevor wir uns auf die Suche nach dem Schäfersee begeben, sei erst einmal die Residenzstraße gewürdigt. Die ist nämlich die wichtigste Einkaufsstraße im östlichen Reinickendorf, immerhin 100 Geschäfte warten hier auf Kunden. Residenzstraße heißt sie übrigens, weil sie Teil der Landstraße war, die zur königlichen Residenz im Stadtzentrum führte.

In die Straße Am Schäfersee eingebogen, findet sich bald das namensgebende Gewässer: Der **Schäfersee** ❶ ist eine Idylle mit Schrebergärten, Sport- und Spielplätzen. Fast. Denn noch bis mindestens 2013 liegt er in der Einflugschneise des Flughafens Tegel, sodass im Minutentakt die Maschinen über die Köpfe donnern.

*Die mittelalterliche Feldkirche steht seit 500 Jahren in der Dorfaue von Alt Reinickendorf*

Also wenig Rast im Park am See, sondern über die Stargardtstraße am Rande der Schrebergärten weiter nach Norden spaziert bis zur Emmentaler Straße. Hier zweigen Schillerring und Genfer Straße ab, Standort der **Weißen Stadt** ❷, die sich bis zur Aroser Allee hinzieht und dort sogar die Straße überbrückt. Ihr heutiger Name entstammt dem Volksmund, erbaut wurde die Siedlung unter der Leitung von Stadtbaurat Martin Wagner, der ebenfalls für die Hufeisensiedlung in Britz, die Siemensstadt in Spandau und die Onkel-Tom-Siedlung in Zehlendorf zeichnete. Architekten waren Bruno Ahrends, Wilhelm Büning und Otto Rudolf Salvisberg, die 1929–1931 ganze 1286 Wohnungen in drei- bis fünfgeschossigen Häusern im Stil

der neuen Sachlichkeit bauten. Seit 2008 steht die Weiße Stadt auf der UNESCO-Liste des Weltkulturerbes.

Entlang der Aroser Allee ist es nicht mehr weit bis zur **Reinickendorfer Dorfaue** ❸, Alt-Reinickendorf. Sie gruppiert sich um eine mittelalterliche Feldsteinkirche – eine echte, kein historisierender Nachbau, wie in einigen anderen Stadtrand-Dörfern der Fall. Dieses Kirchlein steht seit 500 Jahren unverändert, hat eine Glocke aus dem Jahr 1409 und einen in Berlin einzigartigen, halbkreisförmigen Chorschluss. Der Turm, etwas trutzig, ist neuer und stammt aus dem 18. Jh. Den Flügelaltar aus dem 16. Jh. schmückt eine Kopie der „Kleinen Holzschnittpassion“ von Albrecht Dürer. Die Kirche ist mittwochs von 17–18 Uhr geöffnet. Rund um die Kirche stehen jüngere Häuser, doch die Hausnummer 35 ist der Büdnerhof Ribbe (1826/1885), ältestes Haus am Platz. *JULIA BRODAUF*

## Tegel

# Mit Kind und Kegel auf nach Tegel

**Karte Seite 209**

**Start**
U Borsigwerke

**Ziel**
U Alt-Tegel

**Länge**
5,5 km,
mit Villa Borsig 9 km

Am Tegeler See kann man Schiff fahren, über Eisenbahngeschichte nachdenken und über einen, der beide Verkehrsmittel nutzte, um die Welt zu erforschen: Hier stehen sowohl die Borsigwerke, die Lokomotiven bauten, als auch das Humboldtschlösschen, Elternhaus des Forschers Alexander von Humboldt und seines Bruders Wilhelm.

Die Borsigwerke dominieren weite Teile des nördlichen Tegels. Ursprünglich seit 1837 in Tempelhof zu einem der größten Industrieunternehmen Berlins herangewachsen, bezog die Dampflokfabrik 1898

**Feuerwehrmuseum Berlin**
Veitstraße 5
(030) 38 71 09 33
Di+Do 9-16, Mi 9-19,
Fr+Sa 10-14 Uhr
www.feuerwehrmuseum-berlin.de

ein neues Werk mit eigenem Hafen am Tegeler See. Gleichzeitig entstand die benachbarte Werkssiedlung **Borsigwalde** mit Villen für die leitenden Angestellten und Mietshäusern für die Arbeiter. In der denkmalgeschützten Räuschstraße ❶ sind Häuser und Ornamentik der Gründerzeit komplett erhalten.

Im **Borsighafen** ❷ wurden einst die Rohstoffe angeliefert, durchliefen die diversen Stufen der Fabrik und verließen sie durch das schmucke Borsigtor in Richtung Bahnlinie. Durch das Tor erreicht man heute die **Hallen am Borsigturm** ❸, Einkaufs- und Tagungszentrum, Gewerbegebiet und Kino. Der **Borsigturm** ❹ wurde 1922 als erstes Berliner Hochhaus von Eugen Schmohl erbaut. Über die Veitstraße im Norden erreicht man das Ufer des Tegeler Sees und die Greenwich-Promenade mit ihren Seeterrassen, Fähranlegern, Restaurants und Hotels. Wir folgen ihr Richtung Norden.

Dort, wo die Straße „Am Tegeler Hafen" rechts abzweigt, geht es zum ursprünglichen **Dorf Tegel** ❺ . Geradeaus aber überspannt die rot lackierte Sechserbrücke die Zufahrt zu eben diesem Tegeler Hafen. Einen „Sechser", also fünf Pfennig, kostete einst die Überfahrt mit dem Kahn an dieser Stelle, später der Brückenzoll. Auf der anderen Seite wartet der **Tegeler Freizeitpark** ❻, große Wiesen, Spielplätze, Volleyballfelder, Tennisanlagen und ein Abenteuerspielplatz. Weiter im Verlauf des Seeufers „An der Malche" gelangt der Spaziergänger zu einem rechts abzweigenden Pfad, der nach einigen Schritten vor der 900-jährigen „Dicken Marie", dem ältesten Baum Berlins, endet. Außerdem vorbei an einem Denkmal für die Dada-Künstlerin Hanna Höch, die in der Nähe in Heiligensee lebte, und vielen Bootsstegen schließlich zur auf der Halbinsel Reiherwerder gelegenen **Villa Borsig** ❼,

*Die Tegeler Hafenbrücke mit den steinernen Kassenhäuschen überbrückt die Zufahrt vom Tegeler See zum Hafen*

1913 historisierend erbaut und heute Gästehaus der Bundesregierung. Daran vorbei geht es zum Strandbad Tegeler See, abseits des Seeufers lädt der Tegeler Forst zu ausgedehnten Spaziergängen ein.

Hält man sich aber bereits nach dem Sechser an der Gabrielstraße rechts, so gelangt man zum **Schloss Tegel** **8**, genannt das „Humboldtschlösschen", das Elternhaus der Brüder Alexander und Wilhelm von Humboldt. Ersterer war der berühmte Reisende und Naturforscher, zweiter der Gründer der Humboldt-Universität. Beide liegen im zum Schloss gehörigen Park im Familiengrab begraben, Schloss und Grab wurden von Schinkel gestaltet. Der Park erstreckt sich bis zum Freizeitpark Tegel, kann aber nur vom Platz An der Mühle aus betreten werden. Auf dem Gelände steht auch die rund 400 Jahre alte Humboldteiche. Weiter entlang der Karolinenstraße gelangt man zur **Humboldtbibliothek** **9**, die 1988 im Rahmen der internationalen Bauausstellung (IBA) gebaut wurde. Von der Galerie in ihrem Inneren hat man einen wunderschönen Blick auf den Tegeler Hafen und das anliegende IBA-Gelände mit postmoderner Wohnbebauung. Zum Abschied, ein paar Meter weiter, die beiden Humboldt-Brüder noch einmal in Bronze.
*Julia Brodauf*

**Restaurant Waldhütte**
Schwarzer Weg
(030) 4 33 48 88

**Schloss Tegel**
Humboldt-Schloss
Adelheidallee 19
Park tägl. geöffnet bis Sonnenuntergang
Schlossführung Mai–Sept. Mo 10, 11, 15 und 16 Uhr

Karte Seite 210

**Start/Ziel**
S Hermsdorf

**Länge**
3 km

**Heimatmuseum Reinickendorf**
Alt-Hermsdorf 35
(030) 404 40 62
www.heimatmuseum-reinickendorf.de
Mo 9–13.30 Uhr,
Di–Fr und So 9–16 Uhr

## Hermsdorf

# Rittergut und Sommerfrische

Vom S-Bahnhof Hermsdorf lohnt der Spaziergang in viele Richtungen. Wir entscheiden uns zunächst für den Weg nach Osten: Der Waldseeweg führt nach gut einem Kilometer zu einem idyllischen Gewässer umgeben von Bäumen, Wiesen und Villen, eben jenem **Waldsee ❶**. Die schöne Lage wusste auch der Schriftsteller Erich Kästner zu schätzen, der 1964–1966 am See in der Parkstraße 3a wohnte.

Von hier aus geht man südöstlich bis zum Rand der Bachlandschaft des Tegeler Fließes. Dort auf dem Wanderweg in westlicher Richtung spaziert, gelangt man zur Straße Alt Hermsdorf und somit zum alten **Dorfanger ❷** mit Dorfkirche und Alter Schule. Im Schulgebäude ist das sehr sehenswerte Heimatmuseum untergebracht, ein komplettes germanisches Gehöft im Garten gehört auch dazu.

Hermsdorf war im 16. Jahrhundert ein Rittergut, litt im Dreißigjährigen Krieg, und Mitte des 18. Jahrhunderts mischte sogar der im märkischen allgegenwärtige Friedrich der Große bei der Einrichtung des Erbzinsgutes Hermsdorf mit. Später war der Ortsteil sowohl seiner Luft wegen gerühmtes Ausflugsziel,

als auch Standort einer Ziegelei und einer Tonwarenfabrik, die beispielsweise die Steine für das Rote Rathaus lieferte.

Vom Dorfanger aus gelangt man über die Seebadstraße Richtung Tegeler Fließ und Freibad Lübars zu den Tongruben der alten Ziegelei, die zu Eigentumswohnungen umgebaut wurde. In die andere Richtung geht es über die Berliner Straße und die Wachsmuthstraße zurück zum Bahnhof Hermsdorf. Der Platz am Bahnhof heißt Max-Beckmann-Platz. Das und die hier stehende Skulptur erinnern daran, dass man nun noch einen Abstecher nach Westen anhängen kann: Über den Hermsdorfer Damm ins sehenswerte Villenviertel, das sich an den Tegeler Forst schmiegt. In der **Ringstraße 17** ❸ lebte Max Beckmann acht Jahre lang mit seiner Frau Minna. *FELIX MÜLLER*

*Auf dem Freigelände des Heimatmuseums wurde ein germanisches Gehöft nachgebaut*

## Frohnau

# Waren einst drei Türme

**Karte Seite 211**

**Start/Ziel**
S Frohnau

**Länge**
3 km

Frohnau tritt majestätischer auf als seine Nachbarn. Und es hat Türme. Der erste gehört zur Doppelplatzanlage um den Jugendstil-Bahnhof herum – Architekten waren Gustav Hart und Alfred Lesser. Das Wahrzeichen Frohnaus war einst der als **Kasinoturm** getarnte Wasserspeicher ❶ am S-Bahnhof. Rechts und links der Station wurden zwei halbrunde Plätze angelegt. Sie bilden das Herzstück jeweils radial angelegter Villenkolonien beiderseits der Gleise. Die **Gartenstadt Frohnau** wurde ab 1910 nach englischen Vorbildern angelegt, der Häuserbau ging aber erst nach dem I. Weltkrieg voran. Im nordöstlichsten Teil jedoch blieb es bei der Pflasterung von Straßen. Hier stand bis zur Sprengung im Februar 2009 ein zweiter Turm, von Ferne zu sehen: Der Funkturm

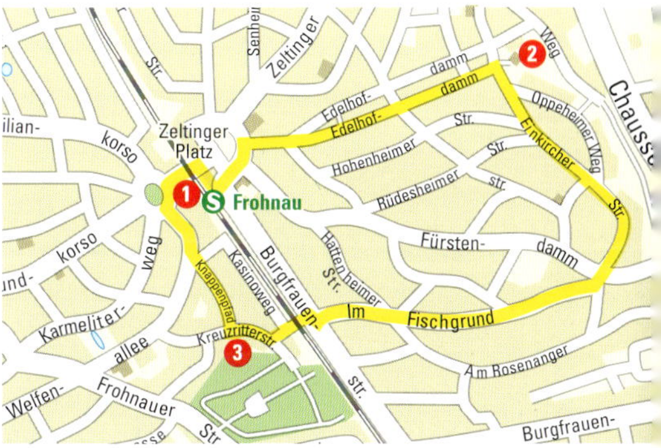

*Wahrzeichen von Frohnau: Der Kasinoturm*

Frohnau war mit 368 Metern das nach dem Fernsehturm zweithöchste Gebäude Berlins. Vermeintlich abhörsicher stellte er für Westberlin die Verbindung nach Westdeutschland sicher.

Wir beginnen unsere Runde am **Zeltinger Platz** und gehen den Edelhofdamm hinauf bis zum **Buddhistischen Haus** ❷ – eine seltsame Anlage, die fernöstliche Sinntiefe in einem gemischten Komplex aus biederem Gemäuer und fernöstlicher Architektur (wie zum Beispiel Pagodendächer und Tempeltore) verbirgt. 1924 hatte der Berliner Schiffsarzt Paul Dahlke hier, an der höchsten Stelle Frohnaus, einen buddhistischen Tempel bauen lassen. Im Dritten Reich wurde dies nicht toleriert, das Gebäude wurde geplündert. Seit 1957 jedoch wird es von einer buddhistischen Gesellschaft aus Sri Lanka geführt, von Mönchen bewohnt und ist täglich für Meditationen und Workshops geöffnet. 73 Stufen führen vom Elefantentor zum Haus, unterteilt in acht Absätze, die die Erlösung vom Leid symbolisieren.

**Das Buddhistische Haus Frohnau**
Edelhofdamm 54
(030) 401 55 80
www.buddhistisches-haus.de

Vom Buddhistischen Haus führt die Enkircher Straße nach Süden. Nach 300 Metern biegt rechts die baumbestandene Straße „Im Fischgrund" ab. An deren Ende überqueren wir die Burgfrauenstraße und die S-Bahn und erreichen an der Kreuzritterstraße den linksseitig gelegenen **Hermsdorfer Friedhof** ❸, auf dem burgturmartig-markant der 30 Meter hohe Wasserturm emporragt. Wie der Friedhof gehört er zur Gesamtanlage der Gartenstadt Frohnau, wurde aber nur 20 Jahre lang genutzt. Seine neue Aufgabe ist der Mobilfunk. An der Kreuzritterstraße geht der Knappenpfad ab, der uns wieder auf den Ludolfinger Platz an der S-Bahn zurückführt. *Felix Müller*

**Karte Seite 213**

**Start/Ziel**
Alt-Lübars (Bus 222, ab S Waidmannslust)

**Länge**
4 km

## Lübars

# Das älteste Dorf Westberlins

Lübars ist das älteste Dorf innerhalb der Stadtgrenzen Westberlins, gleichzeitig stand die Mauer nicht weit. Der Name bedeutet soviel wie „liebes Dorf", die erste Erwähnung fand es 1247. Zu Beginn des Spaziergangs sehen wir uns am **Dorfanger** ❶ um: Eine

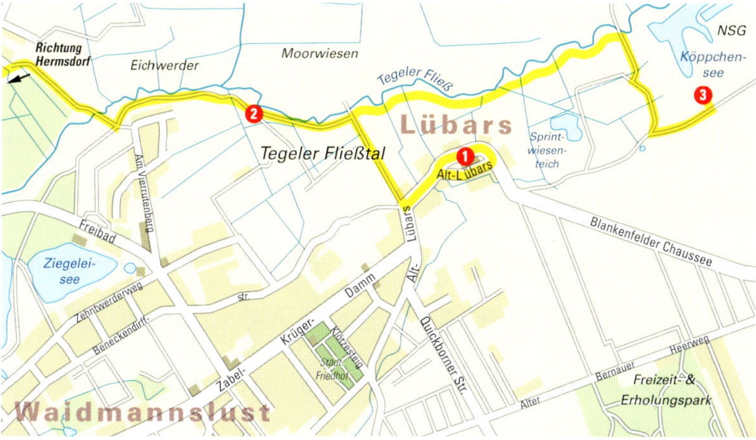


barocke Dorfkirche, Dorfschulhaus und Dorfkrug mit dazugehörigem, ebenfalls historischen Gemeindesaal, alles noch vorhanden. Der Dorfkrug ist seit dem 15. Jahrhundert aktenkundig, einige der Häuser stammen aus dem 19. Jahrhundert und haben dafür typische, neoklassizistische Stuckfassaden. Die Nummer 22 hat sogar auch noch das dazugehörige, typische Reetdach. In Mitten all dessen leuchtet eine gelbe Telefonzelle aus dem Jahr 1934. Schick.

Des Weiteren scheint es in Lübars mehr Pferde als Menschen zu geben. Sieben große Reiterhöfe sind hier angesiedelt, überall trabt oder schreitet ein Tier mit Mähne. Wir folgen den Tieren und ihren Reitern an der Ecke nach Norden aus dem Ort, wo der Barnimer Dörferweg ausgeschildert ist. Vor uns liegt nun das **Tegeler Fließ.** Es fließt in großen Schleifen vom Höhenzug des Barnim bis zum Tegeler See durch die Feuchtwiesen.

Wenn wir uns jetzt grob nach links orientieren, erreichen wir bald einen hölzernen Steg ❷, der uns samt Informationstafeln trockenen Fußes entlang des Fließes in Richtung Hermsdorf (▸ Seite 210) leitet. Wir können aber auch unerschrocken dem Fließ nach rechts folgen und gelangen so bis zum ebenfalls reich mit Info-Tafeln ausgestatteten Naturschutzgebiet am **Köppchensee** ❸. Hier kann man sich sogar an der Apfelernte beteiligen, wenn man sich beim Nabu rechtzeitig informiert. *Julia Brodauf*

**Gasthof Alter Dorfkrug**
Alt-Lübars 8
(030) 92 21 02 30
Di-So ab 12 Uhr
www.gasthof-alter-dorfkrug.de
Programm im Festsaal:
www.labsaal.de

**Landfleischer's Biergarten**
Zabel-Krüger-Damm 237
(030) 403 17 16
Mi-So 12-19 Uhr
www.landfleischerei-luebars.de

**BWB-Kräuterhof Lübars**
Alt-Lübars 15
(030) 39 09 67 21

## Bezirk: Lichtenberg

# Hohenschön-hausen

**Steckbrief**

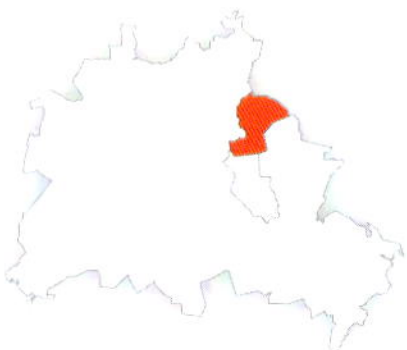

**Einwohner**
100 413

**27–45 Jahre**
23 %

**Über 65 Jahre**
17 %

**Tiere im Tierheim Falkenberg**
1400

Einer der jüngsten und einer der ältesten Stadtteile zugleich, das ist Hohenschönhausen. Bezeichnenderweise zerfällt er in die Ortsteile Neu-Hohenschönhausen und Alt-Hohenschönhausen. Siedlungsfunde datiert man bis in die Bronzezeit zurück, die Existenz des Dorfes ist seit dem frühen 13. Jahrhundert belegt. Der alte Dorfkern existiert nur rudimentär, ist aber vorhanden. Die Häuser rund um die älteste Kirche Berlins aus dem Jahr 1230 sind in schlechtem Zustand, allerdings bemühen sich rührige Anwohner darum, dem Ganzen zu neuem Glanz zu verhelfen. Alt-Hohenschönhausen, das sind auch Villenviertel und vorbildliche Gartenstädte, auch hier war Bruno Taut am Werk und sorgte in den 30ern für komfortables und dennoch erschwingliches Wohnen.

Neu-Hohenschönhausen hingegen, das sind Plattenbauten. Der Stadtteil entstand auf dem Reißbrett und erstreckt sich entlang der Falkenberger Chaussee bis nach Wartenberg. Viel Beton, soweit das Auge reicht, stereotype Wohnblocks mit Westblick auf sieben oder acht Etagen. 1984 legte Erich Honecker hier den Grundstein für die fünf Jahre dauernde Bauphase, die erst im Oktober 1989 endete – die Wende verhinderte, dass die Wohnriegel nicht noch weiter in Richtung Malchow wucherten. Im Zentrum von Neu-Hohenschönhausen rund um den Prerower Platz geht es betriebsam zu, hier liegt auch das Einkaufszentrum Lindencenter und die viel besuchte Anna-Seghers-Bibliothek.

Die Stadtrand-Dörfer Malchow, Falkenberg und Wartenberg gehören ebenfalls zu Hohenschönhausen. Auch sie wurden längst von der Stadt mit ihren Siedlungen und Autostraßen eingeholt, doch dahinter: freies Feld. In Falkenberg liegt Berlins Tierheim – viel Platz für Auslauf und kein Problem mit lärm-

*Das Lindencenter am Prerower Platz bildet das Zentrum von Neu-Hohenschönhausen*

empfindlichen Nachbarn, die sich am Bellen der 240 Hunde, die dort derzeit leben, stören könnten. Insgesamt 12000 herrenlose Tiere durchlaufen alljährlich das Heim, das eines der größten Europas ist und sich durch seine außergewöhnliche, weitläufige Architektur und moderne Formensprache auszeichnet – es diente diverse Male als Filmkulisse.

Im Süden Hohenschönhausens befindet sich ein Ort, der erst seit 1989 tatsächlich auf dem Stadtplan verzeichnet ist. Die Gedenkstätte Berlin-Hohenschönhausen bewahrt, untersucht und dokumentiert das ehemalige Gefängnis der Stasi, in dem zig-tausende politische Häftlinge der DDR einsaßen. Hervorgegangen war die Haftanstalt aus dem Kellergefängnis der sowjetischen Armee nach Kriegsende. Rund herum befanden sich zudem die wesentlichen Abteilungen der Stasi, die die Ermittlungen gegen Oppositionelle kontrollierten, auch ein Arbeitslager gab es. Die Gedenkstätte ist im Rahmen von Führungen zugänglich, die teilweise von ehemaligen Häftlingen geleitet werden. *Julia Brodauf*

**Karte Seite 216**

**Start**
Sandinostraße, Tram M5

**Ziel**
Hauptstraße/Rhinstraße, Tram M5, 27

**Länge**
3,5 km

**Mies-van-der-Rohe-Haus**
Oberseestraße 60
(030) 97 00 06 18
Di-So 11-17 Uhr
www.miesvanderrohehaus.de

## Alt-Hohenschönhausen

# Keine Eisbären, keine Flusspferde

Die Eisbären haben Hohenschönhausen verlassen. Nein, nicht eine Horde Knuts ist hinweggewetzt, sondern das erfolgreiche Eishockeyteam, das 2005, 2006 und 2008 deutscher Meister wurde, spielt und trainiert nun in Friedrichshain in der O2 Arena und nicht mehr im denkmalgeschützten **Wellblechpalast** ❶, der Teil des 55 ha großen Sportareals am Ortseingang Hohenschönhausen ist. Auch der deutsche Olympiastützpunkt ist hier, hier übten Franzi van Almsick und Claudia Pechstein für ihre Goldmedaillen. Lassen wir den Blick also andächtig über die betagte Anlage schweifen und wenden uns dann von der Konrad-Wolf-Straße ab, um über die Simon-Bolivar-Straße dem zeitlosen Wohnungsbau entgegen zu streben.

An der Große-Leege-Straße stoßen wir auf die **Flusspferdhofsiedlung** ❷, auch dieser Name kein Verweis auf den Zoo, sondern auf zwei bronzene Pferdeskulpturen, die den friedlichen Innenhof dieser für die 30er Jahre so typischen Wohnanlage schmücken und in deren Brunnenanlage „Zwei Pferde im Fluss“ von Hans Mettel stehen. Hier ist Hohenschönhausen nett, dreigeschossige Wohnensembles säumen die baumbestandenen Straßen. Wir spazieren zurück zur Konrad-Wolf-Straße und gehen über die Degner- und die Waldowstraße zum **Obersee.** Er ist von Villen gesäumt, die schönste unter ihnen ist das flache, ziegelrote **Mies-van-der-Rohe-Haus** ❸. Den L-förmigen Bau entwarf der Architekt 1932 für ein kinderloses Ehepaar, das letzte Wohnhaus, das er baute, bevor er 1938 emigrierte. Nach dem Krieg nutzte die rote Armee das Haus, später beanspruchte es die Stasi, beides schadete

der Substanz. Nach der Wende wurde es denkmalgerecht wiederhergestellt. Heute ist es eine Galerie, in der moderne Kunst ausgestellt wird. Der Wasserturm am **Obersee** gegenüber wurde zu einer Bar ausgebaut.

Abkühlender Abstecher: Der Obersee ist mit dem **Orankesee** verbunden, das dortige Strandbad beeindruckt mit einer 52 Meter langen, gekringelten Rutsche und der traurigen Geschichte des Ritters und der Jungfrau Oranke, die in einer Vollmondnacht aus dem See gestiegen und nach dem Tod des Ritters dorthin zurückgekehrt sein soll.

Vom Obersee aus kann man sich nach Norden orientieren und im sehenswerten **Naturschutzgebiet am Faulen See** spazieren oder aber sich in Richtung dessen aufmachen, was vom alten Hohenschönhausen übrig geblieben ist. Die Suermondtstraße entlang, bis sie wieder die Konrad-Wolf-Straße kreuzt und zur Hauptstraße wird. An dieser Kreuzung steht das ehemalige Rathaus Hohenschönhausens. Am einstigen **Dorfanger** ❹ duckt sich die Taborkirche im Schatten eines Plattenbaus, die erste Version der Feldsteinkirche soll aus dem Jahr 1230 stammen, vielleicht auch etwas später. Sie ist mit einem Flügelaltar aus Wartenberg ausgestattet und seit 1953 nach Kriegsschäden turmlos. Ein Blick auf das leer stehende alte Schulhaus daneben, ein zweiter auf das Schloss Hohenschönhausen noch eine Hausnummer weiter, dessen Fenster verrammelt sind. Erbaut wurde es als Gutshaus derer von Röbel, die Hohenschönhausen seit dem 15. Jh. besessen hatten, im 18. Jh. aber verkauften. Später wohnte hier Paul Schmidt, Erfinder von Taschenlampe und Trockenbatterie, danach war es Kinderhort, Kinderkrippe, Kindergarten, Luftabwehrzentrale und Krankenhaus.

Auf der anderen Seite der sechsspurigen Rhinstraße spähen wir kurz nach vorhandenen Überresten des Dorfes und tauchen dann ein in das Viertel zwischen Malchower Weg, Paul-König-Straße und Wartenberger Straße. Einst sprach man hier von der **Papageiensiedlung** ❺, da die Häuser rot, blau und gelb bemalt waren. Die Doppelhäuser aus den Jahren 1926 und 1927 tragen die Handschrift des Siedlungsbaumeisters Bruno Taut. Weitere Gartenstädte schließen nach Norden an. *JULIA BRODAUF*

**Gedenkstätte Hohenschönhausen** ❻
Genslerstr. 66
(030) 98 60 82 30
Führungen
Mo–Fr stündl. 11–15,
Sa/So 11–16 Uhr
www.stiftung-hsh.de
Ehemaliges Stasigefängnis

**Strandbad Orankesee**
Gertrudstraße 7
(030) 986 40 32
Mai–Sept. tägl. 9–19 Uhr
www.strandbad-orankesee.de

**Bar im Wasserturm**
Wasserturm am Obersee
Waldowstraße 20
0178 538 97 45
www.berlin-wasserturm.de

*Bruno-Taut-Siedlung an der Paul-König-Straße*

## Bezirk: Lichtenberg

# Lichtenberg

... nimmt Kurs auf die Zukunft. Das Nebeneinander von Dörfern und urbanen Zentren, von Plattenbauten und Villengegenden, von Arbeiterkolonien und Industriegebieten prägen Lichtenberg. Kein Wunder, wenn man sich vor Augen hält, dass die Ortsteile Alt-Lichtenberg, Fennpfuhl, Friedrichsfelde, Rummelsburg und Karlshorst völlig unterschiedliche Wurzeln haben und Entwicklungsgeschichten, die im 13., 19. oder 20. Jh. beginnen.

1907 erhielt Lichtenberg das Stadtrecht, wurde jedoch schon 1920 im Zuge der Gründung von Groß-Berlin eingemeindet. Als Experimentierfeld des Neuen Bauens gewann Lichtenberg in den 1920er Jahren überregionale Bedeutung. Industriegeschichte schrieb der Bezirk, als 1938 in Rummelsburg die Polyamidfaser Perlon erfunden wurde. Und nicht zuletzt ist ein weltgeschichtliches Datum eng mit Lichtenberg verbunden: Am 8. Mai 1945 wurde in Karlshorst die bedingungslose Kapitulation Deutschlands unterzeichnet und damit das Ende des Zweiten Weltkriegs besiegelt.

Dann begann die SED-Diktatur. In Lichtenberg befanden sich die Zentrale des Ministeriums für Staatssicherheit und das Stasi-Untersuchungsgefängnis. Altstalinisten, die die SED-Vergangenheit verklären, machen dem Bezirk ebenso zu schaffen wie Neonazis, die lange Zeit den Weitlingkiez terrorisierten.

Kein einfacher Bezirk also, aber einer, der auf Zukunft setzt. Mit dem Bürgerhaushalt wagt Lichtenberg zum Beispiel sehr viel direkte Demokratie: Schon seit 2006 wird der Haushaltsplan mit enger Beteiligung der Bürgerinnen und Bürger aufgestellt.

Und die Einwohnerzahl steigt: Besonders in den Randbereichen zu Friedrichshain, aber auch in Karlshorst sind neue Wohnviertel entstanden oder wurden ganze Stadtteile aufwändig saniert. Hier sind die Preise für Mieten oder Wohneigentum noch etwas günstiger als in den Innenstadtbezirken.

### Steckbrief

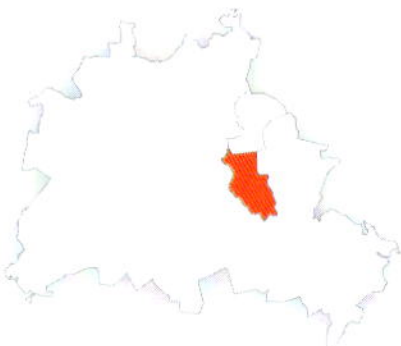

**Einwohner**
158 053

**27–45 Jahre**
28 %

**Über 65 Jahre**
22 %

**Tiere im Tierpark**
7629

*Das schmiedeiserne Gitter am ansonsten neogotischen Rathaus Lichtenberg ist von 1937. Suchbild: Wo wurde ein Hakenkreuz nachträglich versteckt?*

## Safari in Friedrichsfelde

Der Tierpark in Friedrichsfelde ist ein 160 Hektar großer, weitläufiger Landschaftspark mit einem prächtigen alten Baumbestand. In dem 1955 eröffneten Zoo setzte man auf eine möglichst naturnahe Tierhaltung und verzichtete weitgehend auf Gitter. Die Wiesen und Anlagen sind durch Gräben begrenzt und gesichert. Wer alle Wege entlangspaziert, kann insgesamt 23 Kilometer zurücklegen.

Architektonische Highlights im Park sind das frisch renovierte, frühklassizistische Schloss Friedrichsfelde und das 1956–63 errichtete Alfred-Brehm-Haus. In letzterem, einem luftig wirkenden Gebäude mit sanft geschwungenen Seitenflügeln leben indische Löwen, Sumatra-Tiger und Schwarze Panther. Leider sind gerade die Gehege der Großkatzen trotz einer Erweiterung der Außenkäfige in den 1990er Jahren immer noch relativ klein. *Elisabeth Schwiontek*

**Tierpark Friedrichsfelde**
Am Tierpark 125
(030) 51 53 10
www.tierpark-berlin.de
Öffnungszeiten
Jan.–Mitte März
9–17 Uhr
Mitte März–Mitte Sept.
9–19 Uhr
Mitte Sept.–Mitte Okt.
9–18 Uhr
Mitte Okt.–Ende Dez.
9–17 Uhr

**Karte Seite 221**

**Start**
S/U Frankfurter Allee

**Ziel**
S Ostkreuz

**Länge**
6 km

**Theater an der Parkaue**
Parkaue 29
(030) 557 75 20
Karten:
(030) 55 77 52-51/-52/-53
www.parkaue.de
Deutschlands größtes Kinder- und Jugendtheater

*Theater an der Parkaue*

## Victoriastadt & Rummelsburger Bucht

# Unterwegs zu Lichtenbergs Küste

Beklemmende Stasi-Vergangenheit, Zilles Milljöh und ein stürmisches Liebespaar: Dieser Spaziergang ist eine Tour der Gegensätze. Wir starten am **S- und U-Bahnhof Frankfurter Allee** ❶, dem Gleisanschluss für das Einkaufszentrum Ring-Center, und folgen der Möllendorffstraße nach Norden. Rechts erhebt sich ein neogotischer Backsteinbau auf dreieckigem Grundstück. Das 1898 eingeweihte **Rathaus Lichtenberg** ❷, Sitz der Bezirksverwaltung, prunkt mit Walmdach, Türmchen und schmiedeeisernem Portal.

Links liegen der Stadtpark und das **Theater an der Parkaue** ❸, Deutschlands größtes Kinder- und Jugendtheater. Wir folgen der Normannenstraße nach rechts, in die beklemmende Vergangenheit kommunistischer Diktatur und politischer Verfolgung. In dem Block zwischen Normannen-, Rusche-, Magdalenenstraße und Frankfurter Allee befand sich die Zentrale des **Ministeriums für Staatssicherheit** ❹ der DDR. Bis zum Jahr 1989 ein höchst geheimer Ort, ist der Komplex heute eine öffentlich zugängliche Forschungs- und Gedenkstätte. Zu sehen sind u. a. das Amtszimmer Erich Mielkes, der den Machtapparat als letzter Minister für Staatssicherheit leitete, Polit-Kitsch und Operativtechnik der Stasi.

Eine angenehmere Atmosphäre herrscht in der **Victoriastadt** ❺, dem von Gleisen und Bahndämmen umgebenen Kiez im Süden der Frankfurter Allee, östlich des S-Bahnhofs Nöldnerplatz (zu Fuß zu erreichen über die Ruschestraße und die Schulze-Boysen-Straße). Die Geschichte des Viertels begann Ende des 19. Jahrhunderts, als Baumeister Türrschmidt (in der Straße, die heute seinen Namen trägt) „Gussbetonwohnhäuser" aus einem Gemisch von Zement, Sand und Schlacken errichten ließ – die damals modernste englische Experimental-Technologie. Zum Wahrzeichen des nach der britischen Queen Victoria (1837–1901) benannten Viertels avancierte der 38 Meter hohe **Schrotkugelturm** ❻ am Seitenflügel des Jugendstilhauses Nöldnerstraße 15/16 von 1908. Bleitropfen formten sich im freien Fall zu nahtlosen Schrotkugeln und landeten unten, bereits fest, in

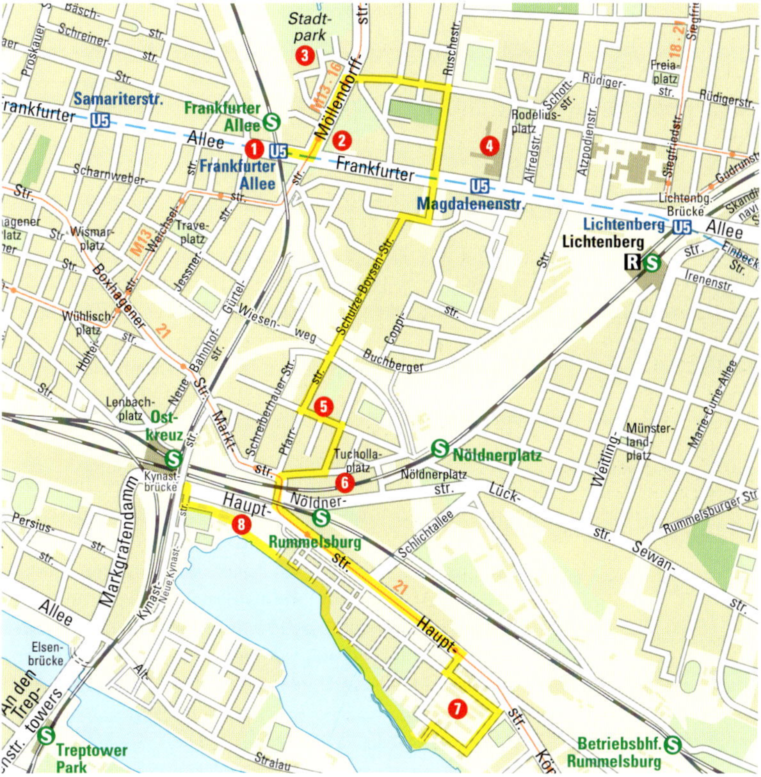


einem Wasserbecken. Die Victoriastadt war auch „Zille sein Milljöh". Zwanzig Jahre lang wohnte der Maler und Zeichner Heinrich Zille (1858–1929) zwischen Victoriastadt und Rummelsburg. Fünfmal zog er in dieser Zeit um. Er porträtierte die Armen und entwickelte dabei seinen unverkennbaren Stil. Heute sind die sanierten Gründerzeitbauten ein beliebtes Wohnviertel. Das Stadthaus-Museum an der Türrschmidtstraße 24 zeigt einen anregenden Querschnitt durch die Geschichte Lichtenbergs.

Eine wichtige Rolle spielt dabei der Ortsteil Rummelsburg am gleichnamigen See, der einst Industriegeschichte schrieb und heute ein attraktives Wohnquartier ist. Carl Bolle gründete 1867 hier die Norddeutschen Eiswerke und wurde später als Milchhändler berühmt. Das 1927 in Betrieb gegangene

**Museum Lichtenberg im Stadthaus**
Türrschmidtstr. 24
(030) 57 79 73 88 12
www.museum-lichtenberg.de
Di–Fr und So 11–18 Uhr
Ausstellung zur Geschichte Lichtenbergs

**Forschungs- und Gedenkstätte Normannenstraße**
Ruschestraße 103, Haus 1
(030) 5 53 68 54
www.stasimuseum.de
Mo–Fr 11–18,
Sa/So 12–18 Uhr

*Die Pfarrstraße in der Victoriastadt*

Kraftwerk Rummelsburg liefert noch immer Strom, und im Aceta-Werk wurde 1938 das Perlon erfunden. Ab 1994 entstanden rund um die denkmalgeschützten Knabenwaisenhäuser (An den Knabenhäusern) Stadtvillen und Klinker-Reihenhäuser. Sogar die weiter östlich gelegene ehemalige **Haftanstalt Rummelsburg** 7 hat sich inzwischen in ein Wohnviertel verwandelt.

Der **Uferweg** 8, der um die Bucht führt, ist nach dem stürmischen Liebespaar des DDR-Kultfilms „Die Legende von Paul und Paula“ benannt – eine Schlüsselszene wurde hier gedreht. Für einen romantischen Ausklang der Tour folgen wir der Promenade bis zur Stirnseite, die Rummelsburg mit Alt-Stralau verbindet, lassen uns auf der Paul und Paula gewidmeten „Liebesbank“ nieder und blicken auf stilles Wasser und Weiden, die ihre Äste tief in den See tauchen. *ELISABETH SCHWIONTEK*

**Eismanufaktur in der Victoriastadt**
Kaskelstraße 15
(030) 74 39 37 21
Mo-So 11-19 Uhr
Eis im Sommer, Pralinen und Schokolade im Winter, Kuchen und Brot zu jeder Jahreszeit - alles selbst gemacht

**Zentralfriedhof Friedrichsfelde** Die 32 Hektar große Anlage mit der „Gedenkstätte der Sozialisten“ ist einen Ausflug wert. Der Parkfriedhof wurde 1881 eingeweiht und war zunächst ein Armenfriedhof, wegen seiner Schönheit wählten ihn bald auch besser Situierte. Bis heute nutzt die Stadt ihn sowohl für Sozialbestattungen als auch für Ehrengräber.

Der Friedhof erhielt den Beinamen Sozialistenfriedhof nach der Bestattung Wilhelm Liebknechts, auch Karl Liebknecht und Rosa Luxemburg sind hier beerdigt. Daran und an viele andere Politiker wie zum Beispiel Ernst Thälmann und Rudolf Breitscheid erinnert die „Gedenkstätte der Sozialisten“ gleich am Eingang. Mies van der Rohe erbaute im Jahr 1926 ein Revolutionsdenkmal aus roten Klinkern, das die Nazis aber abrissen.

**Städtischer Zentralfriedhof Friedrichsfelde**
Gudrunstr. 20
Öffnungszeiten:
Feb.–Nov. ab 7.30 Uhr
Dez.–Jan. ab 8 Uhr
jeweils bis zur Dämmerung
www.sozialistenfriedhof.de
S/U-Bahn Lichtenberg,
S Friedrichsfelde-Ost
(jeweils ca. 10–15 Min. Fußweg)

Karlshorst

# Vom „Dahlem des Ostens“ zur Russenkolonie

Die Villen- und Landhauskolonie Karlshorst, 1895 vor den Toren Berlins gegründet, lockte mit der ein Jahr zuvor eröffneten Trabrennbahn ein elegantes Publikum an und bekam bald den Beinamen „Dahlem des Ostens“. Warum die Kolonie ein halbes Jahrhundert später zum sowjetischen Sperrgebiet wurde, erkunden wir auf unserem Spaziergang, der am S-Bahnhof Karlshorst beginnt.

Wir nehmen den nördlichen Ausgang und folgen dem blauen Schild an der Treskowallee zum Deutsch-Russischen Museum – mit einem Abstecher nach rechts in die Ehrenfelsstraße 8 ❶. Hier lebte von 1930–1938 der Grafiker, Maler und Fotograf **Hans Bellmer** (1902–1975). Bekanntheit erlangte er durch seine Fotografien der beiden Puppen, die er in diesem Haus konstruierte und in surreal-erotischen Situationen inszenierte. Über die Drachenfelsstraße gelangen wir in die Rheinsteinstraße, der wir nach rechts bis zur Ecke Zwieseler Straße folgen. Vor uns steht das **Deutsch-Russische Museum** ❷. Das Gebäude entstand 1936–38 als Offizierskasino der Pionierschule 1 der Wehrmacht. Ende April 1945 schlug im Kampf um Berlin die sowjetische Stoßarmee darin ihr Hauptquartier auf. In der Nacht vom 8. auf den 9. Mai 1945 unterzeichnete Generalfeldmarschall von Keitel hier die bedingungslose Kapitulation Deutschlands. Das Ende des Zweiten Weltkriegs war damit besiegelt. Die Rote Armee requirierte 1945 nicht nur das Gebäude, in dem heute eine Ausstellung zum Zweiten Weltkrieg mit zahlreichen Originalstücken zu sehen ist. Die sowjetischen Soldaten besetzten bei ihrem Einmarsch in Karlshorst auch die Wohnhäuser von etwa 8000 Menschen: Bis 1963 war halb Karlshorst sowjetisches Sperrgebiet. Im ehemaligen St.-Antonius-Hospital an der Köpenicker Allee/Neuwieder Straße bezog die Deutschland-Zentrale des KGB Quartier – mit 1000 Mitarbeitern die größte ausländische Dependance des sowjetischen Geheimdienstes.

Zurück zur Treskowallee. Für einen Abstecher zur Königin des Kitsches biegen wir in die Dönhoffstraße

Karte Seite 225

**Start/ Ziel**
S Karlshorst

**Länge**
7 km

**Deutsch-Russisches Museum Karlshorst**
Zwieseler Str. 4/Ecke Rheinsteinstraße
(030) 50 15 08 10
www.museum-karlshorst.de
Noch bis Apr. 2013 geschlossen, die Dauerausstellung wird überarbeitet. In dieser Zeit eingeschränkte Öffnungszeiten: kostenfreie Führungen durch den histor. Kapitulationssaal Sa/So 11, 13, 15 Uhr, Öffnungszeiten danach: Di-So 10-18 Uhr

*Villa in der Stühlinger Straße*

**Trabrennbahn Karlshorst**
Aktuelle Infos über Rennen:
www.pferdesportpark-berlin-karlshorst.de

**Feingeist – Weinbar und Weinhandlung**
im Portland-Cement-Haus
Dönhoffstr. 38
(030) 53 21 54 38
Di–Sa 16–22 Uhr
www.feingeist.net

ein. Im Haus Nr. 11 ❸ lebte von 1905–1914 die Bestseller-Autorin **Hedwig Courths-Mahler** (1867–1950). In der Karlshorster Traumfabrik schrieb sie 21 ihrer insgesamt über 200 Romane. Die „Portland-Zement“-Industrie schuf Ende des 19. Jahrhunderts in der Dönhoffstraße 38 eines der größten Forschungsinstitute der deutschen Bauwirtschaft. Daran erinnert das 1901 eröffnete Portland-Cement-Haus, in dem heute unter anderem französische Weine ausgeschenkt werden.

Wir kehren zur Treskowallee zurück und unterqueren die S-Bahn. Links liegt, inmitten 100 Jahre alter Eichen, die **Trabrennbahn Karlshorst** ❹. Anfang des 20. Jahrhunderts waren die Renntage hier noch ein gesellschaftliches Großereignis. Heute ist es sehr viel stiller geworden. Aber Rennen finden noch statt, und spannend sind sie auch: nervöse Sulkysportler, Pferde, die rasant in den Zieleinlauf einbiegen, Zocker, die ihre Wettscheine prüfen.

Rechts der Treskowallee liegt das **Prinzenviertel,** das sich bis zum Blockdammweg erstreckt. 1895 wurden hier in der **Lehndorffstraße** ❺ die ersten Landhäuser erbaut (Nr. 3, 7, 8 und 10), sie sind die ältesten erhaltenen Wohngebäude in Karlshorst. Später erfolgte, zum Beispiel in der **Stühlinger Straße** 6, die Villenbebauung nach Plänen des Baumeisters Oskar Gregorovius (1845–1913), die das Viertel zum vornehmsten Pflaster der Kolonie machte. Die Straßennamen, einst nach Prinzen benannt, wichen 1951 Seebezeichnungen, weshalb das Prinzenviertel heute eigentlich ein Seenviertel ist.

Für bauhistorisch Interessierte lohnt sich noch ein Schlenker in Richtung Südwesten: Die **Waldsiedlung** 7 von Peter Behrens, 1920 rund um den Hegemeisterweg entstanden, ist ein denkmalgeschütztes Beispiel für kostengünstiges Bauen mit Qualitätsanspruch. *ELISABETH SCHWIONTEK*

## Bezirk: Marzahn-Hellersdorf

# Marzahn

**Steckbrief**

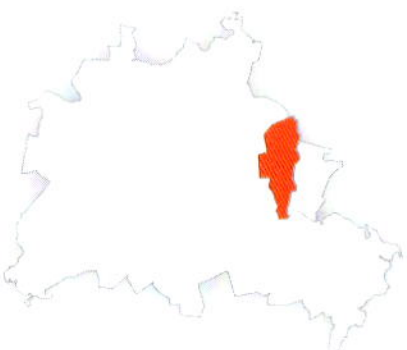

**Einwohner**
129 112

**27–45 Jahre**
22 %

**Fläche**
31,6 $km^2$

**Ausländeranteil**
5 %

Ein Dorf mit Riesenwuchs. Marzahn – mit diesem Namen verband man einmal große Hoffnung. Nach dem Willen der DDR-Oberen der 70er Jahre sollte das Wort Marzahn Synonym für fortschrittlichen, sozialen Wohnungsbau sein und damit Aushängeschild des ostdeutschen Sozialismus. Zwischen 1976 und 1987 entstanden auf 20 Quadratkilometern ganze 62 135 Neubauwohnungen. Das größte Wohnungsbauprojekt der DDR stellt bis heute die größte zusammenhängende Neubausiedlung Deutschlands dar.

Innerhalb des ersten Halbjahres 1978 wurden die ersten 1000 Wohnungen, bis 1981 20 000 Einheiten gebaut. So ist Marzahns Silhouette kantig: zehn- und elfgeschossige Wohnblocks dominieren den eigentlichen Ortskern rund um den Helene-Weigel-Platz, weite Teile des 31 Quadratkilometer großen Gebietes bestehen aus fünf- und sechsgeschossigen „Platten“, in deren Mitte Gärten, Grünanlagen, Sport- und Spielplätze angelegt sind. Nicht gerade echte Idylle, aber komfortables Wohnen. Das war es auch, was Menschen aus dem gesamten DDR-Gebiet nach Marzahn zog. Verbunden mit einem Arbeitsplatz in Berlin tauschten sie verfallene Altbauten mit Außenklo tatsächlich gerne gegen das Erfolgsmodell „WBS 70“ (mehr dazu auf ▸ Seite 233).

Ein weiterer Neubau des Bezirks ist das 2005 eröffnete Einkaufscenter Eastgate Berlin am S-Bahnhof Marzahn, ein futuristisch anmutender Komplex. Hierfür mussten teilweise leer stehende Geschäftsbauten des Architekten Eisentraut weichen, der unter anderem auch das maurisch anmutende Rathaus am Helene-Weigel-Platz entworfen hat.

Mitten in Marzahn überrascht ländliche Idylle: Das ursprüngliche Angerdorf Alt-Marzahn wurde schön restauriert. Auf dem Anger eine schmucke Stüler-Kirche, daneben ein historischer Gasthof, ein altes Schulhaus, diverse Kultureinrichtungen und eine hölzerne Windmühle. Dieses ganze Areal nebst

*Mitten in Marzahn – der alte idyllische Dorfkern ist heute weiträumig von Hochhäusern umgeben*

Feldsteinhäuschen und klassizistischen Bauernhöfen mit geschnitzten Veranden ist einen eigenen, kleinen Spaziergang wert, es gibt allerlei Kunsthandwerker am Platz, in einer kleinen Seitengasse einen Getreidelehrgarten, jede Menge Tiere und ein Museum. Der gemeinnützige Verein Agrarbörse Deutschland Ost steckt hinter dem Kulturgut mit wechselnden Ausstellungen, dem Tierhof, einem Lehrbauernhof, und daran angeschlossen der Ausstellung von antiken Landmaschinen, Getreidesorten und des Müllerhandwerks in der Mühle. *Julia Brodauf*

Karte Seite 229

**Start**
S Marzahn

**Ziel**
Erholungspark Marzahn, Bus 195

**Länge**
5 km (mit Gärten der Welt)

**Bockwindmühle**
Hinter der Mühle 4
(030) 545 89 95
Mo–Fr 10–12 und 13–16 Uhr, So 15–17 Uhr
In den Sommerferien geschlossen
www.marzahner-muehle.de

**Bezirksmuseum Marzahn-Hellersdorf**
Alt-Marzahn 51
(030) 54 79 09 21
Mo, Di, Do 10–17, Mi 10–19, So 11–17 Uhr

**Gärten der Welt im Erholungspark Marzahn**
Eisenacher Str. 99
(am Wochenende auch Eingang Blumberger Damm)
(030) 700 90 66 99
www.gaerten-der-welt.de
Tägl. ab 9 Uhr
bis 16 Uhr (Nov.–Feb.)
bis 18 Uhr (März/Okt.)
bis 20 Uhr (Apr.–Sept.)
Japanischer Garten nur Apr. bis Ende Okt. geöffnet, in der Woche erst ab 12 Uhr

## Alt-Marzahn & Gärten der Welt

# Artifiziell natürlich

Marzahn gelingt das Kunststück, 100 000 Einwohner zu beherbergen und trotzdem die verschlafene Ausstrahlung eines Dorfes zu erhalten. Angesichts der Skyline des Stadtteils ist das zunächst schwer zu glauben. Und dann kann man neben einem Rundgang um den **Dorfanger** ❶ ausgerechnet hier auch noch fernöstliches Landleben besichtigen. Im Landschaftspark **Gärten der Welt** ❷.

1987 wurde Berlin 750 Jahre alt, und so bekamen die Einwohner, in diesem Fall Ostberlins und im speziellen die der nahe gelegenen Wohnsilos, ein 21 Hektar großes Geschenk: Die „Berliner Gartenschau". Nach der Wende wurde der Park seinem neuen Namen „Erholungspark" gemäß mit Liegewiesen und Spielplätzen ergänzt. Im Jahr 2000 entstand mit dem Chinesischen Garten der erste der inzwischen neun internationalen Themengärten. Auf einer Spazier-Runde von knapp 1,5 Kilometern kommt man an botanischen Verkörperungen verschiedenster Weltreligionen und Philosophien vorbei.

Die da wären: Zum Beispiel der **Arabische Riyad,** ein bepflanzter Innenhof. Gleich am Eingang an der Eisenacher Straße gelangt man rechter Hand zum Tor „Bab-Al-Janan", das sich zu einem pan-arabischen Stilmix öffnet. Ornamental gekachelte Wände und Arkaden, zierlich geschmückte Säulen und Bahnen von Wasserspielen und Beeten fügen sich in strenger geometrischer Ordnung in den von einer hohen Mauer gesäumten Hof ein. Nach Fernost, nämlich zum **Balinesischen Garten,** geht es hingegen nach links. Ein kleines, aber feines, dreidimensionales Bild, das ein balinesisches Anwesen nebst offenem Wohnhaus, Schrein für die Verehrung von Ahnen, Göttern und Dämonen, vor allem aber exotische Pflanzen bietet: Weiß und lila die üppigen Orchideen, dunkelrot, fast schwarz die Blüte der seltenen Fledermauslilie, sieben verschiedene Farn-Sorten und als besonderen Schmuck ein Frangipani-Baum.

Geradeaus im Park liegt biederes, aber blütenreiches Mitteleuropa vor einem: Der **Staudengarten** zu Ehren des Potsdamer Staudenzüchters Karl Foerster, flankiert von Rhododendrenhain, Märchenwald, Brunnen und Blumentheater.

Danach rechter Hand ein Abstecher, der weiter der europäischen Gartenbaukunst verschrieben ist: Ein englischer **Hecken-Irrgarten** zum drin Herum-Irren und ein französisch-barockes Pflasterlabyrinth, das der Kathedrale von Chartres nachempfunden ist. Im westlichsten Zipfel des Parks liegt der jüngste, 2008 eröffnete Themengarten: Der **Giardino della Bobolina** ist ein italienischer Renaissancegarten.

Im Süden des Geländes rücken rot lackierte Pagoden ins Blickfeld. Der **Garten des wiedergewonnenen Mondes** feiert die Städtepartnerschaft mit Peking, und, da ein chinesischer Garten immer etwas aus dem Leben seines Besitzers spiegelt, die deutsche Wiedervereinigung. Wenige hundert Meter entfernt liegt der japanische **Garten des zusammenfließenden Wassers,** der neben einem Wasserlauf staubtrocken Steine und Kies symbolträchtig anordnet. Im Zen-Garten werden die Furchen jeden Tag neu gezogen.

Bleibt noch der **Koreanische Garten,** der traditionelles Wohnen und die Landschaft von Korea zeigt, dazu lustig lachende „Zang Sung"-Figuren mit großen Ohren für Wünsche. Und dann geht es zurück Richtung Bali. Eine Runde durch den Erholungspark Marzahn ist ein Spaziergang auf einer globalisierten Modelleisenbahnanlage für Riesen – ohne den störenden Zugverkehr natürlich. *Julia Brodauf*

*Der „Garten der vier Ströme" vereint Gartentraditionen unterschiedlicher islamischer Kulturen*

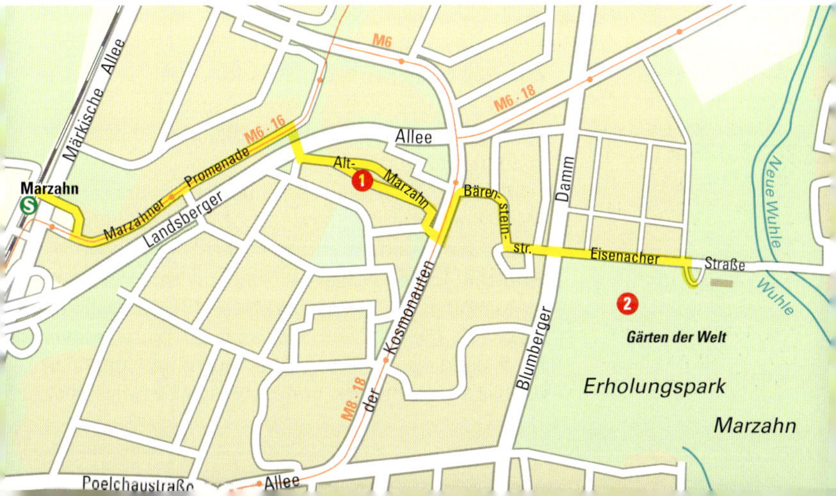

## Bezirk: Marzahn-Hellersdorf

# Hellersdorf

**Steckbrief**

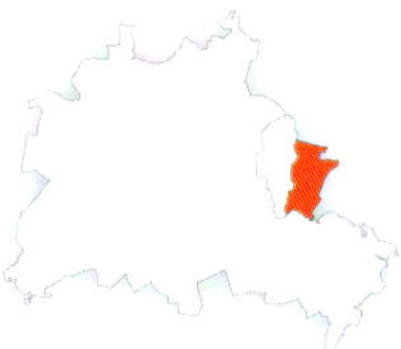

**Einwohner**
121 185

**27–45 Jahre**
22 %

**Ausländeranteil**
3 %

**Fläche**
29,8 km²

Der östlichste Berliner Stadtteil, Hellersdorf, ist, Nomen est Omen, eine eigenwillige Mischung aus Stadt und Dorf. Erst 1986 wurden die Dörfer Kaulsdorf, Hellersdorf und Mahlsdorf aus dem Bezirk Marzahn herausgelöst. (Seit 2001 gibt es den neuen Großbezirk Marzahn-Hellersdorf). Damals begann der Bau der Großwohnsiedlung, die überwiegend aus Wohnblocks des legendären Typs WBS 70 hergestellt wurde. 46 000 Wohnungen sollten in den meist 5- bis 6-geschossigen Häusern entstehen. Als die Wende kam, war man mit dem Bau längst nicht fertig. Obwohl erst einmal die Bauarbeiter, die aus allen Gegenden der DDR stammten, in ihre Heimatorte zurückkehrten, wurden in den folgenden Monaten immerhin insgesamt 34 000 Wohnungen fertiggestellt. Im Unterschied zur Großsiedlung Mahrzahn wurde in Hellersdorf weniger klobig und uniformiert gebaut. Besonderheiten sind die gestalteten Innenhöfe, die Vorgärten, der Fassadenschmuck – alles Elemente, die den Betoneindruck abmildern sollten. Ziel war, speziell für junge Familien Wohnraum zu schaffen – und dies ist, statistisch gesehen, gelungen.

Nicht alles indes ist Platte in Hellersdorf. Gut ein Viertel der Einwohner lebt in Siedlungen voll kleiner Häuser, darunter (in Mahlsdorf) ein Ensemble von Bruno Taut aus den 20er Jahren. Und so hat Hellerdorf zwei Gesichter: Das der Großsiedlung im Norden und, klar abgegrenzt davon, die ausgedehnten Einfamilienhaus-Gebiete rund um die Dörfer Mahlsdorf und Kaulsdorf im Süden.

Hellersdorf ist eine Vorstadt, deren Vorzüge die Nähe zum Stadtrand und damit den umliegenden Dörfer und Grünflächen ausmachen. Im Westen begrünt der Landschaftspark Wuhletal den Übergang zu Marzahn, im Norden winken die Ahrensfelder Berge und die Hönower Seenkette mit Biotopen und Spazierwegen, im Osten ist es nicht weit bis nach Dahlwitz-Hoppegarten und im Süden liegt das etwa

*Blick vom Kienberg auf Hellersdorf*

95 Hektar große Landschaftsschutzgebiet der Kaulsdorfer Seen. Der Butzer See und der Habermannsee sind Baggerseen der Sand- und Kiesgewinnung in den 30er Jahren. Der Elsensee wurde in den 60er Jahren ausgehoben.

Berge (immerhin bis zu 112 Meter hoch!) und Täler sind Relikte der eiszeitlichen Landmasseverschiebungen – im Süden das Berliner Urstromtal, im Norden die Barnimer Platte, eine ausgedehnte Hochfläche. Wo sie ineinander übergehen, liegt ein sanfter Hang, der „Berliner Balkon" genannt wird, weil man von hier aus so schön gucken kann: Über die Seen und Siedlungen der Spreeniederung mit den Müggelbergen am Horizont. Ein 15 km langer, ausgeschilderter und mit Rastmöglichkeiten versehener Wanderweg führt vom Kletterstein Wuhlewächter in Nord-Marzahn durch das Wuhletal bis zum S-Bahnhof Köpenick im Süden. JULIA BRODAUF

Karte Seite 233

**Start**
U Hellersdorf

**Ziel**
U Cottbusser Platz

**Länge**
2 km

**Museumswohnung WBS 70**
Hellersdorfer Straße 179
Sonntag 14-16 Uhr (außer an Feiertagen) und nach Absprache unter:
(0151) 16 11 44 40
Eintritt frei

## Hellersdorf-Mitte
# Mitte in Randlage

Am U-Bahnhof Hellersdorf befindet sich das Zentrum des Bezirks, genannt die **Helle Mitte** ❶. Das Einkaufszentrum, das neben einem Kino auch das Rathaus beherbergt, entstand nach der Wende. Dass der Alice-Salomon-Platz östlich der Shopping-Mall eine postmoderne Interpretation der Plaza Major im spanischen Salamanca sein soll – nun gut! Tatsächlich ist es hell hier und meist belebt.

Gleich hinter der Hellen Mitte reibt sich der Passant verwundert die Augen: In der Stendaler Straße 30–44 scheint plötzlich eine gutbürgerliche Häuserzeile aus der Gründerzeit zu stehen – sogar ein Storch wohnt hier! Der aber bewegt sich nicht. Er ist, wie all die Erker, Simse, Dachziegel und auch die Tauben und Katzen nur aufgemalt auf einen Plattenbau. Eigentlich sollte das ganze Karrée derart gestaltet werden, doch der Investor des so genannten **Europaviertels** ❷ ist pleite.

Wir biegen in die Henny-Porter-Straße ein und stoßen direkt auf den Libertypark, der vor allem von Skatern gern besucht wird. Es gibt einen BMX-Parcour, Miniramps und eine Half-Pipe. Für die Kleinen gibt es einen schönen hölzernen Abenteuerspielplatz.

Über die Straße Alt-Hellersdorf biegen wir links

in die Alte Hellersdorfer Straße. In dieser Gegend fällt unser Augenmerk auf die ursprüngliche Siedlung Hellersdorf. Das Dorf hatte eine kurze Geschichte im 14. Jh., wurde dann aber erst im 19. Jh. zum Rittergut ausgebaut und diente bis zum Jahr 1968 als Rieselfeld. Davon zeugen ein paar **Landarbeiterhäuser** ❸ in der Alten Hellersdorfer Straße 56 sowie Alt-Hellersdorf 6 und 10 – von der U-Bahn Station Cottbusser Platz immerhin einen Kilometer entfernt.

Auf dem Weg zum Bahnhof wartet noch eine Wohnungsbesichtigung der besonderen Art. Die Wohnungsbauserie 70 wurde Anfang der 70er Jahre entwickelt. Von rund 1,52 Millionen Plattenbauten der DDR gehören circa 42 Prozent diesem Typ an. In der Hellersdorfer Straße 179 kann man eine Musterwohnung des **WBS 70** ❹ bestaunen. Zu sehen gibt es originale DDR-Möbel und -Produkte – von der Spanplatten-Schrankwand bis hin zum Colorett-Farbfernseher. *JULIA BRODAUF*

*Der Alice-Salomon-Platz ist der Plaza Mayor im spanischen Salamanca nachempfunden*

Karte Seite 234

**Start**
S/U Wuhletal

**Ziel**
S Mahlsdorf

**Länge**
5 km (Fahrrad empfohlen)

## Kaulsdorf & Mahlsdorf

# Gründerzeit am Berliner Balkon

Vor allem der Süden Hellersdorfs ist eine Tour wert. Am besten, man nimmt das Fahrrad mit und beginnt den Ausflug am S-Bahnhof Wuhletal, um von hier aus die Dörfer Kaulsdorf und Mahlsdorf zu erradeln und sich ein einzigartiges Museum anzusehen.

Es geht ein Stück den Wuhle-Wanderweg entlang nach Süden. Wir fahren die Dorfstraße hinunter, den **Biesdorfer Berg** 1 zur Rechten, um zum **Dorfkern Kaulsdorf** 2 zu gelangen. Auf dem beschaulichen Dorfanger steht artig ein Kirchlein, umgeben von klassizistischen Bauernhäusern. In der Kirche, die auf eine 700-jährige Tradition zurückblickt, gibt es ein Museum im Kirchturm. Rund um den Anger entstehen elegante Wohnanlagen und Townhouses.

Im Süden des Platzes steht noch ein Gutshof mit hochprozentiger Geschichte: Hier ließ sich der ehemalige Wodka-Lieferant des russischen Zaren nieder und gründete eine Schnapsbrennerei, die bis heute fortbesteht: Wir halten am Werksverkauf bestenfalls zum Souvenir-Einkauf und nehmen stocknüchtern die breite Ausfallstraße Alt-Kaulsdorf, um in Richtung Osten gen Mahlsdorf zu streben. Die Straße verfügt über einen guten Radweg und eine tolle Aussicht,

**Schnapsbrennerei Schilkin**
Alt-Kaulsdorf 1/11 Gutshof
Werkverkauf
Mo-Do 8-15, Fr 8-13 Uhr
www.schilkin.de

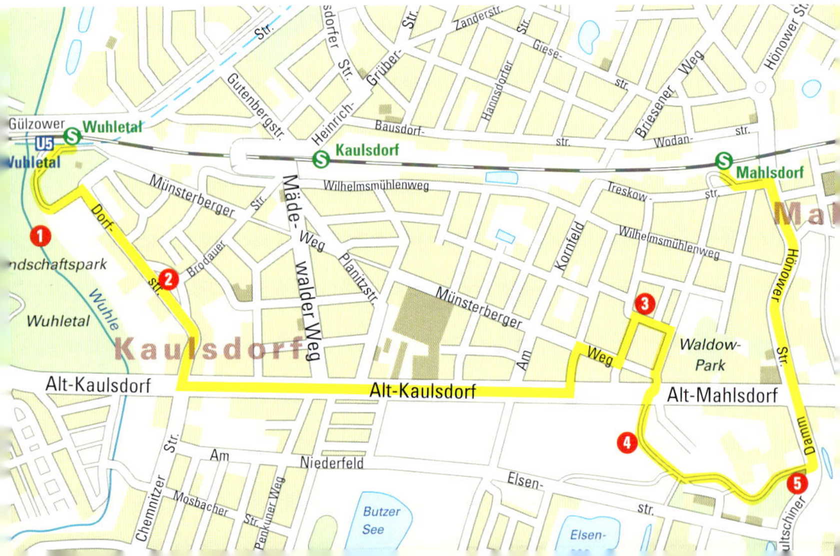

denn schon bald öffnet sich rechter Hand der Blick in das Urstromtal in Richtung Köpenick, Müggelberge und Kaulsdorfer Seen.

Wem die große Straße zu laut ist, kann die Dorfstraße weiter bis zur ruhigeren Chemnitzer Straße fahren und dort Am Niederfeld links einbiegen. Die entspannte Straße führt auch direkt an den kleinen Seen vorbei, allerdings ohne die schöne Aussicht von oben.

Nachdem die Straße Alt-Kaulsdorf zu Alt-Mahlsdorf wird, biegt einige Meter weiter links der Frettchenweg ab. Dieser führt zu einer Vorstadtsiedlung Bruno Tauts in der Dirschauer Straße 3 – Nr. 6 trägt noch die Originalfarbe.

*Vom Berliner Balkon hat man einen wunderschönen Blick über's weite Feld*

Wir fahren ein Stückchen die Strecke zurück zum **Berliner Balkon** 4: Kurz vor der BSR-Anlage führt ein Weg hinunter in die Wiesen zu einem Rondell mit Bänken, um den Ausblick zu genießen. Rechts vorbei an einer Industriehalle schlängelt sich der Weg dann zur Hauptsehenswürdigkeit Mahlsdorfs: dem **Gründerzeitmuseum** 5. Der berühmteste Transvestit der DDR, genannt Charlotte von Mahlsdorf, trug hier seit 1960 eine der beeindruckendsten Sammlungen an Gründerzeit-Einrichtungsgegenständen zusammen. Die Sammlung umfasst mehrere Wohnzimmer vom Ende des 19. Jhs. sowie die Mulackritze, eine Kneipe aus Berlins Mitte, in der auch Heinrich Zille tief ins Glas sah. Das eingeschossige Gutshaus von 1815 wurde von Charlotte von Mahlsdorf vor dem Verfall gerettet. Auch der Park wurde originalgetreu wieder hergestellt.

Über den Hultschiner Damm, der nach Überquerung der Straße Alt-Mahlsdorf Hönower Straße heißt, gelangt man zur Mahlsdorfer Feldsteinkirche, erbaut im 13. Jh. und später mit einem Barockaltar ausgestattet. Weiter geradeaus nach Norden geht es zum S-Bahnhof Mahlsdorf. *JULIA BRODAUF*

**Turmmuseum Kaulsdorf**
Dorfstraße 12
(030) 5 67 52 80
Geöffnet So nach dem Gottesdienst
Juni-Sept. 11-12 Uhr
Führungen nach Vereinbarung

**Gründerzeitmuseum im Gutshaus Mahlsdorf**
Hultschiner Damm 333
(030) 5 67 83 29
www.gruenderzeitmuseum.de
Mi/So 10-18 Uhr

## Bezirk: Treptow-Köpenick

# Treptow

Der Name dieses Altbezirkes, der sich auf 40 Quadratkilometern im Osten Berlins südlich der Spree erstreckt, verrät die Ansiedlung von wendischen Fischern im 8. Jahrhundert, auf die der Ortskern Alt-Treptow zurückgeht. Doch erst im 19. Jahrhundert wuchs Berlin ins Umland hinein, was dazu führte, dass auch einige Dörfer eingemeindet wurden, so Johannisthal, Alt-Glienicke oder Bohnsdorf. In Treptow zu wohnen, das kann aber auch bedeuten, gleich hinter Görlitzer Park und Landwehrkanal an der Grenze zu Kreuzberg ein ruhiges Plätzchen gefunden zu haben – besonders der Kunger-Kiez rund um die Karl-Kunger-Straße erfreut sich als lebendiges, stadtnahes und dennoch bezahlbares Wohngebiet großer Beliebtheit. Aufgrund der Länge und Schmalheit des Bezirks sind andere Einwohner Treptows mit der S-Bahn eine halbe Stunde unterwegs, bis sie die Innenstadtbereiche erreichen.

Treptow ist ein riesiger Stadtteil mit hochinteressanten kulturellen Inseln: Der zentrumsnah gelegene Treptower Park beispielsweise oder der Technologiepark Adlershof. Treptow wuchs rund um die Ausflugsgaststätte, die heute im Treptower Park liegt. Bezeichnenderweise steht das Treptower Rathaus aus dem 19. Jahrhundert gleich nebenan. Ein Teil Treptows geht auf Baumschulen zurück: Von Kreuzberg aus expandierte die Großgärtnerei Späth um 1863 gen Osten, was zur Entstehung der damals weltgrößten Baumschule und damit des heutigen Ortsteils Baumschulenweg führte. Das Arboretum, ehemals Versuchsgarten, nun einzigartige Sammlung ausgefallener Bäume und Sträucher mit 5000 Pflanzenarten, zeugt davon. Unweit im Wald steht das architektonisch preisgekrönte Krematorium, erbaut von Axel Schultes und Charlotte Frank, den Architekten des Kanzleramts. Seine ungewöhnlich lebendige Seite: Aufgrund der guten Akustik in der zentralen Säulenhalle finden gelegentlich Konzerte statt.

**Steckbrief**

**Einwohner**
120 551

**27–45 Jahre**
26 %

**Über 65 Jahre**
22 %

**Beschäftigte in der WISTA**
7904 (Stand 2011)

*In der Spree steht die Skulptur „The Molecule Man" vom Bildhauer Jonathan Borofsky. Im Hintergrund die Oberbaumbrücke*

Große strukturelle Veränderungen erlebte Treptow durch die große Gewerbeausstellung 1896, die als verhinderte Weltausstellung bezeichnet und zu deren Zweck der ganze Treptower Park angelegt wurde. Hier präsentierten Firmen ihre Neuerungen, so zum Beispiel die Firma Siemens einen enormen Dynamo, Röntgen seine Strahlen und Zeiss modernste Geräte, doch geriet die Schau zum Gesamtkunstwerk einer folkloristischen Weltsicht. Venezianische Gondoliere ruderten auf der Spree, in afrikanischen Dörfern wohnten knapp 400 „Eingeborene", auch einen arabischen Teil nebst Moschee, Basar und Pyramiden gab es. Das Volk strömte einen Sommer lang. 80 Jahre später strömte das Volk in den benachbarten Kulturpark im Plänterwald, um den märchenhaften Vergnügungspark der DDR zu besuchen, von dem heute nur noch malerische Ruinen übrig sind.
*Julia Brodauf*

**Karte Seite 238**

**Start/Ziel**
S Treptower Park

**Länge**
5 km

## Treptower Park

# Rosen, Sterne und Geschichte

Der Treptower Park ist so etwas wie der Tiergarten des Ostens. Neben ausgedehnten Grünflächen hat er auch jede Menge Berliner Geschichte zu bieten. So zeugen noch heute die Archenhold-Sternwarte und der Karpfenteich von der weit beachteten Berliner Gewerbeausstellung 1896, das Sowjetische Ehrendenkmal von dem Untergang des Naziregimes und der im Südosten angrenzende Spreepark von den Hinterlassenschaften der DDR. Angelegt wurde die knapp 88 Hektar große Parkanlage in der Zeit von 1876 bis 1888 nach Plänen des damaligen Städtischen Gartendirektors Gustav Meyer.

Von der S-Bahn-Trasse aus sieht man das wohl auffälligste Wahrzeichen Treptows jüngerer Zeit, nämlich die **Treptowers** ❶ mit dem höchsten Bürogebäude Berlins und der aus der Spree ragenden Skulptur Molecule Men.

Vom Hinterausgang der S-Bahn kommend, liegt im Park zur Linken der **Treptower Hafen** ❷, Liegeplatz und Abfahrtsort für Ausflugsschiffe. Biegt man hinter der Hafenpromenade rechts ab, so gelangt man durch den mit 25 000 Stauden gestalteten Rosengarten über die Puschkinallee zum **Sowjetischen Ehrenmal** ❸, das durch einen Triumphbogen aus Granit betreten wird. Nach dem Ende des II. Weltkriegs wurde das Ehrenmal von der Roten Armee als eines von insgesamt drei Mahnmalen im Berliner Stadtbereich errichtet. Dabei wurde Marmor aus Hitlers Reichskanzlei verwendet. In der Anlage im Treptower Park liegen etwa 5000 gefallene sowjetische Soldaten.

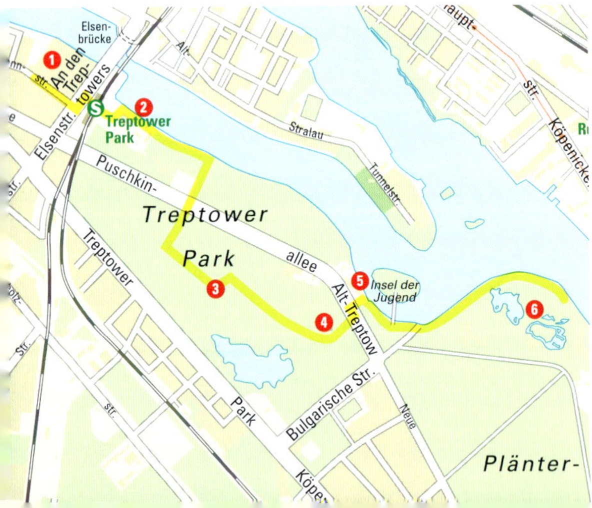


Der Eingangsbereich des Sowjetischen Ehrenmals

*Schiffsrestaurant Klipper, im Hintergrund die Insel der Jugend*

mündet auf einen Vorplatz mit einer drei Meter hohen Frauenstatue, ein Sinnbild für die um ihre gefallenen Söhne trauernden „Mutter Heimat". Von hier aus eröffnet sich der Blick auf das Hauptmonument, die riesige Skulptur eines sowjetischen Soldaten. Unter seinen Stiefeln begräbt er ein zerbrochenes Hakenkreuz und auf seinem linken Arm trägt er schützend ein Kind. In der DDR hielt man den Sergeanten Nikolaj Iwanowitsch Massalow für das Vorbild der Statue. Er hatte beim Sturm auf die Reichskanzlei ein kleines Mädchen gerettet und wird am Schauplatz des Geschehens, an der Potsdamer Brücke, mit einer Gedenktafel geehrt. Der Bildhauer der Statue, Jewgeni Wutschetitsch, widersprach dem allerdings – er hatte die Figur frei angelegt.

Ein breit angelegter und von Weiden gesäumter Weg führt ausgehend von der Frauenstatue zum Hauptfeld der Anlage. Abgegrenzt wird dieses durch zwei große, stilisierte Fahnen aus rotem Granit, an deren Stirnseiten sich jeweils die Skulptur eines knienden Soldaten befindet. Von hieraus führen Treppen zum Zentrum der Anlage, dem Gräberfeld,

*Gemütlich entspannen auf der Insel der Jugend – mit Blick auf den Treptower Park*

**Archenhold-Sternwarte**
Alt-Treptow 1
(030) 5 34 80 80
Mi–So 14–16.30 Uhr
Führungen Do 20 Uhr,
Sa und So 15 Uhr
www.sdtb.de

**Zenner Eierschale**
Alt Treptow 14–17
(030) 5 33 73 70
Mo–So ab 10 Uhr geöffnet
www.hauszenner.de

**Rundflüge**
www.air-service-berlin.de
Wasserflugstation, Bulgarische Straße 1,
gegenüber der Insel der Jugend
Mai–Okt. Do–So 10, 11, 15.45, 17.15 Uhr
Preis: ca. 200 bis 300 €

das von 16 marmornen Sarkophagen mit Reliefs aus der Geschichte der Sowjetunion und Zitaten von Josef Stalin gesäumt wird.

Orientiert man sich also hinter dem Ehrenmal wieder in Richtung Spree, so gelangt man durch einen von Bäumen bestandenen Parkbereich zur **Archenhold-Sternwarte** 4. Sie befinden sich jetzt 13° 28' 34" östliche Länge und 52° 29' 9" nördliche Breite in 41 Meter Höhe über Normalnull. Die Sternwarte entstand aus einer eigentlich temporären Installation für die Gewerbeausstellung 1896. Neben dem Hauptgebäude, das den Großen Refraktor (das bis heute längste bewegliche Linsenfernrohr der Welt, auch Himmelskanone genannt) beherbergt, wurden 1962 zusätzlich zwei weitere Beobachtungskuppeln von drei bzw. fünf Metern Durchmesser errichtet. Die Sternwarte verfügt darüber hinaus über ein Kleinplanetarium. Ein besonderer Platz in der Geschichte gebührt dieser Einrichtung auch, weil Albert Einstein am 2. Juni 1915 hier seinen ersten öffentlichen Vortrag über die Allgemeine Relativitätstheorie hielt.

Wird von der Sternwarte aus wieder die dreispurige Allee Richtung Spree überquert, so gelangt man zum **Haus Zenner** ❺, Biergarten, Restaurant und Diskothek. In dem klassizistischen Bau von Schinkel-Schüler Langhans wird seit 1822 zum Tanz aufgespielt und serviert – beides bis heute recht deftig. Mittlerweile hat sich auch die Filiale einer Burgerkette eingemietet. Sonntags spielt zum Brunch eine Jazz-Combo.

Wenige Meter spreeaufwärts sieht man schon die Brücke zur **Insel der Jugend**, die erste Stahlverbundbrücke Deutschlands (1916). Anlässlich der Berliner Gewerbeausstellung wurde auf der Insel ein Restaurant im Stil einer schottischen Klosterruine errichtet, das jedoch 1914 abbrannte. Heute besticht die Insel vor allem wegen ihrer Lage an der Spree, ein Café mit Wasserblick gibt es auch. Mit etwas Glück sieht man hier auch ein Wasserflugzeug starten oder landen, die Anlegestelle ist gleich um die Ecke.

Nahebei liegt auch der ehemalige **Spreepark** ❻. Als Kulturpark Plänterwald war er der einzige ständige Vergnügungspark der DDR. Seine Geschichte endete nach der Wende mit einer spektakulären Flucht seines Besitzers nach Südamerika mitsamt einiger Fahrgeschäfte. Vom Zaun aus – das Betreten des wundersamen Grundstücks ist untersagt – lohnt ein Blick auf lebensgroße Dinosaurier, auf vom Zahn der Zeit zerfressene und von Moos überwucherte Fahrgeschäfte sowie auf ein Riesenrad. Im maroden Park ist neuerdings wieder Betrieb: Es gibt ein Café, Führungen durch den Park und gelegentlich Veranstaltungen.

Vom Park-Konkurs betroffen ist auch das alte Eierhäuschen, das ursprünglich als Restaurant gebaut wurde und so auch in Fontanes Roman „Der Stechlin" vorkommt – die Vorgängerversion allerdings, die später ausbrannte und 1891 durch das jetzige, neogotische Gebäude ersetzt wurde. Noch ist die Zukunft des Eierhäuschens ungewiss, aber bald soll hier am Spreeufer wieder ausgeschenkt werden.

*MICHAEL MOWITZ*

**Informationen über Vergangenheit, Gegenwart und Zukunft des Spreeparks**
www.berliner-spreepark.de

**Brücke der Herzen**
www.bridge-of-hearts.com

**Insel Berlin**
Programm und Infos:
www.inselberlin.de

**Bootsverleih**
www.kanuliebe.de

**Restaurant Klipper**
Tägl. ab 10 Uhr
www.klipper-berlin.de

Karte Seite 243

**Start/Ziel**
S Adlershof

**Länge**
Rundgang 6 km
(mit Natur- und Landschaftspark)

Adlershof

## Das Experimentierfeld

Koloniegründung „Süßer Grund" 1754 im Zuge der „Peuplierung" Preußens unter Friedrich II., Aushängeschild der deutschen Luftfahrt im Kaiserreich, Zentrum der angewandten Forschung der Akademie der Wissenschaften der DDR und des DDR-Fernsehens, heute Standort des ehrgeizigen Städtebauprojektes WISTA – das ist Adlershof.

Adlershof zerfällt in zwei ungleiche Teile: Nordöstlich der Bahnlinie ist der alte und eher verträumte Ortsteil rund um die Dörpfeldstraße und der alte Gründerzeit-Marktplatz. Stille Villenstraßen und verwunschene Gartenareale wechseln sich ab mit niedrigen Kolonistenhäusern, Gründerzeitbauten und schwedischen Holzhausgassen. In den Gärten mancher Genossenschaftshäuschen waren bis in die 80er Jahre noch Hühner und Enten zu sehen. Vor den Zäunen von Kastanien gesäumte Kopfsteinpflasterstraßen.

Historisch Interessierten sei der Abstecher in die **Anna-Seghers-Straße** zum ehemaligen Wohnhaus der Schriftstellerin empfohlen, das heute ein Museum ist. Lange bevor sie seit den 1950er Jahren hier lebte, wohnte der in den Reichstagsbrandprozess verwickelte bulgarische Politiker Georgi Dimitroff ein paar Häuser weiter. Durch alte, von krummen Bäumen gesäumte Pflasterstraßen, die durch malerische 20er-Jahre-Siedlungen führen, geht es durch die Gemeinschaftsstraße weiter zum alten, mit hohen Waldkiefern bewachsenen **Friedhof** ❶, der an den Wald grenzt. Die Genossenschaftsstraße führt zum Marktplatz. Hier befindet sich auch das Kulturzentrum **Alte Schule** ❷: Der rote Backsteinbau der ersten Dorfschule Adlershof vereint zahlreiche Angebote unter seinem Dach.

*Auf dem Campus der Wissenschaftsstadt Adlershof*

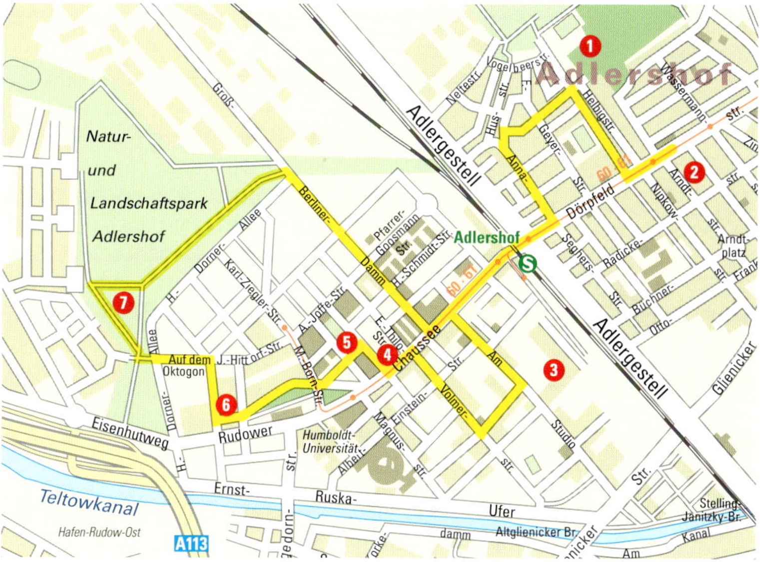


Neben der Galerie für zeitgenössische Kunst gehören dazu auch die Stefan-Heym-Bibliothek, die Artothek und die Heimatstube.

Südlich der Bahnlinie liegt das Experimentierfeld von Adlershof: Die Stadt für Wissenschaft, Wirtschaft und Medien (WISTA), der am Reißbrett entworfene Ort für Medien und Kommunalpolitik, Universität und Gewerbe, Naturpark und Wohngebiet. Die **WISTA** ist einer der größten Forschungs- und Technologieparks Europas. Unternehmen, Forschungseinrichtungen und die Humboldtuniversität arbeiten hier eng zusammen. Insgesamt beschäftigen auf dem 420 ha großen Gelände über 8000 Unternehmen etwa 14 000 Mitarbeiter.

Vom S-Bahnhof Adlershof laufen wir die Rudower Chaussee entlang. Gleich im ersten Komplex linker Hand wurde seit 1952 das Fernsehen der DDR produziert. Heute werden in der WISTA Sendungen für die ARD, den RBB und Privatsender wie Sat1 und RTL2 produziert. Anne Will beispielsweise talkt in Adlershof. Das **Studio Berlin** ❸ in der Straße Am Studio produziert zudem Serien wie „GZSZ“ und Spielfilme wie „Good Bye Lenin“.

**Anna-Seghers Gedenkstätte**
Anna-Seghers-Str. 81
(030) 67 7 47 25
Di und Do 10–16 Uhr
www.anna-seghers.de

**Galerie Alte Schule**
Dörpfeldstraße 54–56
(030) 9 02 97 57 17
Mo, Di und Do 12–19 Uhr, Fr 12–17 Uhr, Sa 15–19 Uhr
www.galerie-alte-schule-adlershof.de

**Restaurant und Bar Esquina**
Weerthstr. 10
(030) 67 89 50 46
Mo–Sa ab 17 Uhr, So ab 18 Uhr

**WISTA im Netz**
www.wista.de
www.adlershof.de
www.izbm.de

*Der Trudelturm diente schon als Filmkulisse für den US-amerikanischen Science-Fiction-Streifen „Æon Flux"*

Biegt man von dort rechts in die Justus-von-Liebig-Straße, stößt man kurz darauf auf die Volmerstraße. In Hausnummer 9 im Foyer des UTZ gibt es ein Foucaultsches Pendel. Wir spazieren die Volmerstraße hoch zur Rudower Chaussee. Am Platz „Forum" geht es rechts zum **Aerodynamischen Park** 4 mit technischen Gebäuden der ehemaligen Flugforschung Johannisthal. Etwas weiter links, zwischen Newtonstraße und James-Franck-Straße, fallen zwei architektonisch herausragende Gebäude ins Auge: das **Gefahrenstofflager** 5 (Am Trudelturm) und das **Photonikzentrum** 6 (Schwarzschildstraße). Mit gutem Schuhwerk und dickem Zeitkonto empfiehlt sich der 1,5 stündige Rundgang „Adlershofer Gedankengang", der durch die WISTA führt.

Alternativ bietet sich eine Verschnaufpause im westlich gelegenen **Natur- und Landschaftspark** 7 an – inmitten von Skateboardfahrern und grasenden Schafen. Das Gelände war einst der im Jahre 1909 eröffnete, erste deutsche Motorflugplatz. Er machte Johannisthal innerhalb kurzer Zeit als Zentrum der „Aviatik" international bekannt und war mit Zuschauertribünen für die Aufsehen erregenden Flugwettbewerbe versehen – und die Berliner reisten regelmäßig wochenends nach Johannisthal, um die neue Technik zu bestaunen. Bis zu 500 000 Schaulustige sahen hier die neuen Errungenschaften und Wagnisse der Flugpioniere – und auch deren spektakuläre Abstürze. In den Hangars etablierten sich ab den 20er Jahren Filmstudios, unter anderem wurde „Nosferatu" hier gedreht. Nach dem Zweiten Weltkrieg verlagerte sich der Flugbetrieb nach Schönefeld, doch erst 1985 startete auf dem historischen Flugplatz das letzte Flugzeug. Relikte aus dieser Zeit bewahrt das Heimatmuseum in Johannisthal auf.
*CORDULA BEYER*

**Heimatmuseum Treptow**
Sterndamm 102
Di-Mi 10-16, Do bis 18 Uhr
So 14-18 Uhr
www.heimatmuseum-treptow.de

**Der Förderverein informiert über den Park**
www.foerderverein-landschaftspark.de

## Schöneweide

# Industriekultur und Freizeitspaß

Der Name Schöneweide entstammt einer Reisebeschreibung des Kurfürsten Joachim II. aus dem Jahre 1598. In dieser betitelte er die ausgedehnte Uferwiese am südlichen Spreeufer als „Schöne Weyde“. Seit dem 17. Jahrhundert bewohnen Menschen das besagte südliche Spreeufer (Niederschöneweide) und auch das nördliche Spreeufer (Oberschöneweide) begann mit der Besiedlung – mit der Gastwirtschaft Quappenkrug, später als Wilhelminenhof bekannt. Die erste Verbindung zwischen den Schönen Weiden wurde 1885 geschaffen: mit einer Kettenfähre, die 1891 durch eine Holzbrücke ersetzt wurde. Politisch und wirtschaftlich entwickelten sie sich weiterhin unabhängig voneinander. 1920 wurden sie nach Groß-Berlin eingemeindet.

Der S-Bahnhof Schöneweide liegt im Ortsteil Niederschöneweide. Nicht weit vom Bahnhof entfernt ducken sich niedrige Baracken zwischen den Wohnhäusern: Das **NS-Dokumentationszentrum**

Karte Seite 245

**Start**
S Schöneweide

**Ziel**
S Wuhlheide

**Länge**
5 km

**Dokumentationszentrum NS-Zwangsarbeit**
Britzer Straße 5
Di-So 10-18 Uhr
Eintritt frei
www.dz-ns-zwangsarbeit.de

**Kranhauscafé**
Wilhelminenhofstr. 76
www.kranhauscafe.de

**Rathenau-Hallen**
Kultur- & Technologiezentrum
Wilhelminenhofstr. 83-85
www.kultur-und-technologiezentrum.com

**FEZ Berlin**
Straße zum FEZ 2
Größtes Kinder-Freizeitzentrum Europas
www.fez-berlin.de

**Schöneweide** ❶ war im Zweiten Weltkrieg eines von über 3000 Zwangsarbeiterlagern im Berliner Stadtraum und ist das letzte erhaltene. Es wurde 1943 unter der Leitung Albert Speers errichtet, in der Wohnunterkunft „Baracke 13" sind nach einer denkmalgerechten Sanierung die Inschriften italienischer Insassen zu sehen. Das Dokumentationszentrum gehört zur Stiftung „Topographie des Terrors".

Jenseits der Schnellerstraße führt der **Kaisersteg** ❷ malerisch über die Spree nach Oberschöneweide und gewährt gleich spektakuläre Ausblicke auf das ehemalige Industriegebiet. 25 Großbetriebe, darunter vorherrschend die AEG sowie zahlreiche kleinere Werkstätten prägten den Stadtteil mit, Oberschöneweide wurde zu einem Zentrum der Arbeiterbewegung und blieb auch zur Zeit des Dritten Reichs eine Zelle des Widerstandes.

Der Ortsteil ist bis heute geprägt von Industriegebäuden, Schornsteinen, Fabrikhallen. Manches steht leer und verfällt mehr oder weniger malerisch, doch zahlreiche Gebäude fanden neue Nutzer, oft aus der Kreativszene. Ein Spaziergang entlang der Wilhel-

*Das ehemalige Industriegebiet Oberschöneweides war einst Zentrum der Arbeiterbewegung*

*Am 1. Juni ist im FEZ immer was los: Kinderfest am Kindertag*

minenhofstraße führt zu vielen Ateliers, so zum Beispiel in den **Rathenau-Hallen** ❸ oder auch auf dem Gelände des ehemaligen Transformatorenwerks. Die denkmalgeschützen Gebäudeensembles zählten einst zur modernsten Baukunst ihrer Zeit.

Über die Ostendstraße gelangt man vorbei an teils sanierten, teils leerstehenden Fabrikkomplexen zur Straße an der Wuhlheide und zum **Volkspark Wuhlheide.** Hier gibt es Freizeitattraktionen für alle Generationen: Ein Modellpark, ein Kletterwald, ein Rodelberg und das riesige Freizeit- und Erholungszentrum **FEZ** ❹ mit Open-Air-Bühne, Schwimmhallen, Badesee, vielen Spielplätzen und einem Palast für Tausend-und-eine-Aktivität. Der Freizeitpark wurde schon zu DDR-Zeiten errichtet und ist der größte nichtkommerzielle Kindererlebnispark Europas. Trotz der vielen Attraktionen fühlt man sich auf den Wegen der 370 ha großen Wuhlheide oft eben genau so: Wie im Wald. Unterbrochen wird der Baumbestand, größtenteils Eichen, von Parkanlagen mit weitläufigen Sichtachsen. Die Wuhlheide wurde in den 20er Jahren als Volkspark angelegt, erlebte ein Interim militärischer Nutzung und ist heute ein grünes Paradies im Stadtgebiet.

Was noch? Ein Amphitheater für Konzerte! Kaum zu glauben, dass die Freilichtbühne der Wuhlheide in den 50er Jahren auf Trümmerbergen gebaut wurde. Die **Kindl-Bühne** ❺ bietet auf ihren Stufen bis zu 17 000 Zuschauern Platz und steht unter Denkmalschutz. Jedes Konzert hier ist für Zuschauer und Künstler ein denkwürdiges Erlebnis.

Eine weitere Attraktion der Wuhlheide ist die **Parkeisenbahn** mit echten Dampf- und Dieselloks. Hier können Kinder nicht nur mitfahren, sondern sich auch zu kleinen Eisenbahnern ausbilden lassen.

*JULIA BRODAUF*

**Modellpark Wuhlheide**
Eichgestell 4
Apr.-Okt. tägl. 9-19 Uhr
Eintritt 4 €, Kinder 2 €, bis 6 J. frei
www.modellparkberlin.de

**Kletterwald Wuhlheide**
An der Wuhlheide 199
Apr. und Okt. 10-18 Uhr
Mai, Mitte Aug.-Sept. 10-19 Uhr
Juni-Mitte Aug. 9.30-19.30 Uhr
www.kletterwald-wuhlheide.de

**Parkeisenbahn**
Hauptbahnhof: An der Wuhlheide 189
www.parkeisenbahn.de

## Bezirk: Treptow-Köpenick

# Köpenick

Berlins grüner Südosten ist einen Besuch wert – er lädt zum Bummeln durch den steinalten Fischerkietz oder zum Baden im Müggelsee ein und lässt seine Besucher mit allen Sinnen genießen: Riechen, sehen, schmecken, hören.

Mit 75 % Wald-, Wasser- und Wiesenanteil kann sich der alte Bezirk Köpenick mit Stolz Berlins grünster Stadtteil nennen. Aber nicht nur Frischluftfans, auch historisch Interessierte kommen hier auf ihre Kosten. Immerhin belegen Ausgrabungen die Anwesenheit von Menschen bereits während der Jungsteinzeit. Urkundlich erstmalig 1209 erwähnt, ist der Bezirk einer der ältesten dieser Stadt. Erst seit 1920 jedoch war Köpenick der 16. Verwaltungsbezirk von Berlin, heute ist er mit Treptow zusammengelegt. Zu Köpenick zählen neben dem Ort selbst das wunderschöne Friedrichshagen, Rahnsdorf mit Wilhelmshagen und Hessenwinkel, Müggelheim, Grünau, Schmöckwitz mit Karolinenhof und Rauchfangswerder. Zusammen bringen es die Ortsteile auf immerhin 116000 Einwohner. Bei einer Größe von 128 Quadratkilometern der größte Berliner Bezirk, ist Köpenick aber ganz klar das Schlusslicht, was die Bevölkerungsdichte angeht. Kein Wunder: Denn neben vielen, meist detailgetreu sanierten Altbauten und leider auch vereinzelten architektonischen Angriffen aus DDR-Zeiten auf das grünverwöhnte Auge, leben hier viele Menschen ganz gemütlich in ihren eigenen Häuschen mit Garten.

Aber egal: Wo auch immer die Köpenicker wohnen, sie feiern gern. Die Leute hier lieben ihren „Köpenicker Sommer", das Volksfest in der Altstadt, oder das Bölschefest in Friedrichshagen. Nach Marktbummel, Losbude und Bühnenprogramm belohnen die Besucher jedes Jahr aufs Neue das Höhenfeuerwerk mit tosendem Beifall. Und was das Kulinarische betrifft: Da gibt es den Lehmofen mit anatolischer Küche, das Domaines im Müggelpark, wo man in

**Steckbrief**

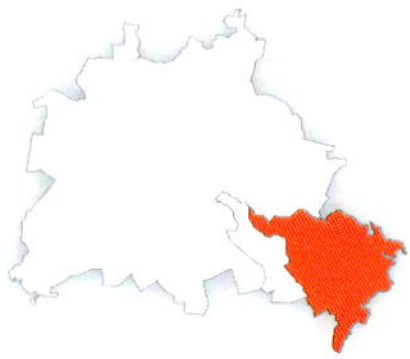

**Einwohner**
121 724

**27–45 Jahre**
23 %

**Über 65 Jahre**
26 %

**Volumen des Müggelsees**
36 560 000 m³

*Köpenick – Wo Berlins Herz grün schlägt*

exzellenter Lage speist oder den steinalten Ratskeller in der Altstadt und natürlich jede Menge anderer Restaurants, Bars und Kneipen für jeden Geschmack.

Den ganz besonderen Charme und Stil des Berliner Südostens entdecken auch immer mehr junge Menschen aus den zentral gelegenen In-Vierteln, beispielsweise Prenzlauer Berg, und ziehen hinaus in den grünsten Teil der Stadt. Und das ist auch gut so, denn junge Leute und Familien mit Kindern kann der Bezirk gut gebrauchen. Ein bisschen Altstadt, ein bisschen Schloss, ein bisschen Ost-Plattenbau und ganz viel grün mit Wasser: Das ist eben Köpenick.

*Cornelia Zwirnmann*

## Alt-Köpenick

# Denn nun, Herr Richter, habe ich Frieden gemacht

Die Köpenicker Altstadt bezaubert mit liebevoll sanierten Stadthäusern, die sich oft in Seitenstraßen verbergen. Zentraler Platz am nördlichen Eingang zur Altstadt ist die **Freiheit** ❶, gleich links der Dammbrücke. Von der Freiheit aus gelangt man mitten rein in die kleinen Gassen des **Katzengrabens** ❷. Auf der linken Seite am Biergarten „Waschhaus" eröffnet sich ein wunderschöner Blick auf Köpenicks Wasserstraßen. Am Sträßchen Alter Markt sollte der Spaziergänger kurz verweilen, denn hier im Eckhaus Katzengraben lebte Henriette Lustig, auch Mutter Lustig genannt. Als Begründerin des Köpenicker Wäscherei-Gewerbes ist sie eine echte lokale Berühmtheit. Und dann ist da noch dieser kleine Lichtgarten auf der rechten Seite, wo besondere Pflanzen gedeihen und Liegestühle zum Entspannen einladen. Der Lichtgarten gehört zu einem Kunstprojekt, mit dem in Köpenick Baulücken bespielt werden und wurde vom atelier le balto entworfen.

Wieder zurück auf dem **Alten Markt** fällt zunächst die **Mittelpunktbibliothek** ❸ auf. Sie verbindet in ihrer Architektur die Charakterzüge, die Köpenick ausmachen: Die harmonische Verbindung zwischen Moderne und Historie. Ein Stück weiter die Straße entlang liegt das alte Heimatmuseum. Die Geschichte des Hauses beginnt im Jahre 1665. Nach mehreren Eigentümerwechseln öffnete dieses Kleinod 1999 als Museum für die Geschichte Köpenicks seine Pforten. Gegenüber findet sich ein grünes Fleckchen: der Schatten-Garten mit seinem Netz aus Holzwegen gehört ebenfalls zum Kunstprojekt.

Rechts rein in die Amtsstraße und den Müggelheimer Damm überquert, gelangt man in den alten **Fischerkietz** ❹. In dem historischen Ortsteil der Fischer mit seinen geduckten, teilweise bis zu 400 Jahre alten Häusern, fühlt man sich ins 15. Jahrhundert zurückversetzt. Die einstöckigen und buntgestrichenen Häuser sind liebevoll restauriert und gepflegt. Von Ferne fröhliches Kreischen: Der Fischerkietz liegt an der Dahme, am Ufer befindet sich das winzige Fluss-

Karte Seite 251

**Start/Ziel**
Freiheit/Rathaus Köpenick, Tram 27, 60, 61, 62, 67, 68

**Länge**
2 km

**Heimatmuseum Köpenick**
Alter Markt 1
(030) 9 02 97 33 51
Di–Do 10–16, So 14–18 Uhr
Archiv Do 10–12 und 13–18 Uhr nach Vereinbarung
www.heimatmuseum-koepenick.de

**Restaurant Waschhaus**
Katzengraben 19
(030) 65 49 83 19
Sommer: Mo–Fr 12–24 Uhr, Sa/So/Fei 10–24 Uhr
Winter: Mi–Fr 17–24 Uhr, Sa/So 11–24 Uhr
www.waschhausaltkoepenick.de
Restaurant und Biergarten am Wasser

*Wegweiser führen durch Köpenicks Altstadt*

bad, die älteste Flussbadeanstalt Berlins, gegründet 1897, daneben das Restaurant Krokodil.

Zurück geht's durch das Gässchen Kietz – auch hier säumen liebevoll restaurierte Häuschen den Weg. Auf der linken Seite bricht die Häuserzeile auf und führt den Spaziergänger durch die Breite Gasse vorbei an uralten Weinreben erneut ans Wasser. Von hier hat man einen schönen Blick auf die Schlossinsel, unser nächstes Etappenziel. Dazu gehen wir wieder zurück Richtung Altstadt und gelangen über die Kietzer Brücke zum Schlossplatz und zur **Schlossinsel** ❺ mit dem barocken Schloss aus dem späten 17. Jahrhundert. Früher ein Depot für die preußische Armee und Staatsgefängnis, heute das Kunstgewerbemuseum Berlins. Unter den über 500 Exponaten sind ganze Raumensembles aus Renaissance, Barock und Rokoko. Umgeben von einem englisch angehauchten Garten liegt es inmitten der Gewässer der Dahme und des Frauentogs. Im Schlosspark wächst eine über 350 Jahre alte Flatterulme, das kleine Schlosscafé lädt zum Entspannen ein. In der Schlosskirche finden hochkarätige Konzerte statt. Auf dem Schlossplatz traben zwei reiterlose Bronzepferde. Auch sie sind Teil des städtischen

**Krokodil**
Gartenstraße 46–48
(030) 65 88 00 94
Sommer: Mo–Fr 16–24 Uhr
So 11–23.30 Uhr
www.der-coepenicker.de
Restaurant-Café und Hostel am Spreeufer

**Schloss Köpenick**
Schlossinsel 1
(030) 65 66 17 49
Di–So 10–18 Uhr
Führungen bitte erfragen unter (030) 2 66 36
www.smb.museum/kgm
Kunstgewerbemuseum

**HauptmannGarde**
Am Rathaus Köpenick
Alt-Köpenick 21
(030) 64 16 74 31
20-minütige Inszenierung zur Huldigung des Hauptmann von Köpenick i. d. R. Sa und Mi um 11 Uhr

*Wilhelm Voigt, der Hauptmann von Köpenick*

Kunstprojekts und symbolisieren politische Freiheit. Ein weiteres Werk aus dem Projekt ist das zwischen Brandwänden in der Grünstraße aufgespannte Netz der Amsterdamer NL Architects, das den Blick zum Frauentog freigibt und zum Klettern einlädt.

Im Gegensatz zu diesem sehr modernen Umgang mit öffentlichem Raum stehen in der Köpenicker Altstadt noch eine ganze Reihe sehr alter Stadthäuser. Eines der ältesten ist das im Jahre 1616 errichtete Geschäftshaus, das heute der Sparkasse gehört. Ein weiteres befindet sich in der Straße Alt-Köpenick, der wir nun in Richtung Rathaus folgen: Die Fassade des **Anderssohnschen Palais** in Nr. 15 ist noch im friderizianischen Rokokostil gestaltet.

Das Köpenicker **Rathaus** ❻ wurde 1904 in märkischer Backsteingotik erbaut. Es überstrahlt sämtliche sorgfältig sanierte Altbauten der Innenstadt. 1906, als das Rathaus gerade ein Jahr alt war, wurde es durch die „Köpenickiade“ schon deutschlandweit berühmt. Der Schuhmacher Voigt kleidete sich in abgelegte Uniformteile und erprobte an einem zufällig passierenden Soldatenregiment den Befehlston. „Im Namen seiner Majestät“ eroberte er als „Hauptmann von Köpenick“ flugs das Rathaus und verschwand mit der Stadtkasse.

**St. Laurentiuskirche**
Alt-Köpenick
(030) 6 55 70 68
Besichtigung Juni–Sept.
Sa und So 13–17 Uhr
www.stadtkirche-koepenick.de

Zurück zum Schlossplatz. Von dort aus gelangt man in die Grünstraße, mit ihren kleinen Galerien und Geschäften. Schlendert man weiter und biegt links in die Kietzer Straße ein, gelangt man auf den Schüßlerplatz, wo auch der traditionelle Weihnachtsmarkt von Köpenick stattfindet. Folgt man der Kirchstraße, ragt links die evangelische **St. Laurentiuskirche** ❼ in den Himmel. *Cornelia Zwirnmann*

**Karte Seite 253**

**Start/ Ziel**
S Friedrichshagen

**Länge**
2,5 km (ohne Spaziergang am Müggelsee)

## Friedrichshagen

# Rund um die „Bölsche“

Friedrichshagen ist ein besonderer Stadtteil: Hier mischt sich Vorstadtatmosphäre mit Künstlerflair. Gegründet wurde der Ort im Jahre 1753 von Friedrich II., der hier Baumwollspinner aus Böhmen und Schlesien ansiedelte. Neben Baumwollspinnerei betrieben sie Seidenraupenzucht – zahlreiche Maulbeerbäume, einst zur Ernährung der Raupen gepflanzt, zeugen noch heute davon. Vom S-Bahnhof Friedrichshagen aus eröffnet sich die Flaniermeile: die **Bölschestraße.** Links und rechts gesäumt von liebevoll sanierten Altbauten, führt sie zum Müggelsee.

Doch zuvor sei ein kleiner Abstecher in den **Goldmannpark** ❶ empfohlen. Also links abbiegen in die kleine Straße Am Goldmannpark. Der Berliner Bankier Goldmann wohnte seit Jahrzehnten jeweils im Sommer in Friedrichshagen. Nach langen Verhandlungen übernahm 1914 die Gemeinde Friedrichshagen den Goldmannschen Park. Wenn man ihn durchschreitet, gelangt man auf die Kastanienallee. Ein besonderes Highlight findet der Besucher in der Kastanienallee 9 ❷: Eine Gedenktafel weist auf den Dichter Bruno Wille hin, der von 1890 bis 1920 in Friedrichshagen lebte. Wille war neben einigen anderen namhaften Schriftstellern wie Wilhelm Bölsche Mitglied des Friedrichshagener Dichterkreises. Lebensreformerische Ziele, doch in der Lebensführung Bohème, so könnte man den Lifestyle der Literaten und Intellektuellen um 1890 in Friedrichshagen charakterisieren. Ein bisschen davon hat sich der Ort über die lange Zeit erhalten können.

Vom Wille-Haus aus wird der Weg nach links fortgesetzt. Dann rechts rein in die Bruno-Wille-Straße und nach ein paar Metern wieder rechts in die Breestpromenade. Wer Freude an Altberliner Villen-Architektur hat, kommt hier voll auf seine Kosten, denn in dieser, einer der besten Wohngegenden Friedrichshagens, liegt eine schicke Stadtvilla neben der nächsten. Auch in der angrenzenden Scharnweberstraße finden sich architektonische Schmuckstücke. Geht man weiter geradeaus und überquert den Müggelseedamm, liegt bald der **Müggelpark** ❸ vor einem. Mit seinen alten Bäumen und dem angrenzenden großen Müggelsee ist er in jedem Fall sehenswert.

**Domaines**
(im Müggelpark)
(030) 64 09 18 79
Tägl. 12–22 Uhr
www.domaines-berlin.de
Französisches Café und Restaurant

**Museum Friedrichshagener Dichterkreis**
im Antiquariat Brandel
Scharnweberstr. 59
Mi–Fr 12–18, Sa 9.30–12 Uhr
www.brandel-antiquariat.de

**Biergarten Schrörs**
Joseph-Nawrocki-Str. 16
(030) 64 09 58 80
Tägl. ab 11 Uhr
Biergarten im Müggelpark

*Dampfer-Anlegestelle am Müggelpark in Friedrichshagen*

Eine kleine Sensation ist der um 1927 erbaute **Spreetunnel** ❹. Er verbindet den Müggelpark mit der Kämmereiheide. Mit seinen 120 Metern Länge liegt er immerhin 8 Meter unter der Müggelspree. Nahe dem südlichen Ausgang des Spreetunnels befinden sich zwei beliebte Badestellen: der Läufer und der Teppich, nahebei die versteckten Ruinen des Müggelschlößchens. Von hier kann man auch am Ufer des Müggelsees entlang zu den Gaststätten am südlichen Ufer und bis nach Müggelhort spazieren. (Von Müggelhort verkehrt die Fähre F24 nach Rahnsdorf).

Kehrt man dem Wasser den Rücken und verlässt den Müggelpark, riecht es bisweilen nach frisch gebrautem Bier. Kein Wunder, denn gleich nebenan steht Friedrichshagens eigene **Brauerei** ❺. Biegt man nun in die Joseph-Nawrocki-Straße ein, liegt auf der linken Seite das Bräustübl mit seinem alten Ballsaal.

**Berliner Bürgerbräu Braustübl**
Müggelseedamm 164
(030) 6 45 57 16
Mo–Fr 11.30–22 Uhr,
Sa/So 11–22 Uhr
www.braeustuebl-mueggelsee.de

Und dann hört man sie schon wieder: die quietschende Straßenbahn, die die Bölschestraße runtereiert. Beim Schlendern auf der Bölsche, kann so mancher kleine Laden entdeckt werden. Im Sommer sind mehrere Straßencafés geöffnet. Auf dem Marktplatz an der alten **Christophorus-Kirche** ❻ gibt es an vier Tagen der Woche rund um das Denkmal des „Alten Fritz“ einen Markt. *CORNELIA ZWIRNMANN*

**Karte Seite 255**

**Start**
S Wilhelmshagen

**Ziel**
Odernheimer Straße, Bus x69 oder Rahnsdorf Waldschänke, Tram 61

**Länge**
4,5 bzw. 6 km

### Wilhelmshagen & Rahnsdorf

## Von der Rialtobrücke und dem Gondoliere

Die östlichste S-Bahnhaltestelle Berlins heißt Wilhelmshagen. Von ihr aus gehen wir demzufolge nach (Süd-)Westen, schnurgerade die Schönblicker Straße hinunter bis zum kreisrunden Platz mit der **Taborkirche** ❶ darauf. Die Güttlander Straße führt rechts bis zu den Püttbergen – mit 68 Metern Höhe rangieren sie weit oben in der Berliner Bergwelt, sind aber eigentlich sandige Dünen und mit Kiefern bewachsen. Die Hochlandstraße nach links bis zum Saarower Weg – hinter dem Friedhof beginnt ein Pfad, der zu einem Aussichtspunkt ❷ führt. Von hier aus reicht die Sicht bis zu den Kranichsbergen in der

Rüdersdorfer Heide und nach Erkner.

Nach dem Abstieg geht es weiter entlang der Hochlandstraße. Jenseits der Fürstenwalder Allee wird es idyllisch: Neu-Venedig hat sogar eine kleine **Rialtobrücke** ❸. Diese Lagunenstadt ist nicht ganz so majestätisch wie das Original, aber alle Grundstücke sind Wassergrundstücke an den fünf Kanälen des hiesigen Spreedeltas. Zu Fuß lässt sich das Gebiet mit den zwölf Brücken kreuz und quer durchwandern. Vom Rialtoring zweigt bald eingangs der Plutoweg ab, er bringt uns über die Dorfstraße nach knapp zwei Kilometern zum **Dorfkern von Rahnsdorf** ❹ mit seinem historischen Fischerkiez. Er liegt seit dem 14. Jahrhundert am Ostufer des Müggelsees und an der dort einmündenden Spree. Aus dem Fischerdorf wurde Ende des 19. Jahrhunderts ein Ausflugsziel für die Berliner. An die Fischerei erinnern die Schmuckfenster der Kirche, die Ende des 19. Jahrhunderts als Ersatz für den abgebrannten Vorgängerbau gebaut wurde.

Von Rahnsdorf aus kann man von April bis September mit der Fähre F23 zum Restaurant Neu-Helgoland, nach Müggelhort oder zum Müggelwerder Weg übersetzen. In der Saison verkehrt auch die einzige Ruderboot-Fähre Berlins (F24). Der Fährmann rudert hier seine Fahrgäste höchstpersönlich zu jeder vollen Stunde über die Müggelspree.

*JULIA BRODAUF*

**Fährhaus Rahnsdorf**
Restaurant und Pension
Dorfstraße 14
(030) 65 01 72 81
Mo und Di 15–21 Uhr,
Mi–So 11–21 Uhr
Biergarten von Mai–Okt.
(direkt am Wasser)
www.faehrhaus-rahnsdorf.de

**Restaurant Neu-Helgoland**
Neuhelgoländer Weg 1
(030) 6 59 82 47
www.neu-helgoland.de
Tägl. ab 11 Uhr
Traditionsgaststätte am
Kleinen Müggelsee

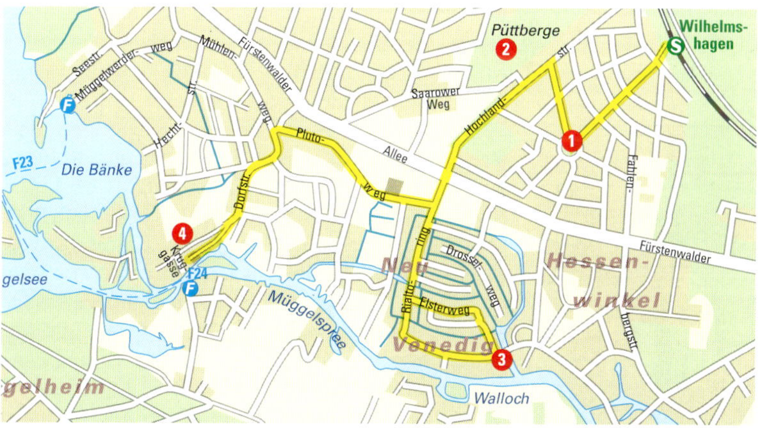

Karte Seite 257

**Start/Ziel**
S Grünau

**Entfernungen**
Tuschkastensiedlung
1 km

Fähre Wendenschloss
1 km

Strandbad Grünau
3 km

Grünau

## Alles so schön bunt hier

Das idyllische Grünau an der Dahme wurde schon in der Gründerzeit zum beliebten Wohn- und Ausflugsort. Davon zeugen bis heute etliche Villen. Doch auch das 20. Jahrhundert hat in Grünau viele Spuren hinterlassen. Zum Beispiel die **Tuschkastensiedlung** ❶ im nahen Bohnsdorf. Dieses Kleinod der Architekturgeschichte wurde erst jüngst in die Liste des UNESCO-Weltkulturerbes aufgenommen. Beginnen wir also unseren Spaziergang am S-Bahnhof Grünau und folgen zunächst der Bruno-Taut-Straße.

1912 bekam Taut den Auftrag, für ein 75 Hektar großes Gelände in Hanglage einen Bebauungsplan auszuarbeiten und plante für rund 7000 Einwohner etwa 1500 Wohnungen am Falkenberg. Allerdings konnten bis 1916 lediglich 127 Wohnungen entstehen, bevor wirtschaftliche Schwierigkeiten und der Erste Weltkrieg die Bautätigkeit unterbrachen. Heute gehören deshalb nur drei Straßen zur Siedlung: Am Falkenberg, Akazienhof und Gartenstadtweg.

Wenn wir die Bruno-Taut-Straße bis ganz zum Ende gehen, führt ein Pfad auf eine ruhige Anhöhe, den Falkenberg. Wir halten uns rechts, dann geradeaus und sind nach kurzer Zeit am Gartenstadtweg. Die zweigeschossigen Zeilen in dieser Straße mit ihren schönen Vorgärten muten in ihrem Stil deutlich englisch an. Hier und da führen zwischen den Häusern schmale Pfade zu den großzügigen Gärten auf der Rückseite. Am Ende des Gartenstadtwegs biegen wir rechts Am Falkenberg und wenige Meter weiter, wieder rechts, in den Akazienhof ein.

*Häuserzeile in der Tuschkastensiedlung in Bohnsdorf*

Das Erscheinungsbild der Siedlung wirkte zur Entstehungszeit revolutionär. Wegen der ungewohnten Farbtöne – von Orange über Grün und Gelb bis zu Anthrazit – wurde Taut prompt als „Verunstalter des Ortsbildes" beschimpft. Das Haus Gartenstadtweg Nr. 50 zum Beispiel macht mit seinem leuchtenden Kobaltblau dem strahlenden Himmel mühelos Konkurrenz. Daneben hatte der Architekt auf die abwechslungsreiche Gestaltung von Straßen und Plätzen Wert gelegt und unterschiedlich proportionierte Häusertypen entworfen, die in Reihen und Gruppen versetzt angeordnet sind.

Vom Akazienhof aus führt die Straße Am Falkenberg nach rechts wieder auf die Bruno-Taut-Straße und zurück zum S-Bahnhof. Von dort sind es gute 500 Meter bis zum Ufer der Dahme, das an dieser Stelle dicht bebaut ist. Seit 1882 finden hier Regatten und Bootsrennen statt und auch die Wassersportkämpfe der Olympiade 1936 wurden hier ausgetragen. Die Strecke wird heute noch genutzt, das **Regattagelände** ❷ befindet sich noch einmal einige hundert Meter die Regattastraße hinunter. In den ehemaligen Wirtschaftsgebäuden dokumentiert ein Wassersportmuseum die Geschichte des Berliner Wassersports. Wassersport zum Selbermachen: Es ist jetzt auch nur noch ein knapper Kilometer zum **Strandbad** ❸. Bequem: Die Straßenbahnlinie 68 („Uferbahn“) verkehrt vom S-Bahnhof via Regattaanlage zum Freibad und weiter nach Schmöckwitz, dem östlichsten Ortsteil von Berlin.

Von der Wassersportallee aus verkehrt die Fähre F12 täglich zum gegenüberliegenden **Wendenschloss** ❹. Der ganze Ortsteil ist es wert, durch Spaziergänge besichtigt zu werden, hier stehen wunderschöne Gründerzeitvillen. Ein Schloss sucht man jedoch vergeblich. Der Name entwickelte sich aus dem Namen einer Gaststätte, die an einer Wendeschleife für Pferdekutschen stand.

*ANJA HERRLING*

**Wassersportmuseum Grünau**
Regattastr. 191
(030) 6 74 40 02
Apr.–Sept. Mi 10–16.30 und Sa 14–16.30 Uhr, im Winter nach Vereinbarung oder www.wassersportmuseum-gruenau.de

**Freibad Grünau**
Sportpromenade 5
(030) 6 74 35 76

**Seebad Wendenschloss**
Möllhausenufer 30
(030) 6 51 71 71
Tägl. ab 9 Uhr (Frühling bis Herbst)

**Fähre F12**
Tägl. etwa zw. 5 und 20 Uhr (ganzjährig)

**Julia Brodauf** Künstlerin, Autorin und Herausgeberin dieses Buches, lebt und arbeitet in Prenzlauer Berg und Neukölln und veröffentlichte im via reise verlag bisher „Lauschige Orte – Wo Berlin romantisch ist" (2007). www.diegutezeile.de

**René Hamann** Journalist und Schriftsteller, zur Zeit in Kreuzberg, kam 2003 in die Hauptstadt. 2008 erschien im Verbrecher Verlag seine literarische Bestandsaufnahme Berlins unter dem Titel „Das Alphabet der Stadt". Zuletzt veröffentlichte er seinen Roman „Am Rande des Glücks".

**Felix Müller** Künstler und Grafiker im Prenzlauer Berg und von jeher leidenschaftlicher Berliner, unterstützte kenntnisreich das Lektorat, erkundete für seine eigenen Artikel Bekanntes neu und entdeckte selbst noch Unbekanntes. www.diegutelinie.de

**Kerstin Müller** Redakteurin, hat zu Fuß schon fast ganz Berlin entdeckt. Liebe auf den ersten Blick war der Savignyplatz, Liebe auf den Zweiten das zurückhaltende Wilmersdorf. Mandarin-Enten füttert sie am liebsten im Volkspark Friedrichshain.

**Stefanie Pott** Sprach- und Literaturwissenschaftlerin wohnt in Friedenau. Zusammen mit ihrem Freund erkundet sie an Wochenenden gern Berlin und Umgebung. In Steglitz recherchierte sie diesmal selbst.

**Klaus Scheddel** Der Verleger betrachtet die Stadt unter immer neuen Gesichtspunkten und gab den Anstoß zu diesem Buch. Von ihm stammt auch das Kapitel über Friedrichshain, wo er selbst wohnt.

**Elisabeth Schwiontek** Journalistin und Autorin, zog jüngst von Schöneberg nach Lichtenberg. Im via reise verlag sind von ihr erschienen: „Linie 2" (2001), „Das Neue Berlin mit Bus & Bahn" (2005) und „Legendäre Orte" (2008).

**Tina Spessert** Journalistin, Redenschreiberin, Ghostwriterin, Fachbuch-Autorin, PR-Beraterin, Stadtführerin und immer noch begeisterte Wahlberlinerin mit kölschen Wurzeln. Mehr Infos: www.ts-ghostwriting.de

**Johanna von Stülpnagel** Wahlberlinerin, Grafikerin und angehende Philosophin verdiente sich ihre Fremdenführersporen als radelnder Berlin-Guide und wandelt auch in ihrer Freizeit durch das großstädtische Kiezgewirr auf der Suche nach besonderen Motiven, Menschen und Momenten. www.oheissa.de

**Peter Steinhauer** ist Journalist und lebt in der ehemaligen Schweizer Botschaft in Berlin Pankow. Als Marathonläufer und Triathlet kennt er Berlin von seinen vielen Trainingseinheiten entlang von Spree und Panke, durch die vielen schönen Parks oder auch gerne einfach mitten durch die Stadt. www.wordaffairs.de

**Bettina Tacke** Philosophin und Italianistin, selbstständige

Journalistin und Autorin, Herausgeberin zweier Bücher (z.B. „Prenzlauer Berg im Wandel der Geschichte“, 2004, zus. mit Bernt Roder), Redakteurin Text, Bild und Film, Spezialgebiet mediale Umsetzungen für Ausstellungen. www.fil-m.de/bettina.html

**Katja Virkus** nutzt als Historikerin und Pädagogin gemeinsam mit Kindern und Jugendlichen die Stadt als Lernort und ist außerdem als Geschichtensammlerin, Reiseveranstalterin und Stadtführerin in Berlin wie Potsdam unterwegs. Mehr über ihre Vorhaben findet man unter www.geschichtenhaus.de

**Cornelia Zwirnmann** Passionierte Berlinerin, Betriebswirtin und Fachjournalistin, arbeitet als Business Consultant und PR-Referentin sowie als freie Autorin, schreibt für das Wissenschaftsmagazin „Business Woman“ und lebt mit ihrer Familie im Südosten der Stadt.

**Anja Herrling** Freie Lektorin und Redakteurin, lebt, arbeitet und singt in Alt-Treptow Tür an Tür mit **Michael Mowitz,** der als promovierter Musiker vor allem die schönen Dinge wie Burgeressen im Treptower Park genießt. In direkter Nachbarschaft spaziert **Cordula Beyer** freie Journalistin, Übersetzerin und PR-Referentin. Das Trio arbeitet an Projekten auf musikalischer Ebene. www.liedership.de

**Fotonachweis** Alle Fotos von Klaus Scheddel außer: Aazarus, lizenziert unter Creative Commons (2.0 Deutschland) 133; Sophie Aigner 26, 41, 47, 51; www.ankerklause.de 167; Doris Antony 83, 201, 205, 206; Arena Berlin Torsten Seidel 121; Angela M. Arnold 232-233; Beek100 28; Berliner Forsten Thorsten Wiehle 140, 239; Bezirksamt Charlottenburg-Wilmersdorf 123, 125; Bezirksamt Lichtenberg 219; Bezirksamt Lichtenberg Theater an der Parkaue 220; Bezirksamt Marzahn-Hellersdorf Michelle Kossert 227; Bezirksamt Pankow 79; Julia Brodauf 9, 18, 61, 67, 68, 71, 165, 211, 235, 237, 242, 246, 250, 256; Manfred Brückels 45, 145; Bruhaha 202; Christoph Buckstegen 49, 54; Domäne Dahlem 185; Helga Ewert/Pixelio 153; Christiane Flechtner 212; Friedrichstadtpalast Nina Mallmann 30; Grün Berlin Park und Garten GmbH 173, 229; Gryffindor 177; Jessika Haack 76, 93; Rolf Handke/Pixelio 208; Haus am Waldsee Stephan Erfurt 190; Jochen Jansen 81, 126, 215; Michaela Kaule 22, 39, 42; Ines Kersting/Helmuth Pohren-Hartmann 149; Killer queen1 85; Oliver Kirpal 38; Mathias Klingner/Pixelio 25; Bodo Kubrak 181; Peter Kuley 128, 137; Thomas Kümmerle/Pixelio 53; Max Liebermann Gesellschaft e.V. 192; Mazbln 74; Michael Mowitz 240; Muns 175; Museumsdorf Düppel 186; Felix Müller 11, 12, 14-15, 16; Kerstin Müller 129, 135, 138; Tanja Onken Umschlagklappe, 23, 118; Platte C 217; Richardfabi 62; A. Savin 100; Elisabeth Schwiontek 224; SO 36 Pressestelle 117; Andreas Steinhoff 231; Olaf Tausch 87; Marc Tollas/Pixelio 247; Tourismusverein Diehl/Pixelio 244; Tüti/Pixelio 132; www.visitberlin.de Umschlag vorn, 130; www.visitberlin.de Koch 198; Cornelia Zwirnmann 249, 252

**Motive Umschlag** Vorne: Brandenburger Tor, Rückseite: U-Bhf Rathaus Schöneberg, Klappe vorn: Bergmannstraße (Kreuzberg)

# Impressum


Alle Angaben in diesem Reiseführer sind gewissenhaft geprüft. Für eventuelle Fehler übernimmt der Verlag keine Haftung.

ISBN: 978-3-935029-54-4

## Herausgeberin
Julia Brodauf

## Text und Recherche
Cordula Beyer 242–244; Julia Brodauf 6–39, 44–46, 60–63, 86–87, 108–109, 132–133, 140–141, 162–173, 191–193, 204–209, 212–217, 226–237, 245–247, 254–255; Anja Herrling 256–257; René Hamann 112–120, 152–162, 194–203; Michael Mowitz 238–241; Felix Müller 52–55, 74–77, 210–212; Kerstin Müller 122–131, 134–140; Stefanie Pott 174–181; Klaus Scheddel 94–107; Elisabeth Schwiontek 142–151, 218–225; Tina Spessert 182–191; Peter Steinhauer 56-63, 78–86; Johanna von Stülpnagel 40–44, 46–51, 110–112; Bettina Tacke 60–74; Katja Virkus 88–93; Cornelia Zwirnmann 248–254.

## Fotonachweis
Seite 259

## Redaktion
Jessika Haack, Klaus Scheddel

## Herstellung und Gestaltung
Tanja Onken (via reise verlag)

## Umschlaggestaltung
Boris Buchholz (AGD), Tanja Onken (via reise verlag)

## Kartografie
Carlos Borrell, Tanja Onken (via reise verlag)

## Netzplan
© Kartographie Berliner Verkehrsbetriebe BVG
Wir danken der BVG für die freundliche Unterstützung.

## Druck
Ruksaldruck Berlin

MIX
Papier aus verantwortungsvollen Quellen
FSC® C104247
FSC www.fsc.org

## Verlagsanschrift
via reise verlag, Lehderstraße 16–19, 13086 Berlin, post@viareise.de, www.viareise.de

Hotels, Tickets und Infos erhält man auch bei:
Berlin Tourismus Marketing GmbH (BTM), www.visitBerlin.de, (030) 25 00 25
Berlin infostores: Hauptbahnhof (Ebene 0 / Eingang Nord), Neues Kranzler Eck (Passage, Kurfürstendamm 21), Brandenburger Tor, Alexa Shopping Center (nahe Alexanderplatz)

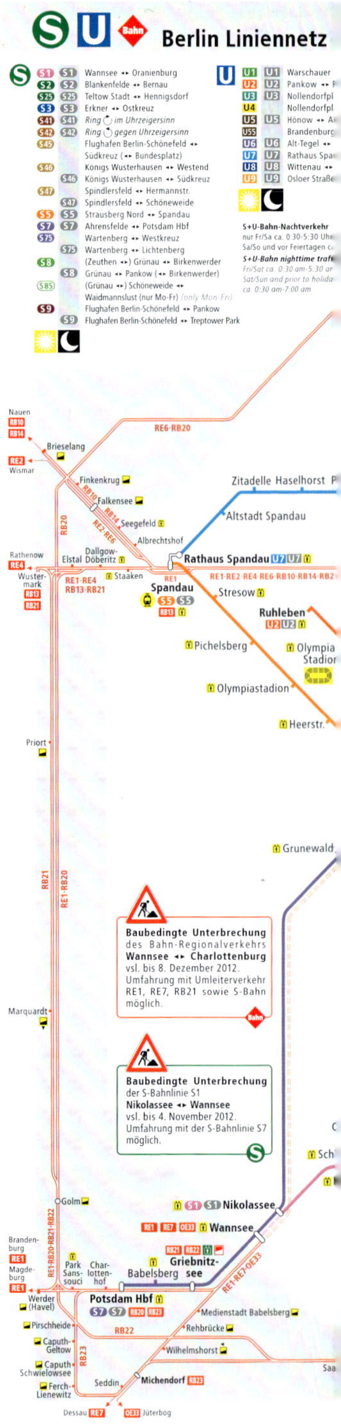